Curso de Processo de Insolvência e de Recuperação de Empresas

Curso de Processo de Insolvência e de Recuperação de Empresas

2012 · 2ª Edição

Joana Albuquerque Oliveira
Advogada

CURSO DE PROCESSO DE INSOLVÊNCIA E DE RECUPERAÇÃO DE EMPRESAS
AUTOR
Joana Albuquerque Oliveira
EDITOR
EDIÇÕES ALMEDINA, S.A.
Rua Fernandes Tomás, nºs 76, 78 e 80
3000-167 Coimbra
Tel.: 239 851 904 · Fax: 239 851 901
www.almedina.net · editora@almedina.net
DESIGN DE CAPA
FBA.
PRÉ-IMPRESSÃO
G.C. – GRÁFICA DE COIMBRA, LDA.
Palheira Assafarge, 3001-453 Coimbra
producao@graficadecoimbra.pt
IMPRESSÃO
PENTAEDRO, LDA.
Agosto, 2012
DEPÓSITO LEGAL
347865/12

Apesar do cuidado e rigor colocados na elaboração da presente obra, devem os diplomas legais dela constantes ser sempre objecto de confirmação com as publicações oficiais.
Toda a legislação contida na presente obra encontra-se actualizada de acordo com os diplomas publicados em Diário da República, independentemente de terem já iniciado a sua vigência ou não.
Toda a reprodução desta obra, por fotocópia ou outro qualquer processo, sem prévia autorização escrita do Editor, é ilícita e passível de procedimento judicial contra o infractor.

 GRUPO**ALMEDINA**

BIBLIOTECA NACIONAL DE PORTUGAL – CATALOGAÇÃO NA PUBLICAÇÃO
OLIVEIRA, Joana Albuquerque
Curso de processo de insolvência e de recuperação
de empresas. – 2ª ed. – (Guias práticos)
ISBN 978-972-40-4927-4
CDU 347

PREFÁCIO

No final da nota prévia, a autora manifestou a esperança de que este livro pudesse "tornar-se um instrumento de trabalho para todos aqueles que trabalham com este processo (de insolvência), seja na qualidade de Advogados, seja na de Magistrados, seja ainda na qualidade de Administradores de Insolvência e ainda para todos aqueles que pretendam ou tenham que o estudar, nomeadamente na fase de estágio de Advocacia".

Esta esperança constitui uma certeza.

Existem já várias obras sobre o tema. Porém, este livro constitui um guia prático, que permite compreender e apreender as várias fases de um processo que, infelizmente, é cada vez mais utilizado.

A sua leitura é atractiva, fruto de uma escrita fluente e concisa. Os realces gráficos permitem uma rápida apreensão das matérias.

A autora não se limita a descrever o "funcionamento" do processo de insolvência; realça os procedimentos a adoptar, os cuidados a ter neste processo que, não sendo propriamente complexo, exige uma atenção especial.

Trata-se, assim, de livro muito útil para quem tenha de acompanhar um processo de insolvência.

A natureza pedagógica da obra resulta do próprio facto de a autora ser uma conceituada formadora do Centro Distrital de Estágio do Porto da Ordem dos Advogados.

Desde 2006 até à data tem dado formação a estagiários na área da formação complementar, ministrando com brilho o curso de insolvência e recuperação de empresas, com uma vertente essencialmente prática.

Como advogada, tem tido intervenção em numerosos processos de insolvência, bem como em matérias empresariais, que a tornaram uma conhecida e prestigiada advogada do Porto.

A autora junta-se, assim, a ilustres formadores do Centro Distrital de Estágio do Porto, como Fernando Sousa Magalhães e Orlando Guedes da Costa, que não se limitaram a transmitir o seu saber e experiência nas sessões de formação; tiveram a coragem de "passar" os seus conhecimentos para o papel, para a escrita, beneficiando, assim, não apenas os estagiários como todos aqueles cujo labor diário se traduz na prática do Direito.

Ficou, assim, cumprido, da melhor forma, o terceiro objectivo da Joana Albuquerque Oliveira referido na nota prévia: escrever um livro!

EDGAR VALLES

Ao meu filho...

LIBERDADE

Ai que prazer
Não cumprir um dever,
Ter um livro para ler
E não o fazer!
Ler é maçada,
Estudar é nada.
O sol doira
Sem literatura.
O rio corre, bem ou mal,
Sem edição original.
E a brisa, essa,
De tão naturalmente matinal,
Como tem tempo não tem pressa...

Livros são papéis pintados com tinta.
Estudar é uma coisa em que está indistinta
A distinção entre nada e coisa nenhuma.

Quanto é melhor, quando há bruma,
Esperar por D. Sebastião,
Quer venha ou não!

Grande é a poesia, a bondade e as danças...
Mas o melhor do mundo são as crianças,
Flores, música, o luar, e o sol, que peca
Só quando, em vez de criar, seca.

O mais que isto
É Jesus Cristo,
Que não sabia nada de finanças
Nem consta que tivesse biblioteca...

Fernando Pessoa

Ai que prazer ter um livro para ler e não o fazer... Já o escrevi!

NOTA PRÉVIA

Ter um filho... plantar uma árvore... escrever um livro!
Não serão estes os mais sábios conselhos para a realização de qualquer *homem* na sua passagem por este planeta?

Pois bem, como mulher, já me sentia realizada com a experiência dos dois primeiros, faltava cumprir o terceiro...

A ideia já pairava no ar e surgira algum tempo após a aceitação de um convite para integrar a equipa de Formadores do Conselho Distrital da Ordem dos Advogados do Porto, onde, há cerca de cinco anos, tenho vindo a lecionar aos advogados estagiários o "Curso de Processo de Insolvência e Recuperação de Empresa", que integra um dos cursos de formação complementar organizada pela Ordem dos Advogados, na segunda fase do estágio.

Assim, a base do livro mostrava-se já de certa forma interiorizada e os *slides* já elaborados para orientar aquela formação até podiam servir de ponto de partida para este enorme desafio!!!

Foi assim que, de repente, em finais de Janeiro de 2009, no lançamento do livro "Registos on line", promovido pelo Conselho Distrital do Porto, numa atmosfera envolvida de livros jurídicos, na solene Biblioteca da Ordem dos Advogados do Porto, surgiu a ideia de me lançar nesta aventura, ao desafio do Colega Edgar Valles, ali presente com o encargo de apresentar aquele livro, Colega este que me incitou a avançar com aquela reflexão, a quem desde já agradeço.

O entusiasmo começou nesse mesmo dia e, desde então, quase diariamente, os momentos menos atarefados dos meus dias de trabalho de escritório foram dedicados a esta obra...

Os meus Pais, alguns amigos a quem contei o projeto e as minhas Colegas de escritório também me incentivaram! Assim, nasceu!

É minha sincera aspiração conseguir transmitir a todos os seus leitores um pouco do conhecimento prático que fui adquirindo, ao longo de cerca de duas décadas de advocacia, em que gradualmente me fui dedicando preferencialmente a estes temas, sempre com o objetivo de tornar o conhecimento deste pesado Código mais acessível.

Infelizmente, há mais de uma década que as *insolvências* aparecem quase diariamente, de uma forma ou de outra, nos escritórios de qualquer advogado.

Penso, assim, que este livro pode ser útil pela sua atualidade e, quiçá, tornar-se um instrumento de trabalho para todos aqueles que trabalham com este processo, seja na qualidade de Advogados, seja na de Magistrados, seja ainda na qualidade de Administradores de Insolvência e ainda para todos aqueles que pretendam ou tenham que o estudar, nomeadamente na fase do estágio de Advocacia.

Esse é o meu mais puro desejo!

Capítulo I
Introdução

A publicação da Lei nº 16/2012, de 20 de Abril que entrou em vigor no dia 20 de Maio e alterou pela sexta vez o Código da Insolvência e da Recuperação de Empresas, doravante designado de forma abreviada apenas por CIRE,[1] instituiu o Processo Especial de Revitalização, permitindo que o devedor negoceie com os seus credores e aprove um plano de recuperação que venha a ser homologado pelo Tribunal, antes de ser declarado em estado de insolvência.

Podem recorrer a este processo os devedores que se encontrem em situação económica difícil, que a lei define como dificuldade séria de cumprir pontualmente as obrigações por falta de liquidez ou por não conseguir obter crédito, ou numa situação de insolvência iminente mas que ainda seja suscetível de recuperação.

O processo inicia-se pela manifestação de vontade do devedor e deverá ser acompanhado por declaração escrita de pelo menos um dos seus credores, informando o tribunal que irão encetar negociações tendentes à revitalização do devedor, convidando os restantes credores a participar com vista à aprovação de um plano de recuperação.

O Tribunal nomeia então um administrador judicial provisório e o devedor terá um prazo de dois meses, prorrogável por mais um, para negociar com os seus credores um plano de recuperação, que a ser aprovado pela maioria legal necessária de credores prevista no artigo 212º do CIRE, será homologado pelo

---

[1] Aprovado pelo Decreto-Lei nº 53/2004, de 18 de Março, alterado pelos Decretos-Lei nºs 200//2004, de 18 de Agosto, 76-A/2006, de 29 de Março, 282/2007, de 7 de Agosto, 116/2008, de 4 de Julho e 185/2009, de 12 de Agosto.

Tribunal. Durante esse período, as execuções e ações para cobrança de dívidas suspendem-se.

Entende-se ser a grande inovação do diploma legal, que de alguma forma veio *repristinar* o regime que vigorava no anterior Código dos Processos Especiais de Recuperação de Empresa e de Falência[2], comummente designado por CPEREF, em que a empresa podia apresentar-se em Juízo para tentar a sua recuperação, num momento anterior à declaração de falência. Aliás, à semelhança do que já sucedia desde o reformador Decreto-Lei nº 177/86, de 2 de Julho, alterado pelo Decreto-Lei nº 10/90, de 5 de Janeiro, que iniciou a época dos processos de recuperação.

Esta alteração legislativa que há muito deveria ter sido implantada é de louvar pois constatou-se que a maioria significativa das insolvências ocorridas na vigência do CIRE implicou o encerramento de numerosas pequenas e médias empresas, que após a declaração de insolvência foram liquidadas, com o inerente aumento do desemprego que neste momento atinge cerca de 15%.

Na verdade, o rótulo da insolvência dificultou na prática a recuperação de muitas empresas portuguesas, algumas das quais poderiam ainda ter encontrado soluções de viabilidade, apesar de descapitalizadas, desde que tivessem conseguido estagnar o seu passivo e encontrar, com a colaboração dos seus credores, formas de o pagar a longo prazo ou/e de o reduzir.

Ora, é sabido, mas por vezes pouco interiorizado que, não raras vezes, a generalidade dos credores de uma empresa insolvente ficará melhor protegida num cenário de recuperação da empresa, que num cenário de liquidação do património do devedor insolvente. Será quase sempre o caso de empresas que praticamente não detêm ativos, designadamente imobiliários, e cujo imobilizado corpóreo é constituído praticamente por equipamentos de diminuto valor, quantas vezes obsoletos. Nestes casos, a venda do património do insolvente que passa a constituir a massa insolvente, pouco ou nada renderá, o que significará que os credores do insolvente pouco ou nada receberão.

Acresce que empresas há que apesar de possuírem escassos ativos, detêm ainda capacidade de continuar a gerar receita, seja porque continuam a deter uma clientela estável, seja porque adquiriram uma imagem sólida no mercado, seja ainda porque produzem artigos ou produtos de qualidade ou possuem marcas bem implantadas na praça. Quando tal sucede, será viável a sua recuperação no âmbito do processo especial de revitalização, agora previsto no CIRE pois que, ultrapassadas as dificuldades mais prementes da tesouraria, a empresa

---

[2] Aprovado pelo Decreto-Lei nº 132/93, de 23 de Abril e alterado pelo Decreto-Lei nº 315/98, de 20 de Outubro.

poderá continuar a faturar, gerando receita que será destinada ao pagamento do seu passivo, ainda que reduzido ou dilatado no tempo, com o acordo da maioria dos seus credores.

Na verdade, diversas situações podem surgir na vida de uma empresa que a levam, num determinado momento, a incumprir as suas obrigações perante a generalidade dos seus parceiros – fornecedores, Banca, credores públicos e até, em casos mais extremos, com os trabalhadores. E, se, muitas vezes, a situação é já irreversível, causando na empresa danos irremediáveis na sua imagem comercial e bancária e retirando-lhe a capacidade de se manter no mercado, outras vezes, sobretudo se a situação financeira não se deteriorar completamente, ainda será possível encontrar soluções que permitam a continuidade da empresa. De notar que tais soluções terão evidentemente de ser negociadas com a generalidade dos credores, tendo em vista conseguir uma real revitalização da empresa e aprovar um PLANO DE RECUPERAÇÃO no processo judicial que evite a liquidação da empresa e a sua extinção.

Finalidade do processo de insolvência

O processo de insolvência, como aliás preceitua a nova redação do artigo 1º do CIRE[3], dada pela referida Lei nº 16/2012, privilegia novamente a recuperação da empresa ao seu encerramento, e pode ter uma dupla finalidade:

> SATISFAÇÃO DOS DIREITOS DOS CREDORES pela forma que for prevista num PLANO DE INSOLVÊNCIA (aprovado pelos credores no âmbito do processo), passando nomeadamente pela recuperação da empresa compreendida na massa insolvente.
>
> Ou, SE TAL NÃO FOR POSSÍVEL,
>
> LIQUIDAÇÃO DO PATRIMÓNIO DE UM DEVEDOR INSOLVENTE, e *repartição* do respetivo produto, resultante da venda dos bens da massa insolvente, por todos os credores que reclamem os seus créditos, repartição essa que se faz em função da *graduação* dos créditos fixada na sentença de verificação e graduação de créditos.

---

[3] Doravante sempre que não se indique o diploma legal a que pertence o artigo presume-se que o mesmo é o CIRE.

A situação de insolvência

Importa agora analisar o conceito legal de *insolvência*, palavra que, afinal, continua a entrar diariamente nas nossas casas, de há uns anos para cá, não fosse a já demasiado longa crise que tem abalado Portugal e que veio a encontrar alguma proteção política na crise generalizada que mais recentemente se continua a fazer sentir a nível europeu.

Estabelece o artigo 3º do CIRE que *"É considerado em situação de insolvência o devedor que se encontre impossibilitado de cumprir as suas obrigações vencidas"*.

Os Tribunais superiores têm ajudado a melhor compreender este conceito cita-se, por todos, o Acórdão do Tribunal da Relação do Porto datado de 26. 10.2006 in *www.dgsi.pt*[4], que esclarece: *"O que verdadeiramente releva para a insolvência é a insusceptibilidade de satisfazer obrigações que, pelo seu significado no conjunto do passivo do devedor, ou pelas próprias circunstâncias do incumprimento evidenciam a impotência, para o obrigado, de continuar a satisfazer a generalidade dos seus compromissos."*

Com efeito, para que o Tribunal decrete a insolvência de um devedor deverá ficar demonstrado no processo que o mesmo se encontra impossibilitado de cumprir as suas obrigações, que na sua maioria deverão estar já vencidas, devendo essa *impossibilidade de cumprimento* revelar-se em relação à generalidade dos credores.

Podem ainda existir situações específicas que permitam evidenciar uma impossibilidade de cumprimento como será o caso de fuga do empresário ou encerramento/abandono da sede de uma empresa, circunstâncias que normalmente justificam, por si só que seja declarada a situação de insolvência, uma vez que também elas revelam que o devedor jamais irá cumprir a generalidade das suas obrigações.

Cumpre notar a este propósito, que tem vindo a ser prática, menos escrupulosa, de alguns credores, apresentarem pedidos de insolvência contra empresas comerciais ou industriais que se encontram a laborar, com o único fito de obterem um mais célere recebimento do crédito, estratégia que, na maioria dos casos, se revela eficaz porquanto os devedores, perante tal ameaça, acabam por aceder a pagar, contra a desistência do processo.

Ora, o processo de insolvência não tem e nunca teve por finalidade recebimento de créditos, os quais evidentemente devem ser exigidos pela via judicial comum, mediante a competente propositura de ação judicial, executiva ou de condenação, consoante o credor detenha ou não um título executivo, sendo

---

[4] *Site* de Jurisprudência dos Tribunais portugueses, podendo este acórdão bem como os restantes adiante citados ser acedido através de consulta ao *site* do tribunal respectivo e da data indicada.

certo que uma insolvência pode significar a perda de mais uma empresa no mercado, com a inerente perda de postos de trabalho e de criação de riqueza, a nível da economia global do país.

Nestas hipóteses, é patente que o devedor, caso não esteja de facto numa situação de insolvência ou considere poder evitar esta drástica solução, deverá deduzir oposição no processo, para nele demonstrar que, apesar do incumprimento daquela obrigação específica, está a cumprir a generalidade das suas obrigações perante os seus credores.

De notar que o artigo 22º do CIRE estabelece uma sanção para o credor que requeira a insolvência do devedor sem real fundamento, preceituando que o requerente responderá pelos prejuízos causados, mas apenas quando a sua conduta seja *dolosa*, o que significa que, em sede de responsabilização, se terá de provar o dano e a atuação intencional do credor, solução que tem sido criticada[5], não se encontrando qualquer justificação para afastar a responsabilização do credor nos casos de mera culpa ou negligência.

Para além deste conceito geral de insolvência, previsto no nº 1 do artigo 3º do CIRE, estabelece-se no nº 2 uma outra noção de insolvência, apenas aplicável a pessoas coletivas e a determinados patrimónios autónomos, que se aproxima da noção económica de *falência técnica* – existe insolvência quando o passivo destas entidades seja manifestamente superior ao ativo, avaliados estes segundo as normas contabilísticas vigentes.[6]

Nesta hipótese, porém, e sabendo-se que, no nosso país, nem sempre os passivos e ativos registados no balanço são coincidentes com a realidade económico-financeira da empresa (até porque as contas servem também para apuramento de lucro ou prejuízo fiscal), poderá demonstrar-se no processo, tentando obstar à declaração de insolvência, que os ativos, avaliados segundo os valores de mercado, se revelam superiores aos valores contabilísticos registados no balanço, ou que os passivos reais são inferiores aos registados no balanço.

Em situações que tal possa suceder, entende-se que apenas se poderá fazer tal prova no processo, de forma cabal, requerendo uma prova pericial, requerimento que deverá ser efetuado no articulado de oposição e que necessariamente implicará reavaliações de ativos e/ou lançamento de amortizações que porventura ainda não estivessem evidenciados na contabilidade. Será por exemplo o caso de uma sociedade que já exista há várias décadas e que tenha os seus bens

---

[5] *Vide* neste sentido, Luis A. Carvalho Fernandes e João Labareda, *in* "Código da Insolvência e da Recuperação de Empresas Anotado", Quid Juris.
[6] Plano Oficial de Contabilidade, aprovado pelo Decreto-Lei nº 410/89, de 21 de Novembro, bem como as Directrizes contabilísticas e, quando for o caso, as normas internacionais de contabilidade NIC.

imóveis e móveis adquiridos há muito, registados pelo preço de aquisição. Neste caso, terá de demonstrar que o valor do seu ativo é superior ao valor contabilístico, caso em que deverá indicar um perito avaliador para avaliação dos bens que possui tendo em vista provar que o valor de mercado é superior ao do balanço.

Resumindo:

Situação de insolvência

Devedor em geral (empresa ou pessoa singular):
IMPOSSIBILIDADE de cumprir a generalidade das obrigações vencidas.

As pessoas coletivas e os patrimónios autónomos são também considerados insolventes se o seu PASSIVO FOR MANIFESTAMENTE SUPERIOR AO ATIVO (noção de valor contabilístico do património e de justo valor).

De referir que o CIRE estabelece ainda um critério temporal para caracterizar a insolvência, a qual pode ser *actual* ou *iminente*, dispondo a alínea a) do nº 2 do artigo 23º do CIRE que, sendo o devedor a apresentar-se a Tribunal para obter a declaração judicial da sua insolvência, deverá indicar se a situação de insolvência é atual ou iminente, isto é, se já se verificou ou se é previsível e inevitável a curto prazo.

Ora, se esta última noção pode parecer um pouco estranha do ponto de vista teórico, na prática pode suceder, e muitas vezes sucede, que o empresário antevê uma sua situação de insolvência. Será, por exemplo, o caso de uma empresa estar dependente de um cliente exclusivo, que previamente a avisa que vai suspender as suas encomendas, ou sempre que um cliente, exclusivo ou não, mas que tenha grande dimensão em termos de faturação, entra ele próprio subitamente em estado de insolvência ou muda de fornecedor, quantas vezes face à instalada globalização comercial.

Na prática, verificam-se para além desta, outras situações em que a insolvência, no momento da apresentação em juízo ainda não sucedeu, mas a curto prazo será inevitável, porque é previsível num futuro próximo uma perda de receitas significativa e uma incapacidade de, a curto prazo, as obter por outra forma, em virtude de causas alheias à sociedade e aos seus administradores que nada fizeram para causar a situação de insolvência. Nestes casos a insolvência deverá ser considerada fortuita.

Se a situação de insolvência é meramente iminente, ou seja, se o devedor se apresenta a Tribunal requerendo a sua insolvência antes mesmo desta se verificar, estará sempre a cumprir o dever de apresentação previsto no artigo 18º do CIRE, que quando é incumprido pode trazer gravosas consequências, em sede de qualificação da insolvência.

Este dever será igualmente cumprido, quando a empresa optar por apresentar um Processo Especial de Revitalização ou um Procedimento Extrajudicial de Conciliação[7], abreviadamente designado por PEC, procedimento apresentado no IAPMEI onde a empresa tentará obter um acordo com todos ou alguns dos seus credores que viabilize a sua recuperação financeira. Este processo tem, no entanto, um inconveniente face à tentativa de recuperação financeira através dos processos regulados no CIRE, porquanto as execuções pendentes contra a empresa não se suspendem, com o inerente risco de venda de ativos necessários à continuidade de laboração.

Uma outra alteração da recente Lei nº 16/2012 é ainda que o Tribunal deixa de ter obrigatoriamente de qualificar a insolvência como CULPOSA ou FORTUITA como acontecia até agora. O incidente de averiguação de culpa, que termina com a sentença que qualifica a insolvência, será ou não aberto na sentença que declara a insolvência, ou em momento posterior, por decisão do Juiz que poderá ou não abrir o incidente, em função dos elementos que disponha no processo que justifiquem essa averiguação.

De notar que têm aumentado muito os casos de insolvências qualificadas como culposas no âmbito de processos de insolvência, embora ainda com poucos reflexos em casos de condenação da prática do crime de insolvência dolosa previsto no Código Penal.

Muitos têm sido os casos que têm levado à qualificação da insolvência como culposa por falta de cumprimento deste dever de apresentação que, nos termos do Código, faz presumir a existência de culpa na situação de insolvência. Essa qualificação irá afetar, em termos pessoais, todos ou alguns dos administradores (de direito ou de facto) da entidade declarada insolvente, podendo também, agora, com a nova lei, responsabilizar-se os responsáveis pelas contas da empresa, quer os técnicos oficiais de contas, quer os revisores que, pensa-se a partir de agora, comecem a ter cuidados redobrados com a elaboração e fiscalização da contabilidade das empresas, que deverá refletir com transparência a real situação económico-financeira da empresa.

---

[7] Aprovado pelo Decreto-Lei nº 316/98, de 20 de Outubro e alterado pelo Decreto-Lei nº 201//2004, de 18 de Agosto. Este diploma regula os termos de um procedimento de conciliação apresentado no IAPMEI, em que a empresa ou um credor chama ao processo os credores que entenda para negociar o seu passivo.

Refira-se igualmente que a noção de *administração de facto* tem vindo a ser acolhida pelo legislador em vários ramos de direito, uma vez que nem sempre os administradores ou gerentes constantes do registo comercial são quem administra de facto a empresa.

> **Dever de apresentação**
>
> Dentro de 30[8] dias após conhecimento da situação de insolvência ou da data que o devedor devesse conhecer essa situação;
>
> Não estão obrigadas a este dever as pessoas singulares que não sejam titulares de uma empresa.
>
> Se o devedor for titular de empresa, presume-se de forma inilidível o conhecimento da situação de insolvência, decorridos 3 meses sobre o incumprimento generalizado de obrigações (tributárias ou à segurança social, laborais, rendas de leasing ou prestações de mútuos hipotecários existentes sobre o prédio onde o devedor exerce a sua atividade).

Como se disse, o incumprimento de dever de apresentação faz presumir, por si só, a existência de *culpa grave* na criação ou no agravamento da situação de insolvência e poderá assim afetar o devedor ou os administradores da pessoa coletiva que não a apresentaram oportunamente a tribunal, como resulta expressamente do nº 3 do artigo 186º do CIRE.

De facto, na prática forense, têm vindo a aumentar os casos em que os Administradores de Insolvência verificam, através da contabilidade das empresas insolventes, uma situação de dívida antiga, designadamente perante os credores públicos, acabando por concluir pela existência de culpa no parecer que devem emitir para efeitos de qualificação da insolvência quando o incidente de qualificação for aberto.

Tal parecer influenciará decisivamente a sentença de qualificação da insolvência que poderá concluir pela insolvência como culposa, hipótese em que o Juiz identificará os administradores e os responsáveis pelas contas que consi-

---

[8] Este prazo foi encurtado de 60 para 30 dias – artigo 2º da Lei nº 16/2012, de 20 de Abril, que alterou o artigo 18º do CIRE.

dera afetados com essa qualificação. Ora, o cumprimento deste dever deve assim ser assegurado pelos empresários, atentas as consequências dessa qualificação: inabilitação para gerir patrimónios alheios, inibição para o exercício do comércio ou de cargos sociais, condenação em indemnização aos credores pelo montante dos créditos não satisfeitos e, salvo no incidente limitado, perda de créditos que os mesmos detenham sobre a insolvência.

Feita esta introdução inicial, importará, agora, analisar outros aspetos que distinguem este processo, ao qual se aplicam, subsidiariamente, as normas do Processo Civil, conforme preceitua expressamente o artigo 17º do CIRE.

Desde logo, neste processo, podem ser proferidas diversas sentenças, pois para além da primeira, isto é, a SENTENÇA DECLARATÓRIA DA INSOLVÊNCIA será provável que o no decurso do processo sejam proferidas outras sentenças, nomeadamente a SENTENÇA DE QUALIFICAÇÃO DA INSOLVÊNCIA e, se o processo seguir a sua normal tramitação[9], isto é, com a fase da reclamação de créditos e posterior graduação dos mesmos, será ainda proferida uma SENTENÇA DE VERIFICAÇÃO E GRADUAÇÃO DE CRÉDITOS.

Refira-se que qualquer destas sentenças proferidas no âmbito deste processo estão sujeitas a recurso, dependendo do valor que for atribuído à ação, aplicando-se a estes o regime geral dos recursos regulado no Código de Processo Civil, designadamente no que se refere a prazos, que não estão previstos no CIRE. Dado que se trata de um processo urgente, o recurso deverá ser interposto no prazo de 15 dias – artigo 691º, nº 5 do Código de Processo Civil.

Podem existir ainda mais sentenças, como será o caso de serem intentadas ações de verificação ulterior de créditos e/ou de ações de restituição ou separação de bens apreendidos para a massa insolvente, e ainda ações tendentes a obter efeitos retroativos de resolução de negócios que causaram prejuízo à massa insolvente, as quais, evidentemente também serão objeto de sentença, após competente tramitação processual.

De notar que todas estas ações correm por apenso no processo de insolvência e podem ter intervenientes processuais diferentes daqueles que participam no processo principal.

---

[9] Tal não acontecerá quando o juiz considere a insuficiência da massa insolvente para liquidar as custas e dívidas previsíveis da massa, porquanto neste caso nem sequer se inicia o incidente da verificação de créditos nem da liquidação – *vide* artigo 39º do CIRE.

Capítulo II
Processo Especial de Revitalização

Estando em SITUAÇÃO ECONÓMICA DIFÍCIL ou em SITUAÇÃO DE INSOLVÊNCIA IMINENTE, o devedor pode requerer ao tribunal a instauração de um PROCESSO ESPECIAL DE REVITALIZAÇÃO nos termos do qual estabelecerá negociações com os credores, com a ajuda e orientação de um administrador judicial nomeado pelo tribunal, tendo em vista obter um acordo conducente à sua recuperação. Este processo poderá também ser requerido para obter a homologação de um acordo extrajudicial celebrado entre o devedor e os credores que representem pelo menos a maioria prevista no artigo 212º.

Pode ser requerido pelo devedor que, através de DECLARAÇÃO ESCRITA E ASSINADA, explique as razões da situação económica em que se encontra e ateste que reúne as condições necessárias à sua recuperação. Inicia-se pela manifestação de vontade do devedor e de PELO MENOS UM DOS SEUS CREDORES, comunicando ao tribunal competente que vão iniciar negociações tendentes à revitalização do devedor que poderá ser conseguida através da aprovação de um plano de recuperação.

Não distinguindo a lei se este processo se destina apenas a empresas, defendo que este processo tanto pode ser requerido por uma pessoa coletiva, como por uma pessoa singular, designadamente em alternativa à apresentação de um plano de pagamentos, quando a pessoa singular reúne os pressupostos do artigo 249º. Com efeito, a aprovação de um plano de recuperação no âmbito de um PER, evita a declaração de insolvência do devedor que, no caso de aprovação e homologação de um plano de pagamentos regulados nos artigos 249º a 263º do Código, é decretada conforme dispõe o nº 1 do artigo 259º.

Formalidades:

Requerimento apresentado no tribunal competente, contendo a data e assinatura do devedor e do(s) credor(es) que informam o início das negociações. Esse requerimento dá início ao processo de revitalização.

Tramitação subsequente:

DESPACHO DO JUIZ – o juiz nomeia de imediato um Administrador judicial provisório. Este despacho é notificado ao devedor e publicado no portal CITIUS – *www.citius.mj.pt* – publicidade da insolvência.

O devedor de imediato deve:

a) remeter ao tribunal os documentos previstos no artigo 24º do CIRE.
b) comunicar por carta registada aos credores que não subscreveram a declaração que deu início ao processo, convidando-os a participar nas negociações.

Os credores devem RECLAMAR OS CRÉDITOS no prazo de 20 dias contados da publicação do despacho.

O devedor não pode praticar qualquer dos atos previstos no artigo 161º do CIRE, salvo com autorização do Administrador prestada por escrito.

No prazo de 5 dias, o Administrador elabora a LISTA PROVISÓRIA DE CRÉDITOS e apresenta-a no tribunal para publicação no CITIUS.

IMPUGNAÇÃO da lista – 5 dias úteis, contados da publicação.

Decisão das impugnações por parte do juiz – 5 dias úteis.

Não havendo impugnações, a lista converte-se em definitiva.

As negociações deverão concluir-se no PRAZO DE DOIS MESES, contados do fim do prazo das impugnações, podendo este prazo ser PRORROGADO por mais um mês.

Negociações tendentes à aprovação do Plano de Recuperação:

PARTICIPANTES:

- Devedor;
- Administrador provisório;
- CREDORES que pretendam participar, devendo comunicar ao devedor por carta registada e juntar as declarações ao processo.
- PERITOS, cujos custos serão suportados pelo interveniente que o indicou.

REGRAS DAS NEGOCIAÇÕES: são definidas por acordo entre os intervenientes. Se não houver acordo, serão definidas pelo Administrador Provisório.

Os intervenientes devem atuar de acordo com os princípios orientadores aprovados pela Resolução do Conselho de Ministros nº 43/2011, de 25 de Outubro.

Funções do Administrador Provisório:

O administrador nomeado deve participar nas negociações e orientar e fiscalizar o seu decurso e regularidade.

Período de suspensão:

Durante o processo e logo que o Administrador Judicial é nomeado não poderão ser instauradas ações para cobrança de dívida e as ações pendentes ficam SUSPENSAS, incluindo processos de insolvência eventualmente requeridos, se a insolvência ainda não tiver sido declarada.

Sendo aprovado um plano de recuperação, as ações extinguem-se salvo se o plano contiver cláusula em sentido contrário. Também se extinguem processos de insolvência que porventura estivessem pendentes contra o devedor.

Aprovação do plano de recuperação:

– Se a aprovação for UNÂNIME, todos os credores deverão assinar e o plano será remetido ao tribunal para homologação ou recusa, acompanhado da documentação que comprova a sua aprovação.
– Se a aprovação NÃO FOR UNÂNIME, o devedor remete o plano ao tribunal e considera-se o plano aprovado se votarem credores representativos de 1/3 do total dos créditos com direito de voto e 2/3 votarem favoravelmente. Quórum deliberativo é calculado com base na lista de créditos (provisória ou definitiva).

VOTAÇÃO ESCRITA – os credores remetem os votos ao Administrador que os abre em conjunto com devedor e elabora documento com o resultado da votação.

A homologação do Plano de recuperação vincula todos os credores mesmo que não tenham participado nas negociações.

As custas do processo são suportadas pelo devedor.

Encerramento do processo negocial:

– se a maioria dos credores concluir que é impossível obter um acordo;

- se for ultrapassado o prazo fixado para a conclusão das negociações (2 meses + 1);
- por iniciativa do devedor.

Qualquer destes factos deve ser comunicado pelo Administrador ao processo e publicado no CITIUS.

Efeitos do encerramento do processo:

- Se o devedor estiver em situação de insolvência, é declarado insolvente, no prazo de 3 dias úteis.
- Se o devedor não estiver em situação de insolvência, as ações de cobrança suspensas podem prosseguir e podem ser propostas novas ações.

Compete ao administrador judicial, após ouvir o devedor e os credores, informar o tribunal se o devedor está insolvente.

O devedor fica impedido de recorrer ao PER durantes dois anos.

As GARANTIAS convencionadas entre o devedor e os seus credores durante o processo, com a finalidade de proporcionar ao devedor meios financeiros para continuar a sua atividade mantêm-se, mesmo que o devedor venha a ser declarado insolvente, no prazo de dois anos.

Os credores que disponibilizarem capital ao devedor durante o processo gozam de privilégio mobiliário geral, graduado antes do privilégio mobiliário geral dos trabalhadores. Em caso de insolvência, estes negócios são insuscetíveis de resolução em benefício da massa insolvente – artigo 120º, nº 6.

Capítulo III
O Processo de Insolvência

Características do processo

O processo regulado no CIRE tem características muito próprias que o influenciam e a que deveremos estar especialmente atentos, como intervenientes no processo, quer estejamos em representação do devedor, quer em representação de um credor ou ainda de um terceiro que possa ser afetado por atos praticados no processo ou praticados pelo insolvente (ou pelos seus administradores) antes da declaração de insolvência.

Principais características do Processo de insolvência

- URGÊNCIA (todos os prazos, incluindo os prazos dos diversos apensos, dos recursos e incidentes correm em férias judiciais).
- PRAZOS CURTOS, existência de DIVERSAS COMINAÇÕES e de PRESUNÇÕES.
- INDICAÇÃO DOS MEIOS DE PROVA em todas as peças apresentadas no processo (petição inicial, reclamação de créditos, petição e contestação de embargos, impugnações de créditos, respostas a impugnações e articulados apresentados no incidente de qualificação da insolvência).
- PRINCÍPIO DO INQUISITÓRIO – ao contrário do processo civil onde vigora o princípio do dispositivo, neste processo a decisão do juiz pode ser fundada em factos não alegados pelas partes.

> - RECURSOS (apenas são admissíveis para o Tribunal da Relação, salvo havendo oposição de julgados).
> - PUBLICAÇÃO DE SENTENÇAS OU DESPACHOS (nomeadamente de convocação das assembleias de credores que venham a existir no processo) – os credores consideram-se citados ou notificados após publicação das sentenças ou dos despachos que deixaram de ser publicados no Diário da República e a partir da entrada em vigor da Lei nº 16/2012 são publicados no Portal CITIUS.

Legitimidade passiva

Vejamos, agora, quem pode ser declarado insolvente, isto é, quais os sujeitos passivos deste processo, estabelecendo o Código que a insolvência abrange a generalidade das entidades singulares ou coletivas, bem como patrimónios autónomos, com ou sem personalidade jurídica. Daí, a enunciação prevista no artigo 2º do CIRE:

Pessoas singulares ou coletivas
Herança jacente
Associações sem personalidade jurídica e comissões especiais
Sociedades civis
Sociedades comerciais e civis sob a forma comercial, antes do respetivo registo
Cooperativas, mesmo antes da sua constituição
Estabelecimento individual de responsabilidade limitada
Quaisquer outros patrimónios autónomos

Exceções:

Pessoas coletivas públicas e entidades públicas empresariais;
Entidades sujeitas a regimes especiais (seguros, Bancos, empresas de investimento que detenham fundos ou valores mobiliários de terceiros, organismos de investimento coletivo).

O processo de insolvência e da recuperação de empresas, como processo especial, tem diversas fases processuais que não estão sistematizadas no código de forma processualmente cronológica.

Na verdade, um determinado processo de insolvência poderá ter diversas fases processuais, em função não apenas do que sucede perante as distintas tomadas de posição do devedor insolvente, dos credores ou de outros interessados mas também em função do próprio conteúdo da sentença de insolvência, desde logo face à possibilidade do processo, em determinadas situações, não se destinar a verificar passivos nem a liquidação (cfr. artigos 39º e 232º).

Tentando organizar melhor as fases processuais ulteriores do processo, após a entrada do processo em juízo, iremos analisá-las de forma sucinta, desde já se alertando que o processo se inicia com a entrada da petição inicial em juízo e que este elemento temporal é fundamental para contagem de diversos prazos ao longo do código (*vide* artigos 120º, 121º e 186º, nº 1), e ainda para efeito de eventual suspensão do processo e de pendência de processos – *vide* artigos 4º e 8º do CIRE.

Alerta-se ainda para o facto de não ser admitida a desistência do pedido ou da instância quando é o devedor a apresentar-se a juízo (*vide* artigo 21º), o que significa que sempre que seja este a apresentar-se a juízo para efeito de obter a declaração de insolvência, deverá ponderar muito bem essa decisão que inevitavelmente conduzirá a uma declaração judicial de insolvência.

Fases Processuais:

Processo requerido pelo devedor – segue-se de imediato a SENTENÇA DE DECLARAÇÃO DE INSOLVÊNCIA uma vez que é o próprio devedor que reconhece a sua situação.

Processo requerido por credor ou por outro legitimado - citação do devedor, eventual oposição deste, julgamento – SENTENÇA DE DECLARAÇÃO DE INSOLVÊNCIA OU DE INDEFERIMENTO. Eventual desistência do pedido ou da instância por parte do requerente - sentença homologatória dessa desistência. Apresentação de um processo especial de revitalização, pois neste caso o processo de insolvência poderá ficar suspenso, ou para pessoas singulares não empresárias ou pequenas empresas, apresentação de um plano de pagamentos, nos termos dos artigos 249º e segs. do CIRE.

DECRETADA A INSOLVÊNCIA – possibilidade de apresentação de embargos e/ou recurso para obter a revogação da sentença.

ASSEMBLEIA DE CREDORES PARA APRECIAÇÃO DE RELATÓRIO salvo se o juiz concluir pela insuficiência da massa para pagamento de custas e de dívidas previsíveis da massa (artigo 39º) ou se fundadamente declarar que prescinde da realização dessa assembleia, não o podendo fazer quando o devedor pessoa singular requeira a exoneração do passivo restante, quando for previsível a apresentação de um plano de insolvência ou quando determinar que a administração da massa insolvente continuará a cargo do devedor (nova redação da alínea n) do nº 1 do artigo 36º e nº 2 do mesmo artigo.

APENSO DE VERIFICAÇÃO E GRADUAÇÃO DE CRÉDITOS – (reclamações de créditos, impugnações de créditos, sentença de verificação e graduação de créditos, recurso).

APENSO DA LIQUIDAÇÃO – arrolamento e venda de bens para pagamento aos credores. A liquidação deverá ocorrer no prazo de um ano, contado da data da assembleia de apreciação do relatório, salvo prorrogações solicitadas pelo administrador de insolvência e aceites pelo juiz.

APROVAÇÃO DO PLANO DE INSOLVÊNCIA (proposta, aprovação em assembleia de credores, homologação ou não homologação – oficiosa ou a pedido de interessados).

INCIDENTE DE QUALIFICAÇÃO DA INSOLVÊNCIA – a insolvência pode ser qualificada como fortuita ou culposa através de sentença, sujeita a recurso.

A sentença de insolvência, salvo se o Juiz concluir pela insuficiência da massa insolvente para pagamento de custas, designará uma data para os credores se reunirem para efeito de apreciação do relatório elaborado pelo Administrador de Insolvência designado nessa sentença, e apresentado no processo, em momento anterior à assembleia, para consulta de todos os credores ou outros interessados. A nova redação da alínea n) do artigo 36º permite ainda que o juiz fundadamente prescinda da marcação dessa assembleia, podendo qualquer interessado requerer a sua convocação no prazo que for fixado para a reclamação de créditos (artigo 36º nº 3).

Note-se que este Código conferiu mais poderes aos credores, sendo a assembleia de credores o órgão da insolvência que decide o desfecho do processo, uma vez que o Juiz apenas detém funções de mero controlo da legalidade e formalidade e de fiscalização da atividade do Administrador de Insolvência.

Essa assembleia revela-se essencial para uma desejável continuidade da empresa, pois é no seu decurso que a generalidade dos credores presentes vai decidir o futuro da entidade insolvente, isto é, se a mesma será liquidada, com a subsequente extinção da pessoa coletiva ou se poderá manter-se a laborar, quer na titularidade do devedor, quer na titularidade de um terceiro, que porventura apareça como interessado em continuar a explorar a atividade do insolvente e que pretenda, por exemplo, fazê-lo através da aquisição do estabelecimento integrado na massa insolvente, mediante pagamento de uma contrapartida que se destinará a pagamento do passivo do insolvente.

Os contratos de trabalho dos trabalhadores da entidade insolvente não se extinguem com a declaração de insolvência, como está expressamente previsto no artigo 347º do Código de Trabalho[10], mas apenas quando o estabelecimento ou estabelecimentos existentes na massa insolvente sejam encerrados, aquando da tomada da respetiva deliberação dos credores, tomada precisamente nesta primeira assembleia. O Administrador apenas poderá decidir o encerramento antecipado do estabelecimento, isto é, antes dessa assembleia, cumprindo os termos previstos no artigo 157º do CIRE.

Estabelece a supracitada norma do atual Código de Trabalho que o Administrador de Insolvência deve continuar a satisfazer integralmente os direitos dos trabalhadores. E será ele quem detém legitimidade para contratar e despedir os trabalhadores da empresa para proceder a suspensão de contratos de trabalho ou a procedimentos de despedimento coletivo.

Cumpre aqui notar que uma empresa que apresente um processo de insolvência, mas que pretenda tentar a sua recuperação económico-financeira, mediante aprovação posterior de um plano de insolvência, deverá requerer que a administração da massa insolvente continue a seu cargo, nos termos dos artigos 224º e segs. do CIRE.

Isto, porque o Administrador de insolvência, no caso de não existir liquidez na tesouraria para pagamento de salários, contribuições e cumprimento de obrigações, designadamente fiscais, muito dificilmente irá propor aos credores a continuidade da empresa, uma vez que o mesmo poderá ficar responsável pelo cumprimento de obrigações laborais, tributárias e perante a segurança social.

Por tal motivo, entre a sentença e a assembleia de credores destinada a apreciar o relatório não deve mediar muito tempo, estipulando a alínea n) do artigo 36º que essa assembleia deve ser marcada entre os 45 e os 60 dias subsequentes à sentença.

Com efeito, é nesta assembleia, que se encontra regulada no artigo 156º do Código, que o processo se decide como processo de liquidação ou de recuperação da empresa, cabendo aos credores decidir o destino da devedora insolvente.

Assim, é fundamental que o prazo das reclamações já tenha decorrido e ainda que os credores participem nesta assembleia de forma consciente, podendo e devendo consultar previamente o relatório apresentado pelo administrador de insolvência, bem como o inventário que deve ser anexo a tal documento, documentos que contêm informação para conhecer a real situação do insolvente em termos de passivos e de activos e assim se decidir em conformidade com os interesses dos credores, dos trabalhadores e da própria empresa.

---

[10] Aprovado pela Lei nº 7/2009, de 12 de Fevereiro, com a redação dada pela Lei nº 23/2012, de 25 de Junho.

> **Importância das deliberações tomadas na assembleia de apreciação do relatório**
>
> Os credores do insolvente que tenham reclamado os seus créditos ou que tenham sido reconhecidos como tal pelo Administrador de insolvência deliberam sobre o ENCERRAMENTO ou MANUTENÇÃO do estabelecimento(s) compreendido(s) na massa insolvente;
>
> Os credores podem incumbir o administrador de elaborar um PLANO DE INSOLVÊNCIA, caso em que devem fixar a sua remuneração, devendo neste caso deliberar também a SUSPENSÃO DA LIQUIDAÇÃO DO ACTIVO.
>
> No caso do plano de insolvência ser elaborado e, posteriormente aprovado, poderá não haver liquidação e o pagamento aos credores faz-se em função do que for previsto nesse plano, vigorando o princípio da liberdade de conteúdo, apenas delimitado pelo princípio da igualdade de credores.

Como em qualquer outro processo judicial, antes de se avançar com a sua propositura, importa apreciar a legitimidade ativa e passiva, decorrendo estas das normas previstas nos artigos 19º, 20º e 25º do CIRE.

Assim, sendo o processo desencadeado pelo devedor, estabelece o Código que a iniciativa do mesmo cabe ao órgão incumbido da sua administração.

Tratando-se de sociedades por quotas, caberá então à sua gerência, seja plural ou singular, tratando-se de sociedades anónimas ao Conselho de Administração ou ao Administrador Único[11].

Se por hipótese se convocar uma assembleia-geral dos sócios/acionistas de uma sociedade, para tomada de uma deliberação de recurso a este processo, apesar de desnecessária, e se vier a verificar que a maioria dos sócios ou acionistas votam contra a apresentação da sociedade a insolvência, ainda assim a gerência/administração da sociedade poderá validamente apresentar este processo.

O processo pode ainda ser desencadeado por qualquer credor, ainda que condicional e seja qual for a natureza do seu crédito, pelo responsável legal das

---

[11] No caso da gerência de uma sociedade por quotas ser plural ou no caso de uma sociedade anónima com Conselho de Administração, deverá juntar-se com a petição inicial fotocópia da ata do órgão da administração, que delibera o recurso ao processo.

dívidas do insolvente[12] e ainda pelo Ministério Público, em representação das entidades que represente.

Legitimidade ativa

> **Iniciativa do processo**
>
> DEVEDOR
> - Pessoa coletiva – incumbe ao órgão da sua administração
> - Pessoa singular
>
> CREDOR
>
> RESPONSÁVEL LEGAL pelas dívidas do insolvente (deve indicar a fonte da sua responsabilidade)
>
> MINISTÉRIO PÚBLICO

Competência

Nesta sede, sempre que somos mandatados para propor um processo desta natureza, isto, quer estejamos a representar um credor ou outro legitimado, quer atuemos na qualidade de mandatário do devedor que pretenda apresentar-se, deveremos indagar não apenas da competência territorial mas também se na comarca competente deste ponto de vista, existe um Tribunal de competência especializada, mais concretamente um Tribunal de Comércio ou um Juízo de Comércio, isto no caso do devedor insolvente integrar uma sociedade comercial ou, se existir no património do devedor, ainda que pessoa singular, uma empresa, como sucede por exemplo com os empresários em nome individual que exploram uma empresa.

Assim, o processo será intentado num determinado Tribunal, consoante se trate de sociedade comercial ou de pessoa singular e ainda, neste último caso,

---

[12] Responsável legal, nos termos do disposto no nº 2 do artigo 6º do CIRE, é apenas o que responde pessoal e ilimitadamente pela generalidade das dívidas do insolvente (ex.: o curador, um sócio de uma sociedade civil, e não um sócio, avalista ou um fiador) – *vide* neste sentido Acórdão da Relação do Porto, de 12.06.2008, *in www.dgsi.pt*.

dependendo desta deter no seu património uma empresa, tal como vem definida no artigo 5º do CIRE, isto é *"(...) toda a organização de capital e trabalho destinada ao exercício de qualquer atividade económica"*.

Assim, o processo será intentado num determinado Tribunal, consoante se trate de sociedade comercial ou de pessoa singular e ainda, neste último caso, dependendo desta deter no seu património uma empresa.

> COMPETÊNCIA TERRITORIAL – Tribunal da sede ou domicílio do devedor ou do autor da herança OU do lugar onde o devedor tenha o centro dos seus principais interesses.
>
> COMPETÊNCIA ESPECIALIZADA DOS TRIBUNAIS DE COMÉRCIO: se o devedor for uma sociedade comercial ou a massa insolvente integrar uma empresa (artigo 89º da LOFTJ)[13].
> TRIBUNAIS DE COMÉRCIO DE LISBOA E VILA NOVA DE GAIA[14] no caso da sede ou domicílio do empresário se situar nas Comarcas da competência desses Tribunais.
> LISBOA: (Comarcas de Almada, Barreiro, Cascais, Lisboa, Loures, Moita, Montijo, Oeiras, Palmela, Seixal, Sesimbra, Setúbal, V. F. de Xira)
> VILA NOVA DE GAIA: (Comarcas de Espinho, Gondomar, Maia, Matosinhos, Porto, Póvoa do Varzim, Valongo, Vila do Conde, Vila Nova de Gaia)
>
> TRIBUNAIS JUDICIAIS nas restantes comarcas do país e no caso de insolvências de pessoas singulares que não detenham uma empresa.

---

[13] Redação dada pelo DL nº 8/2007, de 17 de Janeiro. De acordo com o Decreto-Lei nº 40/97, de 6 de Fevereiro, apenas foram criados dois Tribunais de Comércio. Entretanto, foi publicada a Lei nº 52/2008, de 28 de Agosto conhecida como Novo Mapa Judiciário (que já está em vigor em 3 Comarcas piloto (Baixo-Vouga, Lisboa-Sintra e Alentejo Litoral) e que estava previsto aplicar-se a todo o território nacional a partir de 01/10/2010), o que ainda não aconteceu. Esta lei prevê a substituição dos atuais Tribunais de Comércio por Juízos de Comércio que serão criados em todas as Comarcas do país. No entanto, até ao momento, apenas foram criados dois Juízos de Comércio, o de Aveiro, na Comarca do Baixo Vouga e o de Sintra, na Comarca da Grande Lisboa Noroeste – *vide* Decreto-Lei nº 25/2009, de 26 de Janeiro.

[14] Redação dada pelo Decreto-Lei nº 25/2009, de 26 de Janeiro que retirou da Competência do Tribunal de Comércio de Lisboa as Comarcas da Amadora, Mafra e Sintra, após criação do Juízo de Comércio de Sintra que abrange os processos destas comarcas.

Em termos do valor, o Código tem também uma especificidade muito própria, estabelecendo dois critérios: o *valor para efeitos processuais*, previsto no artigo 15º (valor do ativo do devedor insolvente) e o *valor para efeitos de custas*, estabelecido no artigo 301º do CIRE que varia em função da fase em que o processo termina. Assim:

Caso seja o DEVEDOR a apresentar-se, deverá indicar na petição o valor do seu ativo conhecido (usualmente, indica-se o valor do ativo que consta do balanço para entidades obrigadas a prestação de contas mas o ativo pode ser de valor superior ou inferior ao valor contabilístico).
CASO A INSOLVÊNCIA SEJA REQUERIDA POR UM CREDOR OU PELO MINISTÉRIO PÚBLICO, que desconheçam o valor do ativo, pode indicar o valor que entender, ou o valor da alçada da Relação que será corrigido logo que se verifique ser diferente do valor real.

Quanto ao pagamento de taxa de justiça, estabelecia o Código das Custas Judiciais que apenas deveria ser liquidada a taxa de justiça inicial, uma vez que não havia lugar ao pagamento de taxa de justiça subsequente – artigo 29º, nº 4 do CCJ. O Regulamento das Custas Judiciais (que entrou em vigor em 20 de Abril de 2009) manteve a isenção de pagamento de custas para as sociedades civis ou comerciais, cooperativas e estabelecimentos individuais de responsabilidade limitada que estejam em situação de insolvência conforme previsto no artigo 4º, alínea u) do Regulamento das Custas Processuais, aprovado pelo Decreto-Lei nº 34/2008, de 26 de Fevereiro. Pelo que, o devedor que se apresenta estará isento de tal pagamento. Sendo um credor ou outro legitimado, com exceção do Ministério Público, a requerer o processo de insolvência de um seu devedor, antes de entregar a petição inicial em juízo, deverá auto liquidar a taxa de justiça, em função do valor que atribuiu ao processo que, se for o valor da alçada da Relação, atualmente fixado em € 30.001,00, implicará o pagamento de uma taxa de justiça de € 612,00.

O Código estabelece a junção obrigatória ao processo de diversos documentos que deverão ser apresentados com a petição inicial, sempre que é o devedor a requerer o processo. Essa documentação destina-se a instruir o processo para diversos efeitos: conhecimento do passivo e da sua real dimensão; informação factual sobre as causas da insolvência, designadamente para qualificação da insolvência como fortuita ou culposa; informação sobre número de estabelecimentos que a empresa possui; informação sobre os bens móveis e imóveis que o insolvente detém; informação contabilística; informação sobre o número de trabalhadores; sobre os processos pendentes, etc.

Sendo um credor ou outro legitimado (MP ou responsável legal pelas dívidas do insolvente) o requerente da insolvência, deverá juntar com a petição a documentação que eventualmente disponha e requererá que o devedor seja notificado para vir juntar os restantes documentos previstos no artigo 24º, caso venha a ser decretada a insolvência.

A petição inicial, como em qualquer outro processo revela-se essencial do ponto de vista da alegação de facto, *maxime* quando é o devedor a apresentar-se, uma vez que será através deste articulado que o Tribunal, os credores e o Administrador de Insolvência terão conhecimento das causas que levam o devedor a apresentar-se. Quanto aos requisitos que este articulado deve conter, variam em função de quem toma a iniciativa do processo – *vide* artigos 23º e 25º do CIRE.

Para simplificar, podemos analisar nos quadros seguintes, a estrutura de uma petição inicial, consoante seja o devedor a apresentar-se (distinguindo-se entre uma pessoa coletiva e uma pessoa singular) ou um credor ou outro legitimado.

Vejamos:

A petição inicial

Processo apresentado pela sociedade insolvente

- IDENTIFICAÇÃO DA EMPRESA – indicação da firma, sede, capital social, objeto e ainda a indicação da(s) atividade(s) a que se dedica ou dedicou nos últimos três anos.
- Indicação dos CINCO MAIORES CREDORES e de existência ou não de Comissão de Trabalhadores.[15]
- Identificação dos administradores/gerentes da pessoa coletiva, juntando ata de nomeação e no caso de gerência ou administração plural, junção de ata do respetivo órgão a deliberar o recurso ao processo.
- Explicação dos FACTOS que determinaram a SITUAÇÃO DE INSOLVÊNCIA, identificando as concretas causas que determinam a apresentação do processo.
- Indicar se a situação de insolvência é ACTUAL ou IMINENTE.
- Em caso de VIABILIDADE tendo em vista a recuperação da empresa, deverá essa viabilidade ser justificada em termos económico-financeiros e poderá ser logo apresentada uma proposta de plano de insolvência. Este

---

[15] Havendo Comissão de Trabalhadores, esta deve ser informada previamente do recurso ao processo de insolvência – alínea d) do artigo 425º do Código de Trabalho.

plano poderá ser apresentado posteriormente, pelo devedor insolvente, devendo sê-lo no prazo de 30 dias contados da sentença de insolvência, se o devedor pretender administrar a massa insolvente – artigo 224º, nº 2, alínea b);
- Deverão ser juntos com a petição inicial todos os documentos a que se refere o artigo 24º do CIRE.

No que respeita aos documentos enumerados no artigo 24º do CIRE, alerta-se para o facto dos mesmos ficarem patentes na Secretaria do Tribunal onde o processo é distribuído, para consulta de todos os credores ou de outros interessados que intervenham ou pretendam intervir no processo. Entre os interessados, constam os gerentes ou administradores da sociedade insolvente, mesmo que no momento da apresentação já tenham cessado as suas funções mas que porventura possam vir a ser afetados com a qualificação da insolvência como culposa, sendo certo que determinados atos praticados dentro dos 3 anos anteriores ao início do processo poderão implicar a qualificação da insolvência como culposa.[16]

Documentos – artigo 24º do CIRE
- Lista dos 5 MAIORES CREDORES, com indicação dos domicílios para efeito de citação.
- LISTA DE TODOS OS CREDORES – Relação organizada por ordem alfabética de todos os credores e dos respetivos domicílios, com a indicação do montante dos seus créditos, datas de vencimento, natureza e garantias que beneficiem.
- Relação de todas as ACÇÕES e EXECUÇÕES pendentes contra a empresa, com indicação dos montantes reclamados (nessa listagem deverão ser indicados os intervenientes processuais e o Tribunal, Juízo, Secção e nº de Processo).
- Documento em que se descreva a ACTIVIDADE a que a empresa se tenha dedicado nos últimos três anos e se indiquem as causas que motivaram a situação em que se encontra.
- Indicação do(s) ESTABELECIMENTO(S) de que a empresa seja titular.
- Relação de todos os BENS que a sociedade detenha em REGIME DE ARRENDAMENTO, ALUGUER OU LOCAÇÃO FINANCEIRA e menção dos bens que possua, com RESERVA DE PROPRIEDADE, estabelecida a favor do vendedor.

---

[16] *Vide* artigo 186º, nº 1 do CIRE.

- Relação de todos os BENS E DIREITOS de que a empresa seja titular indicando a sua natureza, localização, elementos registrais e, se for o caso, indicação do valor de aquisição e estimativa do valor atual.
- Relatórios e contas dos 3 últimos exercícios, com anexos, relatórios de gestão, de fiscalização e de auditoria, pareceres do órgão de fiscalização e documentos de certificação legal.
- Descrição das alterações de património mais significativas ocorridas depois da data a que se reportam as últimas contas e das operações que extravasem a atividade corrente da sociedade – PARA AS SITUAÇÕES EM QUE O DEVEDOR TENHA CONTABILIDADE ORGANIZADA.
- Relatórios consolidados de gestão, contas anuais consolidadas e documentos de prestação de contas relativos aos 3 últimos exercícios, respetivos relatórios de fiscalização e auditoria, pareceres do órgão de fiscalização, documentos de certificação legal e relatório das operações intra-grupo realizadas nesse período – PARA AS SITUAÇÕES EM QUE A SOCIEDADE APRESENTA CONTAS CONSOLIDADAS.
- Relatórios e contas especiais e informações trimestrais e semestrais relativos a datas posteriores à do termo do último exercício – PARA SOCIEDADES COTADAS EM BOLSA.
- MAPA DE PESSOAL indicativa do número de trabalhadores ao serviço.
- Relação de todos os sócios, associados ou membros conhecidos da pessoa coletiva.

O Código não distingue os requisitos da petição inicial, em função da qualidade do requerente. Tais requisitos, ou melhor dizendo, o conteúdo da petição, serão diferentes consoante o devedor que se apresenta seja uma pessoa coletiva ou singular. Neste último caso, o devedor deverá invocar se pretende obter a exoneração do passivo restante.

Assim, a petição inicial de um processo de insolvência requerido por um particular poderá seguir o esquema do quadro seguinte:

Petição inicial Pessoa singular requerente

- Alegação dos factos justificativos da situação de insolvência.
- Indicação sobre se pretende a exoneração do passivo restante (isto é, do passivo que não seja pago através da liquidação que ocorra no âmbito do processo ou nos 5 anos posteriores ao encerramento do processo).

- Sendo casado, deverá indicar o cônjuge e o regime de bens do casamento, juntando a certidão do registo civil.
- Detendo uma empresa no seu património, deverá ainda fazer essa menção.

Acresce que a pessoa singular, cumprindo os requisitos fixados nos artigos 235º e segs. do CIRE, pode requerer a exoneração do passivo restante. Este instituto visa extinguir os créditos que não forem integralmente pagos no processo de insolvência ou nos 5 anos posteriores ao seu encerramento.

Embora não exista o dever de apresentação à insolvência para as pessoas singulares que não sejam titulares de empresa, só poderão obter este regime as pessoas singulares que se tenham apresentado nos 6 meses seguintes à verificação da situação de insolvência – cfr. artigo 238º, nº 1, alínea d).

Este pedido deve ser feito no requerimento inicial ou no prazo de 10 dias após citação, se a insolvência for requerida por um credor ou por outro legitimado. Se for apresentado um plano de pagamentos[17], o devedor deverá também declarar que pretende a exoneração do passivo restante, na hipótese do plano não ser aprovado – artigo 254º.

A *exoneração do passivo restante* pode definir-se assim como a possibilidade de um determinado devedor singular insolvente se libertar, de forma definitiva, de parte das dívidas que tenha contraído antes da declaração de insolvência, que não possam ser pagas através do património que possua no momento da instauração do processo e no seu decurso e dos que venha a adquirir nos cinco anos posteriores ao seu encerramento.

Existe, porém, uma *contrapartida* para o devedor insolvente, uma vez que este deverá ceder o seu rendimento disponível durante os cinco anos posteriores ao encerramento do processo, a um administrador que a lei designa de fiduciário[18].

---

[17] Devedores que sejam pessoas singulares e, em alternativa, não tiver sido titular de empresa nos 3 anos anteriores ao início do processo ou à data do processo não tiver dívidas laborais, o número dos seus credores não for superior a 20 e o seu passivo global não exceda € 300.000,00 (artigo 249º). *Vide* ainda Portaria nº 1039/2004, de 13 de Agosto que aprova o modelo do plano de pagamentos.

[18] Escolhido pelo Tribunal de entre uma das pessoas inscritas nas listas oficiais de Administradores de Insolvência.

Do requerimento deverá constar expressamente a declaração de que o devedor preenche os requisitos do artigo 238º e se compromete a observar as condições dos artigo 239º, nº 4.

Na assembleia de credores de apreciação do relatório, é dada aos credores e ao administrador a possibilidade de se pronunciarem sobre o requerimento.

Não havendo motivo para indeferimento liminar (*vide* artigo 238º) é proferido DESPACHO INICIAL nessa assembleia ou nos 10 dias seguintes. Esse despacho implica que durante 5 anos após o encerramento do processo, o rendimento disponível do devedor se considere cedido ao fiduciário.

Noção de RENDIMENTO DISPONÍVEL – artigo 239º, nº 3.

No período da cessão não são permitidas execuções sobre os bens do devedor destinadas à satisfação de créditos sobre a insolvência.

Poderá haver cessação antecipada do procedimento de exoneração a requerimento de algum credor da insolvência ou do administrador ou do fiduciário. – art. 243º.

Não havendo cessação antecipada, 10 dias após o período da cessão, o juiz profere despacho de decisão final de exoneração, após ouvir o devedor, o fiduciário e os credores

Petição inicial Credor requerente

Sendo o processo de insolvência desencadeado por um credor, este deverá concluir pelo pedido de declaração de insolvência do seu devedor, fundamentando factualmente a sua causa de pedir e identificando de forma completa o devedor insolvente e os seus administradores, no caso de se tratar de pessoa coletiva.

A petição inicial deverá ser igualmente apresentada no Tribunal material e territorialmente competente conforme atrás se explicou e deverá conter os requisitos constantes do esquema seguinte:

- Alegação e prova da QUALIDADE de credor (origem, natureza e montante do crédito).
- Exposição dos FACTOS que permitam concluir pela SITUAÇÃO DE INSOLVÊNCIA – alegação de um ou mais factos justificativos da situação de insolvência (*vide* artigo 20º do CIRE), indicando ainda os elementos do passivo e do ativo do devedor de que disponha.

- Identificação dos ADMINISTRADORES, através de junção da certidão do Registo Comercial, no caso de sociedades; No que se refere a e pessoas singulares, sendo o devedor casado, indica o CÔNJUGE e o REGIME DE CASAMENTO (certidão do registo civil).
- Indicação dos 5 MAIORES CREDORES.
- Se o credor não souber identificar os 5 maiores credores, deverá requerer que o devedor venha prestar essa informação ao processo.

O CIRE prevê determinados *factos-índice* que deverão ser alegado(s) pelo credor ou por outro legitimado que requerer a insolvência de uma pessoa singular ou coletiva.

Tais factos estão enunciados no artigo 20º do Código, e quando algum ou alguns deles se verificam, permitem fundamentar o pedido de insolvência de um seu devedor, desde logo porque presumem uma impossibilidade deste cumprir a generalidade das suas obrigações. Vejamos:

Os factos justificativos da insolvência

Factos-índice

- Suspensão generalizada de pagamentos;
- Falta de cumprimento de uma ou mais obrigações que, pelo seu montante ou circunstâncias, revelem impossibilidade de satisfação da generalidade das obrigações;
- Fuga do titular da empresa ou dos seus administradores ou abandono da sede ou do local onde exerce a sua catividade, sem designação de substituto idóneo;
- Dissipação, abandono, liquidação apressada ou ruinosa de bens e constituição fictícia de créditos;
- Insuficiência de bens penhoráveis para pagamento do crédito do exequente verificada no processo executivo;

- Incumprimento de obrigações previstas em plano de insolvência ou no plano de pagamentos aprovado, se o devedor, depois de interpelado pelo credor, na sequência da mora, não tiver cumprido a obrigação no prazo de 15 dias, após essa interpelação;
- Incumprimento generalizado, nos últimos 6 meses, de dívidas tributárias, contribuições para a segurança social, créditos laborais, rendas de locação financeira ou de créditos hipotecários relativos ao local de exercício da atividade ou da sua residência.

Outros factos justificativos de insolvência de pessoas coletivas e patrimónios autónomos

- Manifesta superioridade do passivo em relação ao ativo;
- Atraso superior a 9 meses, na aprovação e depósito das contas.[19]

A petição inicial deve ser acompanhada de toda a prova que necessite de ser produzida em juízo, nomeadamente testemunhal e/ou documental, devendo o Requerente, no caso de existirem documentos em posse de terceiros, requerer nesse articulado, que tais documentos sejam juntos aos autos (cfr. artigo 531º do CPC).

Por outro lado, havendo necessidade de realização de prova pericial, deverá indicar-se neste requerimento o objeto da perícia e ainda indicar-se o perito no caso de se pretender uma perícia colegial (cfr. artigo 577º do CPC).

No que se refere às testemunhas arroladas, alerta-se para o facto destas deverem ser apresentadas pela parte que as indica, no dia e hora que vierem a ser designados pelo Tribunal para a respetiva inquirição, uma vez que não se pro-

---

[19] A aprovação de contas deve ser feita até 31 de Março de cada ano – artigo 65º, nº 5 do Código das Sociedades Comerciais; o depósito de contas na Conservatória deve ser efetuado até ao 15º dia do 7º mês posterior à data do termo do exercício económico – artigo 15º, nº 4 do Código do Registo Comercial.

cede a notificação das testemunhas. O número de testemunhas a arrolar não pode exceder 10.

Em relação aos duplicados da petição inicial, o seu número dependerá de a mesma ser entregue por via digital ou não – *vide* artigo 26º do CIRE. Não sendo expedida por essa via, para além da usual cópia para efeito de reforma do processo, deverão seguir 5 cópias desse articulado para efeitos de citação aos 5 maiores credores, uma cópia para a Comissão de Trabalhadores, caso exista, e sendo o processo requerido por um credor, Ministério Público ou responsável legal, deverá ainda juntar-se uma cópia, para efeito de citação do devedor, vaso não seja este a apresentar-se.

O processo de insolvência pode iniciar-se com um requerimento de um credor ou outro legitimado que venha requerer, atentas determinadas circunstâncias de urgência, a adopção de determinadas medidas, situação que se assemelha à propositura de procedimentos cautelares previstos no Código de Processo Civil (*vide* artigo 31º do CIRE).

Medidas cautelares

Havendo justificado receio de atos de má gestão, o juiz oficiosamente ou a pedido do requerente, pode ordenar medidas cautelares para evitar o agravamento da situação (ex. nomeação de administrador judicial provisório com poderes exclusivos de administração ou de assistência ao devedor, arresto de bens, proibição de prática de certos atos etc...).

Alegação e prova por parte do Requerente de factos que justifiquem o receio de atos de má gestão.

Após a entrada da petição inicial em juízo, quando o processo não é requerido pelo devedor (pois nessa hipótese a sentença de insolvência será logo decretada), o processo terá a sua ulterior tramitação dependente, não apenas do conteúdo e da perfeição da petição inicial (*vide* artigo 27º), mas da atitude que o devedor, após a sua citação, venha a tomar no processo.

Vejamos:

Tramitação subsequente à entrada da petição inicial em Tribunal

APRECIAÇÃO LIMINAR – indeferimento ou convite a aperfeiçoamento para correção de vícios sanáveis da petição inicial ou para junção de documentos;

SENTENÇA DE DECLARAÇÃO DE INSOLVÊNCIA – quando é o devedor a apresentar-se (artigo 28º)

Sendo o processo requerido por um credor, ORDENA-SE A CITAÇÃO PESSOAL do devedor para deduzir oposição, querendo, no prazo de 10 dias.
COMINAÇÃO – CONFISSÃO dos factos alegados na petição inicial, no caso de o devedor não deduzir oposição.

Com a oposição o devedor deverá indicar OS 5 MAIORES CREDORES, com indicação do respetivo domicílio, SOB PENA DE NÃO RECEBIMENTO DA OPOSIÇÃO.

O devedor deverá começar, logo após citação, a preparar os documentos a que refere o artigo 24º para entrega ao administrador de insolvência, no caso de ser declarada a insolvência.

Recebida a citação por parte do devedor, e dependendo de poderem proceder exceções dilatórias ou peremptórias, o devedor poderá tomar diversas atitudes, que deverão ser ponderadas em função da verificação da situação de insolvência ou do facto invocado pelo requerente do processo ser verídico.

Analisemos, pois, as diversas hipóteses que poderão ser desencadeadas:

Opções do devedor após citação

Apresentar OPOSIÇÃO, estabelecendo o Código que a prova da *solvência* incumbe ao devedor.

Tentar aprovar um PLANO DE INSOLVÊNCIA para evitar a liquidação do seu activo (artigo 193º) apresentando uma proposta de plano. Se quiser continuar a administrar a massa insolvente deverá apresentar de imediato esse plano ou comprometer-se a apresentá-lo, no prazo máximo de 30 dias, contados da sentença que decretar a insolvência (artigo 224º).

> Apresentar um PROCESSO ESPECIAL DE REVITALIZAÇÃO, para tentar aprovar um plano de recuperação antes de ser declarado insolvente, e obter a suspensão do processo de insolvência (n° 6 do artigo 17º-E).
>
> Apresentar RECURSO da sentença que decretar a insolvência, fundado em razões de direito, recurso que deve ser apresentado no prazo de 15 dias, após notificação da sentença.

Optando o devedor por deduzir oposição, deverá de imediato contactar um advogado para preparar esse articulado, uma vez que o CIRE estabelece um prazo muito curto (10 dias) para a apresentação desta importante peça processual, que visa obter uma sentença de improcedência do pedido de insolvência formulado por terceiro.

Por vezes, o devedor pode constatar ser difícil a *prova da sua solvência*, atenta a sua real situação financeira: nessa hipótese, caso verifique que os factos alegados não são susceptíveis de integrar a situação de insolvência ou a verificação de um dos factos previstos no artigo 20º do CIRE, poderá optar por simplesmente recorrer da sentença de insolvência, caso a mesma venha a ser proferida.

Com efeito, nem sempre as petições são correctamente elaboradas do ponto de vista factual, podendo suceder que o Tribunal decrete a insolvência de um devedor sem que os factos alegados permitam integrar a *situação de insolvência* e, assim, fundamentar validamente uma decisão de procedência do pedido. Nessa hipótese, a opção do devedor poderá ser recorrer para o Tribunal da Relação, para dessa forma obter a revogação da sentença.

O mesmo sucederá sempre que o devedor não seja citado, por ter havido dispensa de citação (cfr. artigo 12º) e pretenda obter a revogação da sentença. Nestas hipóteses, admite-se ainda que o este devedor insolvente revel apresente embargos.

Enunciemos, pois, os cuidados que deverão existir na preparação da oposição, quando o devedor opta por esta reacção processual:

> **Oposição – artigo 30º**
>
> FUNDAMENTOS: inexistência do(s) FACTO(S) que fundamentam o pedido OU inexistência da SITUAÇÃO de insolvência. Pode ainda invocar-se qualquer exceção peremptória, como a inexistência/inexigibilidade do crédito ou qualquer exceção dilatória (artigo 494º do Código de Processo Civil).
>
> O ónus da prova da solvência incumbe ao devedor, baseando-se na contabilidade, sem prejuízo do disposto no nº 3 do artigo 3º. Demonstração com base na contabilidade da capacidade de pagamento da generalidade das obrigações.
>
> Indicação de prova; INDICAÇÃO DOS 5 MAIORES CREDORES com domicílios, sob pena de não recebimento da oposição;
>
> Pagamento de taxa de justiça ou se for pessoa singular apresentação de comprovativo de pedido de apoio judiciário. Se for pessoa coletiva não fará sentido defender a solvência e pretender beneficiar da isenção do regulamento das custas para as sociedades que estejam em situação de insolvência.
>
> As testemunhas arroladas na oposição deverão ser apresentadas em tribunal na data do julgamento, uma vez que não são notificadas.

Recebida a oposição, o juiz designará dia a hora para a realização do julgamento. Vejamos, pois, a tramitação prevista no Código para esta audiência bem como as graves cominações que existem nesta fase processual:

Audiência de julgamento

Tendo havido oposição é logo marcada audiência de julgamento, (5 dias seguintes), sem cumprimento do disposto no artigo 155º do CPC[20], devendo o devedor (e todos os administradores de direito e de facto), e o

---

[20] *Vide* em sentido contrário Ac. do Tribunal da Relação do Porto, de 26.01.2009, *in www.dgsi.pt*.

requerente COMPARECER PESSOALMENTE ou fazerem-se representar por mandatário com poderes para transigir (assim a procuração conferida ao mandatário forense deve conter poderes especiais para transigir, confessar e desistir).

> FALTA DO DEVEDOR ou do seu representante – implica a *confissão dos factos alegados na petição inicial*, salvo se a audiência do devedor tiver sido dispensada nos termos do artigo 12º. A sentença de insolvência, após apreciação do juiz, é de imediato ditada para a ata.

> FALTA DO REQUERENTE ou do seu representante – equivale a *desistência do pedido*. Neste caso, a sentença homologatória da desistência do pedido é ditada para a ata.

Comparecendo as partes, pode haver TRANSAÇÃO e o processo terminará com sentença homologatória da transação.

Não havendo transação, e estando presentes as partes, o juiz seleciona a MATÉRIA DE FACTO RELEVANTE par a decisão da causa (matéria assente e base instrutória); seguem-se as RECLAMAÇÕES; produção de prova; alegações orais e a decisão da matéria de facto;

Após julgamento, é proferida SENTENÇA de declaração de insolvência ou sentença de indeferimento (podendo neste caso, haver recurso que apenas pode ser apresentado pelo requerente – artigo 45º).

Como se disse, sempre que seja o devedor a requerer a declaração judicial da sua insolvência, será a mesma decretada, mais precisamente no 3º dia útil seguinte ao da distribuição da petição inicial (artigo 28º), sem necessidade de averiguação dos factos invocados, uma vez que é o devedor que reconhece esta sua situação.

Sendo um credor a requerer o processo, ou outro legitimado, o Tribunal, caso haja oposição irá averiguar se a factualidade invocada se verifica, de acordo com a tramitação atrás indicada. Concluindo o Juiz pela verificação da situação de insolvência, profere a primeira sentença do processo, que decreta a insolvência. Em qualquer dos casos, esta decisão judicial, para além da parte factual que fundamenta a decisão de direito, irá provocar diversos efeitos adiante indicados.

Capítulo IV
A Sentença Declaratória de Insolvência

Permitimo-nos escolher como exemplo deste tipo de decisão judicial, a sentença de insolvência da sociedade QUIMONDA porque elucidativa de um exemplo de uma empresa que ainda estava a tempo de tentar a sua recuperação financeira, tendo em vista manter-se no mercado, evitando a liquidação do seu património e permitindo a manutenção dos postos de trabalho, senão de todos, pelo menos de alguns. Note-se que esta empresa ocupava 1600 trabalhadores.

De facto, dependendo do desfecho do processo de insolvência da sociedade alemã (sociedade-mãe) que detinha a totalidade do capital social da Quimonda Portugal e era a sua única cliente, a verdade é que, para além de um cenário de recuperação da sua accionista que poderá influenciar a recuperação da empresa portuguesa, poderão ainda ser encontradas alternativas de recuperação económico-financeira da Quimonda Portugal, quer através de injecção de capital por novos investidores que adquiram ou reforcem o capital social no âmbito do processo judicial pendente, quer através da venda desta empresa a um terceiro que pretenda explorar a capacidade produtiva desta empresa.

Passemos, assim, a analisar, a estrutura de uma sentença de insolvência, tomando-se esta sentença, proferida pelo 3º Juízo do Tribunal de Comércio de Vila Nova de Gaia, como exemplo e anotando-se que esta sociedade se viu, de repente, face à situação da sociedade alemã, obrigada a recorrer a este processo:

SENTENÇA

I – Relatório.

Quimonda Portugal, SA, Vila do Conde (com os demais sinais nos Autos), veio instaurar o presente processo, requerendo que seja declarada em estado de insolvência.

Alegou, para tanto, que o seu objeto social consiste no fabrico e comercialização de semicondutores, sendo um dos três maiores exportadores portugueses.

Aduz que o sobredito sector atravessa graves dificuldades em virtude da generalizada crise que a nível mundial se tem verificado, situação esta que está na génese da problemática situação económico/financeira que espoletou a sua apresentação à insolvência, considerando os repetidos resultados negativos de exploração que a tem atingido.

Mais alegou que o "terminus" do fornecimento da matéria-prima por parte de entidades terceiras ("Wafers") impedem-na de prosseguir o seu normal aviamento, não lhe permitindo qualquer cenário de efetiva recuperação em face da conjuntura atual, motivo pelo qual (e não perdendo de vista um eventual plano de recuperação no seu âmbito) se socorreu da presente demanda.

Conclui atestando que só ao Estado Português é devedora de € 139.000.000,00, sem prejuízo de outros débitos consideráveis a diferentes organismos/empresas, sendo certo que não apresenta, ao presente momento, força económica bastante para tal saldar.

Estes os factos que tenho por adquiridos por confissão e como estruturalmente relevantes para a decisão a proferir "de Jure" (arts. 484º, nº 1 do CPC e 352º e seguintes do C. Civil), tudo sem prejuízo dos remanescentes factos "ab initio" alegados (que dou ora por integralmente reproduzidos) dos quais me é lícito prevalecer, nomeadamente por referência ao disposto no art. 659º, nº 3 do CPC, sendo ainda de levar em cogitação o consignado no art. 20º, nº 1, a) e b) do CIRE.

*

II – O Tribunal é competente em razão da nacionalidade, da matéria e da hierarquia.

Inexistem nulidades, exceções ou questões prévias de que cumpra conhecer dando por reproduzidos, em sede de factos provados (por confissão), os que supra avultam exarados – art. 484º, nº 1 do C. P. Cvil.

*

A) De Direito.

Estatui o art. 1º, do C.I.R.E., aprovado pelo Decreto-Lei nº 53/2004, de 18/03, alterado pelo Decreto-Lei nº 200/2004, de 18/08, que "o processo de insolvência é um processo de execução universal que tem como finalidade a liquidação do património de um devedor insolvente e a repartição do produto obtido pelos credores, ou a satisfação destes pela forma prevista num plano de insolvência, que nomeadamente se baseie na recuperação da empresa compreendida na massa insolvente".

A este propósito, prescreve o nº 1, do art. 18º do C.I.R.E., que "o devedor deve requerer a declaração da sua insolvência dentro dos 60 dias seguintes à data do conhecimento da situação de insolvência, tal como descrita no nº 1 do artigo 3º, ou à data em que devesse conhecê-la".

Por seu turno, dispõe o nº 1, do art. 3º, do referido diploma, que "é considerado em situação de insolvência o devedor que se encontre impossibilitado de cumprir as suas obrigações vencidas".

Acrescenta o nº 2, do referido preceito e diploma, que "as pessoas coletivas e os patrimónios autónomos por cujas dívidas nenhuma pessoa singular responda pessoal e ilimitadamente, por forma direta ou indireta, são também considerados insolventes quando o seu passivo seja manifestamente superior ao activo, avaliado segundo as normas contabilísticas aplicáveis".

Por sua vez, prescrevem as alíneas a), b), e c), do referido preceito e diploma, que "cessa o disposto no número anterior quando o activo seja superior ao passivo, avaliado em conformidade com as seguintes regras:
  a) consideram-se no ativo e no passivo os elementos identificáveis, mesmo que não constantes do balanço, pelo seu justo valor;
  b) quando o devedor seja titular de uma empresa, a valorização baseia-se numa perspetiva de continuidade ou de liquidação, consoante o que se afigure mais provável, mas em qualquer caso com exclusão da rubrica de trespasse;
  c) não se incluem no passivo dívidas que apenas hajam de ser pagas à custa de fundos distribuíveis ou do ativo restante depois de satisfeitos ou acautelados os direitos dos demais credores do devedor".

Por sua vez, prescreve o nº 4, do referido preceito e diploma, que "equipara-se à situação de insolvência atual a que seja meramente iminente, no caso de apresentação pelo devedor à insolvência".

Acrescenta o art. 28º, do referido diploma, que "a apresentação à insolvência por parte do devedor implica o reconhecimento por este da sua situação de insolvência, que é declarada até ao 3º dia útil seguinte ao da distribuição da petição inicial ou, existindo vícios corrigíveis, ao do respetivo suprimento".

No artigo 3º o Código (CIRE) caracteriza o pressuposto substantivo cuja verificação constitui condição *sine qua non* do desencadeamento do regime que consagra. Trata-se de estabelecer os contornos da situação de insolvência.

De salientar que há muito que tem sido geral e pacificamente entendido pela doutrina e pela jurisprudência que, para caracterizar a insolvência, a impossibilidade de cumprimento não tem de abranger todas as obrigações assumidas pelo insolvente e vencidas.

O que verdadeiramente releva para a insolvência é a incapacidade de dar satisfação a obrigações que, pelo seu significado no conjunto do passivo do devedor, ou pelas próprias circunstâncias do incumprimento, evidenciam a impotência, para o obrigado, de continuar a satisfazer a generalidade dos seus compromissos.

Em consonância com o atrás sufragado, podem ver-se, entre outros, *v.g.*, Alberto dos Reis, *Processos Especiais*, vol. II, Coimbra Editora, Coimbra, 1956, págs. 322 e segs.; Sousa Macedo, *Manual de Direito das Falências*, vol. 1, Almedina, Coimbra, 1964, págs. 257 e 258. Na jurisprudência, para lá do Assento do Supremo Tribunal de Justiça, nº 9/94, de 2/MAR., in *D.R.*, 1ª S., de 20/MAI/94, abundam os arestos, podendo ver-se, entre eles, o ac. do S.T.J. de 11/JAN/79, in B.M.J., nº 283, pág. 319 e, mais recentemente, o ac. da Rel. Pto., de 15/FEV/99, sum. in B.M.J., nº 454, pág. 798.

Atendendo ao desiderato da Lei, levando em consideração a relevância da insolvência iminente e, mesmo, tendo em conta o significado que o nº 3 do art. 18º, atribui ao «incumprimento generalizado de obrigações de algum dos tipos referidos na alínea g) do nº 1 do artigo 20º», tudo acrescido da razoabilidade dos motivos enunciados pela doutrina e pela jurisprudência para o sufrágio da orientação indicada, cremos que é essa mesma solução que deve ter-se por melhor, no âmbito do Código atual.

Acresce que, a iminência da insolvência caracteriza-se pela ocorrência de circunstâncias que, não tendo ainda conduzido ao incumprimento em condições de poder considerar-se a situação de insolvência já actual, com toda a probabilidade a vão determinar a curto prazo, exatamente pela insuficiência do activo líquido e disponível para satisfazer o passivo exigível.

Haverá, pois, que levar em conta a expectativa do homem médio face à evolução normal da situação do devedor, de acordo com os factos conhecidos e na eventualidade de nada acontecer de incomum que altere o curso dos acontecimentos (i.e., o que é normal acontecer na Sociedade Hodierna).

Daqui deriva que, se o devedor se apresenta sob a invocação da situação de insolvência iminente e uma vez que, por virtude do nº 4 deste art. 3º, esta se equipara à insolvência atual, segue-se o espoletar do regime do art. 28º do CIRE, em regra mesmo que não se verifique efetivamente a situação tal como ela é apresentada pelo devedor.

Só assim não será se para lá da ocorrência de exceções dilatórias insupríveis, que aqui não importa especialmente considerar, o pedido for manifestamente improcedente, ou seja, quando, em face da própria matéria alegada ou da documentação apresentada, resulte, com clareza, a inexistência do pressuposto da declaração judicial de insolvência – no caso a situação de insolvência iminente –, por aí haver lugar a indeferimento liminar segundo o que decorre do estatuído no art. 27º, nº 1, al. a).

No caso em apreço, uma vez que a requerente se apresentou à insolvência tal facto implica o reconhecimento pela mesma da sua situação (por confissão – *vd*. o art. 352º do C. Civil)

Last but not least, dir-se-á que no caso em apreço, se verificam os pressupostos subjetivos e objetivos para que a requerente seja declarada em estado de insolvência, pelo que apenas resta declará-la.

*

IV – Decisão.

*

Em consequência do exposto:

*

1º – Declaro a insolvência da requerente, Quimonda Portugal, SA, Nif nº 503690287, com sede na Av. 1º de Maio, nº 801, Mindelo, Vila do Conde... art. 36º, al. b), do C.I.R.E.

*

2º – Fixo a residência dos administradores da Qimonda Portugal, SA, Snrs. Drs. Armando José Correia Tavares e Paulo Jorge Basto de Oliveira Queiroz, nas moradas indicadas a fls. 22 "in fine"... .. ...art. 36º, al. c), do C.I.R.E.

*

3º – Nomeio como Administrador(a) da insolvência o Sr. Dr. Armando Rocha Gonçalves (como sugerido pela insolvente), da legal Lista do distrito judicial do Porto, publicada no Diário da República, II Série, de 11 de Março de 2005 (cfr. arts. 73º, 36º, al. d), e 52º, nº 1, do C.I.R.E., e art. 28º, n° 6, da Lei nº 32/2004, de 22/07).

No entanto, por referência aos amplos poderes de direção da lide que me são conferidos por via dos arts. 265º e ss. do CPC ("ex vi" do art. 17º do CIRE) em prol da adequada e rápida composição da demanda atenta a sua inequívoca complexidade e interesses em jogo (*vd.* que está em causa o futuro próximo de cerca de 1700 trabalhadores altamente qualificados e de uma das empresas de ponta do país em termos tecnológicos, para lá de um dos maiores exportadores nacionais), entendo por bem nomear "ex officio" (e a remunerar nos legais termos) uma "task force" composta pelos Exmos. Snrs. Administradores Judiciais, Snra. Dra. Cecília Rocha e Rua; Snr. Dr. José da Costa Araújo e, finalmente, pelo Snr. Dr. Rui Jorge de Castro Lima, Senhores estes que darão ao Exmo. Administrador nomeado a reclamada colaboração em tão abrangente tarefa, contribuindo com o seu saber técnico e iniciativa pessoal para que a mesma chegue ao almejado bom porto.

Na verdade, não pode ser postergado o facto da insolvente (*vd.* o que esta atesta a fls. 21 do D. Petitório) pretender apresentar um Plano de Insolvência, situação esta que consabidamente reclama acentuado labor, para mais no caso "sub judice" estando em causa uma das maiores empresas portuguesas e com um número muito elevado de trabalhadores.

Por outro lado, não é despiciendo trazer à colação que tal eventual Plano reclamará certamente aturadas negociações, não só a nível interno, como internacionalmente, daqui derivando ("et pour cause") a ingente necessidade da constituição de uma equipa coesa e operante, capaz de arrostar com as dificuldades negociais e/ou técnicas que sempre decorrem de um processo tão complexo, não se podendo olvidar que nesta demanda se encontram em causa (não é redundante tal salientar, assim o penso, por relação às circunstâncias que a rodeiam) Superiores Interesses da Nação, vista a magnitude da questão ora submetida a Juízo, não só em termos patrimoniais, mas, muito particularmente, humanos.

Notifique igualmente os sobreditos Exmos. Snrs. Administradores do teor desta Sentença, iniciando tais Senhores as suas funções no imediato, devendo reunir-se rapidamente com o Exmo. Snr. Dr. Rocha Gonçalves com o fito de ser estabelecido o reclamado plano de acção nos termos supra elencados.

Principais elementos da sentença

- Nomeação do administrador de insolvência e indicação do seu domicílio profissional, uma vez que as reclamações de créditos são apresentadas no domicílio profissional do administrador;
- Decisão de obrigação do devedor entregar a contabilidade e todos os seus bens ao administrador, ficando ainda obrigado ao dever de colaboração com o tribunal;
- Vencimento de todas as obrigações, ainda que sujeitas a condição e alerta aos devedores do insolvente para pagarem ao Administrador de insolvência;
- Fixação de prazo para reclamação de créditos – até 30 dias;
- Designação de data e hora, entre os 45 e os 60 dias subsequentes, para a realização da assembleia de credores destinada a apreciação do relatório e a deliberar o encerramento ou manutenção da atividade do(s) estabelecimento(s), o juiz poderá no entanto declarar, fundadamente que prescinde da realização dessa assembleia, salvo se o devedor no momento da apresentação da insolvência requerer a exoneração do passivo restante, se for previsível a apresentação de um plano de insolvência ou se o Tribunal determinar que a administração da massa continuará a cargo do devedor;
- Fixação da residência do devedor (pessoa singular) ou dos seus administradores (pessoas coletivas) que nos termos do disposto no artigo 83º ficam obrigados a fornecer as informações que lhe sejam requeridas pelos órgãos da insolvência e pelo tribunal, a apresentar-se pessoalmente em tribunal, sempre que o juiz ou o administrador de insolvência o determinarem e a colaborar com o administrador de insolvência, sempre que este necessitar dessa colaboração para exercer as suas funções;
- Caso disponha de elementos que justifiquem a abertura do incidente de qualificação da insolvência, declará-lo-á aberto com carácter *pleno* ou *limitado* – vide artigos 185º e seguintes. Este incidente passou assim a ser facultativo, após a entrada em vigor da Lei nº 16/2012, de 20 de Abril.

Refira-se que só após a sentença declaratória de insolvência é que a generalidade dos credores do insolvente será chamada ao processo para intervir, designadamente para efeito de reclamação de créditos e obter pagamento dos mesmos; pretende-se, desta forma, evitar uma publicidade negativa do devedor sempre que a insolvência é requerida por um terceiro e não seja decretada.

Alerta-se ainda que esta sentença, assim como muitos outros despachos e sentenças proferidos no âmbito deste processo especial, ao contrário do que sucede na generalidade dos restantes processos judiciais, não serão notificados aos credores do insolvente, sendo comum que muitos deles apenas tenham conhecimento da insolvência do seu devedor, através da publicidade que lhe é inerente, com exceção dos cinco maiores credores que serão citados para os termos do processo.

Do ponto de vista fiscal, sempre que um credor tenha conhecimento da insolvência judicial de um determinado devedor, pode e deve requerer uma certidão da sentença de insolvência para efeito de dedução de IVA[21] e de IRC, independentemente de reclamar o seu crédito para obter pagamento, no prazo que venha a ser fixado na sentença.

A sentença de insolvência apenas é notificada a determinados credores (como vimos, aos cinco maiores) e será objeto de publicidade para que dela tomem conhecimento outros interessados, designadamente os credores do insolvente, que poderão vir a ter intervenção no processo, não apenas em sede de reclamação dos seus créditos, mas em sede de participação em assembleias de credores e ainda na tramitação do incidente da qualificação da insolvência se o mesmo for aberto.

Esta sentença será ainda comunicada ao FUNDO DE GARANTIA SALARIAL, sempre que existirem créditos emergentes de contratos de trabalho ou da sua cessação – cfr. artigo 2º, nº 4, alínea a) do Decreto-Lei nº 219/99, de 15 de Junho, com a redação dada pelo Decreto-Lei nº 139/2001, de 24 de Abril e regulamentado através da Portaria nº 473/2207, de 18 de Abril de 2007.

O impresso para requerer a intervenção deste Fundo pode ser obtido através de acesso ao *site* da Segurança Social *www.seg-social.pt*.

Notificações, publicidade e registo da sentença (artigos 37º e 38º)

A sentença de insolvência é notificada pessoalmente aos administradores do devedor a quem o juiz tenha fixado residência;

É ainda notificada ao devedor, ao Requerente da insolvência, ao Ministério Público e eventualmente ao Fundo de Garantia Salarial[22] bem como à Comissão de Trabalhadores, se existir;

---

[21] Artigo 78º, nº 7, alínea b) do C.I.V.A.
[22] O Fundo de Garantia Salarial assegura o pagamento de determinados créditos laborais aos trabalhadores da entidade insolvente que poderão recorrer ao Fundo, para receberem os seus créditos de forma mais célere, após o que este ficará sub-rogado no processo relativamente aos direitos de crédito que venham a ser assegurados aos trabalhadores.

Procede-se à citação dos 5 maiores credores do insolvente e dos credores conhecidos com domicílio ou sede noutros estados membros da União Europeia;

Os restantes credores e outros interessados serão citados por via edital;

PUBLICIDADE (anúncio publicado no sistema CITIUS, editais afixados na residência/sede do insolvente e no próprio Tribunal, página informática do tribunal – *vide* publicidade da insolvência in *www.tribunais.net.mj.pt*;

REGISTO OFICIOSO na respetiva Conservatória (civil ou comercial);

Informação ao Banco de Portugal.

Sentença de insuficiência da massa insolvente – artigo 39º

Se o Juiz concluir pela insuficiência do ativo do devedor para satisfação das custas e dívidas previsíveis da massa insolvente, não designa prazo para reclamar créditos, nem para realização da primeira assembleia, declarando aberto o incidente de qualificação com carácter de LIMITADO (*vide* artigo 191º).

Presume-se a insuficiência da massa insolvente quando o património do devedor insolvente seja inferior a € 5.000,00. Nesta hipótese o processo não visa nem a verificação do passivo, nem a liquidação do ativo do devedor. Esta solução é criticável pois nem sempre as contas do devedor apresentam a real situação financeira da empresa. No entanto, já se decidiu superiormente[23], e bem, que nesta hipótese, as execuções movidas contra o devedor apenas se suspenderão durante o processo e poderão continuar após o encerramento do mesmo, para penhora e venda de bens do devedor. Tal não acontecerá porém, se for o Administrador da Insolvência a concluir pela insuficiência da massa, caso em que as execuções serão extintas, nos termos do artigo 88º, nº 3, na atual redação da Lei nº 16/2012, de 20 de Abril.

Todavia, qualquer interessado pode pedir no prazo de 5 DIAS, CONTADOS DA PUBLICAÇÃO DA SENTENÇA, que esta seja complementada com as restantes indicações do artigo 36º. Neste caso, terá de depositar à ordem do Tribunal o montante que o juiz fixar como necessário para assegurar o pagamento das custas e dívidas da massa insolvente estimadas ou caucionar esse valor através de garantia bancária (a caução será prestada através de apenso – artigo 990º do CPC).

---

[23] Acórdão do Tribunal da Relação do Porto, de 13.11.2006, in *www.dgsi.pt*.

Não sendo requerido o complemento da sentença:

➢ O devedor não fica privado dos poderes de administração e disposição do património, nem se produzem quaisquer efeitos da sentença.

➢ O processo é declarado findo logo que a sentença transite em julgado.

➢ O administrador de insolvência nomeado limita a sua atividade à alegação de factos tendentes à qualificação da insolvência como culposa (artigo 188º, nº 1) ou à elaboração do parecer sobre a qualificação da insolvência, se não tiver proposto a qualificação da insolvência como culposa e o incidente for declarado aberto pelo juiz – artigo 188º, nº 3.

❏ Após trânsito, qualquer interessado poderá instaurar NOVO PROCESSO DE INSOLVÊNCIA mas terá igualmente de depositar o montante das custas prováveis e dívidas previsíveis da massa insolvente.

Impugnação da sentença

A sentença de insolvência poderá ser impugnada tanto pelo devedor insolvente como por outros legitimados, podendo obter-se a sua revogação por duas vias, que podem ser usadas em cumulativo, regressando-se ao que previa o Código de Processo Civil quando era este o diploma que regulava o processo falimentar.

Enquanto a sentença não transitar em julgado, ou enquanto estiver pendente a possibilidade de revogação da sentença para julgamento em definitivo dos embargos porventura apresentados, suspende-se a liquidação do ativo do devedor pois não faria qualquer sentido iniciar a liquidação de um património enquanto não ficar definitivamente assente a situação de insolvência.

Admite, assim, o Código que se apresentem embargos à sentença ou que a mesma seja passível de recurso. Passemos a analisar a tramitação dos Embargos, previstos no artigo 40º do Código.

I. Embargos

LEGITIMIDADE
- Devedor (apenas se estiver em situação de revelia absoluta – *vide* artigo 12º);
- Qualquer credor;
- Responsáveis legais;
- Sócios, associados ou membros do devedor insolvente;
- Herdeiros, caso o devedor tenha falecido antes de findo o prazo da oposição e se encontrasse em situação de revelia;

- Determinados familiares próximos da pessoa singular declarada insolvente quando o fundamento da insolvência se fundar com a fuga do devedor relacionada com a sua falta de liquidez.

PRAZO – 5 dias após notificação da sentença ou finda a dilação, no caso de citação edital;

EFEITOS – suspende a liquidação do ativo, com exceção de bens sujeitos a deterioração ou depreciação.

Fundamentos e tramitação:

- Os Embargos só são admissíveis se o embargante alegar FACTOS OU requerer MEIOS DE PROVA que não tenham sido tidos em conta pelo tribunal e que possam afastar os fundamentos da declaração de insolvência;
- Admitidos os embargos, ordena-se a notificação do administrador da insolvência e da parte contrária para contestar, em 5 dias;
- Tanto na petição de embargos como na contestação deve ser indicada toda a prova. As testemunhas também devem ser apresentadas;
- Eventual produção de prova antecipada;
- Julgamento – segue os termos dos nºs 5 a 8 do artigo 35º.

II. Recurso

- As pessoas que detêm legitimidade para apresentar embargos podem, em alternativa OU cumulativamente, recorrer quando se entenda que, face aos elementos apurados no processo, a insolvência não devia ter sido proferida.
- O devedor insolvente também pode recorrer, mesmo quando não possa deduzir embargos.
- Prazo – o recurso deve ser interposto no prazo geral fixado para os recursos no Código de Processo Civil, contado após a data que se considerar notificado da sentença.[24]

---

[24] Processos instaurados até 01.01.2008 (10 dias para apresentação de requerimento de interposição de recurso, sendo as alegações apresentadas, nas apelações no prazo de 30 dias após a admis-

- Este recurso suspende também a liquidação do ativo, uma vez que não fará qualquer sentido liquidar a massa insolvente antes de transitada a sentença que decretou a insolvência, que poderá ser revogada.
- O Acórdão do Tribunal da Relação só é suscetível de recurso para o Supremo Tribunal de Justiça se houver oposição de julgados – artigo 14º, nº 1.

A Massa insolvente

A massa abrange a totalidade do património do devedor insolvente à data da insolvência bem como os bens ou direitos que este adquira por (ato gratuito ou oneroso) na pendência do processo.

É composta por todos os bens e direitos de conteúdo patrimonial que sejam suscetíveis de penhora, uma vez que a este processo também se aplicam subsidiariamente as regras de impenhorabilidade absoluta e relativa previstas no Código do Processo Civil.

As dívidas da massa insolvente são, entre outras as que estão previstas no artigo 51º do código e deverão ser pagas antes dos créditos sobre a insolvência (artigo 172º).

Os credores da massa insolvente poderão assim ter de propor por apenso ações destinadas ao recebimento desses créditos, nos termos do artigo 89º do código, ações essas que apenas poderão ser propostas decorridos três meses sobre a data que decretar a insolvência.

Órgãos da insolvência

Nos termos do CIRE são órgãos da insolvência: o Administrador de insolvência (vide artigos 52º e segs.); a Comissão de Credores (vide artigos 66º e segs.) e a Assembleia de Credores (vide artigos 72º e segs.).

---

são do mesmo e nos agravos no prazo de 15 dias, igualmente contados da notificação do despacho de admissão); nos processos instaurados após a referida data, deve o requerimento de interposição de recurso e as respectivas alegações ser apresentado no prazo de 15 dias contados da data em que se considera notificada a decisão – cfr. artigos 11º e 12º do Decreto-Lei nº 303/2007, de 24 de Agosto que alterou o Código de Processo Civil.

O Administrador de insolvência
Estatuto – Lei nº 32/2004, de 22 de Julho[25]

O Juiz deve nomear um administrador de insolvência inscrito numa das listas oficiais[26] e pode ter em conta a indicação do administrador, proposta na petição inicial, no caso de processos em que se preveja a necessidade de prática de atos de gestão (*vide* artigos 32º e 52º).

Os credores têm liberdade para escolher outro administrador de insolvência, na primeira assembleia de credores, devendo ter o cuidado de juntar antes da votação desta deliberação a aceitação do administrador que seja proposto (*vide* artigo 53º). Neste caso, os credores devem prover pela respetiva remuneração.

FUNÇÕES: O Administrador pode ser incumbido de elaborar um plano de insolvência[27], que poderá passar pela recuperação da empresa; decidindo os credores pela liquidação do património do insolvente, o administrador irá preparar o pagamento das dívidas do insolvente, promovendo a apreensão e posterior venda de bens e a cobrança de créditos de terceiros; tem o dever de prestar informação à comissão de credores, ao tribunal e à assembleia de credores, sendo fiscalizado pelo Juiz (artigo 58º). O Administrador elabora a lista provisória de créditos (*vide* artigo 154º), o Inventário, o Relatório destinado a ser apreciado e votado pelos credores na assembleia a que se refere o artigo 156º e o parecer em que aprecia a existência de culpa na situação de insolvência.

O Administrador pode ser destituído com justa causa a pedido de qualquer interessado (*vide* artigos 56º e 169º). Devem ser alegados e provados os factos que fundamentem este pedido.

O Administrador tem responsabilidade pessoal pelos danos que cause ao devedor insolvente e aos credores da insolvência por atos praticados com culpa. Esta responsabilidade prescreve no prazo de dois anos contados do conhecimento por parte do lesado e desde que não tenham decorrido dois anos sobre a data em que o administrador cessou as suas funções – artigo 59º, nº 5.

Tem o dever de prestação de contas, uma vez que administra um património alheio, devendo cumpri-lo após cessar funções e sempre que o juiz tal deter-

---

[25] Este diploma estabelece as regras de nomeação, inscrição em listas oficiais, remuneração – *vide* ainda Portaria nº 51/2005, de 20 de Janeiro que fixa regras para remuneração fixa e variável dos administradores de insolvência. Estes administradores vieram substituir os gestores judiciais e liquidatários que eram nomeados no CPEREF, respectivamente para as recuperações e falências.
[26] *Vide* listas oficiais no Portal da Justiça – http://www.mj.gov.pt/sections/o-ministerio/direccao-geral-da/files/administradores-insolvencia/.
[27] Nessa hipótese devem também fixar através de deliberação a remuneração devida pela elaboração do plano – artigo 23º do Decreto-Lei nº 32/2004, de 22 de Julho.

mine, por iniciativa própria ou a pedido da comissão de credores ou da assembleia de credores – *vide* artigo 62º.

Tem igualmente o dever de abrir uma conta da insolvência para depositar todas as receitas da massa insolvente pois os pagamentos aos credores são efetuados através de cheques emitidos sobre essa conta que deve ser movimentada pelo administrador e, pelo menos, por um membro da comissão de credores, quando esta exista;

O Administrador tem ainda a obrigação de prestar informação à assembleia de credores, podendo os credores no decurso de qualquer assembleia de credores questioná-lo sobre quaisquer assuntos relacionados com a massa insolvente.

Deve exercer pessoalmente as suas funções, podendo substabelecer por escrito a prática de certos atos noutro administrador de insolvência com inscrição em vigor nas listas oficiais.

O Administrador de insolvência poderá celebrar contratos a termo de trabalhadores ou promover a cessação de contratos de trabalho, neste caso através dos procedimentos normais previstos na legislação laboral, designadamente promovendo despedimentos coletivos. Deverá também assinar os impressos destinados ao recurso ao Fundo de Garantia salarial por parte dos trabalhadores.

Comissão de Credores

Normalmente este órgão é designado na sentença de declaração de insolvência mas o Juiz poderá não o designar, o que não nos parece desejável uma vez que é de primordial importância na defesa do universo dos credores – cfr. artigo 66º.

Esta comissão é composta por um número ímpar de membros, 3 ou 5 membros e 2 suplentes, devendo presidir o maior credor; os restantes membros deste órgão deverão assegurar representatividade das várias classes de credores (garantia real, trabalhadores, credores comuns); nota-se que esta norma não tem vindo a ser escrupulosamente cumprida, o que também é de criticar face às atuais funções deste órgão.

Os membros da comissão de credores podem ser pessoas singulares ou pessoas coletivas mas sempre que for nomeada uma pessoa coletiva, esta deverá indicar para o exercício das funções, que são pessoais, uma pessoa singular para exercer o cargo, juntando procuração ou emitindo uma credencial, para efeito da tomada de posse e do exercício das respetivas funções.

A assembleia de credores pode *prescindir* da comissão de credores, *substituir* os seus membros ou *constituir* a comissão se o juiz a não tiver criado, e pode ainda a qualquer momento *alterar* a sua composição.

CONVOCAÇÃO E FUNCIONAMENTO

- QUÓRUM DE REUNIÃO: para reunir validamente tem que estar presente a maioria dos membros;
- QUÓRUM DELIBERATIVO: as deliberações são tomadas por maioria dos votos dos membros presentes; o presidente tem voto de qualidade, ou seja, em caso de empate, decide.
- Reúne sob convocação do presidente ou de dois membros;
- Fiscaliza a atividade do administrador de insolvência;
- Os membros deste órgão respondem perante os credores pela inobservância culposa dos seus deveres;
- Inovação do CIRE – das deliberações da comissão de credores não cabe reclamação para o tribunal mas a assembleia de credores pode revogá-las – artigo 80º.

PRINCIPAIS FUNÇÕES DESTA COMISSÃO

Fiscalizar a atividade do administrador de insolvência e prestar-lhe colaboração;
Emitir parecer sobre as contas apresentadas pelo administrador – artigo 64º;
Prestar consentimento aos atos que assumam especial relevo para o processo – artigo 161º;
Emitir parecer sobre os créditos impugnados – artigo 135º;
Dar parecer sobre o encerramento antecipado do estabelecimento – artigo 157º;
Dar parecer sobre a venda imediata de bens que não possam conservar-se por estarem sujeitos a deterioração ou depreciação – artigo 158º, nº 2.

Assembleia de credores

- Direito de PARTICIPAÇÃO de todos os credores e dos responsáveis solidários e garantes. O Juiz pode limitar a participação a créditos de determinado montante, caso em que os credores se devem agrupar e nomear um representante comum ou fazerem-se representar por credor com crédito de valor ≥ ao montante fixado, (que não pode exceder € 10.000).[28]

---

[28] Quando tal aconteça, essa menção fará parte do anúncio que segue para publicação, devendo os credores que pretendam participar e que possuam créditos de valor inferior ter atenção esta situação para atuarem em conformidade e poderem participar e votar nas assembleias.

- REPRESENTAÇÃO através de mandatário com poderes especiais, advogado ou não.[29]
- DIREITO E DEVER DE PARTICIPAR – administrador de insolvência, membros da comissão de credores, devedor e seus administradores.
- 3 Representantes da Comissão de trabalhadores ou, na falta desta, 3 representantes dos trabalhadores por estes designados e ainda o Ministério Público.

Funcionamento e principais funções da assembleia de credores

O Juiz preside a assembleia, devendo dar a palavra aos credores ou a outros participantes na assembleia e submeter propostas de deliberação que sejam apresentadas pelos participantes dessa assembleia à generalidade dos credores presentes. O seu papel assemelha-se assim ao papel do Presidente da Mesa de uma assembleia-geral de uma sociedade, não devendo ser o Juiz a decidir assuntos que estão confiados aos credores, devendo limitar-se a apresentar propostas a deliberação dos credores, decidir eventuais reclamações de deliberações da assembleia que lhe sejam apresentadas, controlar as votações e a manter a ordem na assembleia.

No decurso da assembleia, os credores podem pedir informação ao administrador de insolvência sobre os assuntos compreendidos no âmbito das suas funções.

Os atos que assumam especial relevo para o processo de insolvência dependem do CONSENTIMENTO da assembleia de credores se não existir comissão de credores – *vide* artigo 161º, nº 3, norma que, na prática, tem vindo a ser pouco aplicada.

A assembleia de credores pode prescindir da comissão de credores ou constitui-la caso o Juiz a não tenha nomeado na sentença de insolvência e pode, a todo o momento, substituir os seus membros, independentemente de justa causa – artigo 67º.

Convocação/deliberações

- É convocada pelo juiz, por sua iniciativa ou a pedido do administrador de insolvência, da comissão de credores ou de um credor ou grupo de cre-

---

[29] O mandatário que representar um ou mais credores numa assembleia deverá possuir procuração com poderes especiais para representar o mandante e votar da forma que melhor entender todos e quaisquer assuntos constantes da ordem de trabalhos da assembleia ou assembleias que se realizem no processo.

dores que represente pelo menos 1/5 do total dos créditos não subordinados – *vide* artigo 75º.
- O anúncio da convocatória é publicado no portal CITIUS, com uma antecedência de 10 dias.
- São enviadas circulares para os 5 maiores credores, devedor ou seus administradores e para a comissão de trabalhadores.
- A assembleia pode ser suspensa (ex.: reclamação de créditos na própria assembleia), devendo continuar nos 15 dias seguintes.
- Em regra, a assembleia delibera por maioria dos VOTOS EMITIDOS, sem contar abstenções, seja qual for o número de presentes ou a percentagem de créditos, presente ou representada.

Reclamações de deliberações tomadas em Assembleias de credores

A reclamação das deliberações tomadas pela assembleia pode ser feita pelo administrador ou por qualquer credor, com direito de voto que tenha votado em sentido contrário à deliberação tomada, devendo ser feita na própria assembleia – artigo 78º. Assim, o conteúdo da reclamação deverá ser ditado para que fique a constar da ata da assembleia.

FUNDAMENTO DA RECLAMAÇÃO – a reclamação deve ser sempre fundamentada e o cerne desse fundamento é que a deliberação previamente tomada é contrária ao interesse comum dos credores (satisfação dos créditos na maior medida possível, respeitando o princípio da igualdade dos credores).

Qualquer deliberação que seja tomada pela assembleia e que não se revele proporcionada ao interesse da generalidade dos credores pode e deve ser objeto de reclamação, que deverá ser fundamentada, através de requerimento apresentado pelo reclamante, tendo em vista, a revogação da deliberação que se revele contrária ao interesse da generalidade dos credores.

- O Juiz durante a assembleia deverá decidir a reclamação, deferindo-a ou indeferindo-a, devendo obviamente fundamentar essa sua decisão:
    - ✓ Deferida a reclamação, tem direito de recurso o credor que tenha votado em sentido contrário.
    - ✓ Indeferida a reclamação, apenas pode recorrer o reclamante.
- A assembleia de credores pode revogar as deliberações da Comissão de Credores. Esta iniciativa poucas vezes surge porquanto se continua a notar um desconhecimento generalizado dos credores sobre a atividade quer do administrador de insolvência quer da comissão de credores, o que é de lamentar. De qualquer forma, os credores poderão e deverão consultar o

processo antes das assembleias para deliberar de forma coerente com os seus interesses os assuntos da ordem de trabalhos e questionar o administrador ou os membros da comissão de credores sobre o desempenho das suas funções.

Direitos de voto dos credores – artigo 73º

OS CRÉDITOS CONFEREM DIREITO DE VOTO (um voto por cada euro ou fracção do montante do crédito ou do valor do bem dado em garantia real pelos quais o devedor não responda pessoalmente, se este for inferior);

- Têm direito de voto os credores titulares de créditos RECONHECIDOS por sentença definitiva de verificação e graduação de créditos ou em ação de verificação ulterior.

Não havendo ainda sentença, como quase sempre acontece, pelo menos na primeira assembleia que se realizar (porque o apenso da verificação e graduação de créditos é autónomo), poderão votar:

- Os credores de CRÉDITOS RECLAMADOS no processo ou na própria assembleia (se ainda estiver em prazo) E se os créditos NÃO forem IMPUGNADOS na assembleia por parte do administrador ou por algum credor com direito de voto;

- Quanto aos créditos IMPUGNADOS, os seus titulares só terão direito de voto, a pedido do interessado que deverá ser formulado verbalmente ao juiz podendo este autorizar ou não, sem que haja direito de recurso relativamente ao despacho de não autorização.

- Quanto aos créditos sujeitos a CONDIÇÃO suspensiva (ex.: créditos provenientes de garantias bancárias ainda não acionadas), o número de votos será fixado pelo juiz, em atenção à probabilidade de verificação da condição.

- Os CRÉDITOS SUBORDINADOS não conferem direito de voto, exceto na assembleia que se destine a aprovar um plano de insolvência.

Capítulo V
Efeitos da Declaração de Insolvência

Decretada a insolvência através de sentença, estipula o CIRE quais os efeitos desta decisão, uma vez que a declaração de insolvência afeta créditos, afeta a pessoa do devedor e ou dos seus administradores (caso se trate de uma pessoa coletiva), afectando ainda diversos negócios que à data da declaração de insolvência estejam ainda em curso.

Como ficou dito, a sentença que declara a insolvência, nomeia um administrador de insolvência que, a partir dessa data, salvo no caso previsto no artigo 39º do CIRE ou no caso a administração da massa ficar a cargo do devedor, fica a gerir a massa insolvente, ficando o devedor imediatamente privado de dispor de todos os seus bens, que passam a integrar a massa insolvente.

Ora, sucede que é necessário regular os efeitos de processos e de negócios pendentes, sobretudo quando se trate de uma insolvência de uma sociedade comercial, onde quase sempre existem negócios em curso, quer se trate de locação, designadamente de contratos de leasing, renting, ALD, quer de compras e vendas em regime de reserva de propriedade, quer ainda de outro tipo de contratos que ainda não tenham sido totalmente cumpridos por uma das partes.

Dispõe o CIRE os diversos efeitos da declaração de insolvência nos artigos do diploma mencionados no quadro seguinte:

Os efeitos da sentença de insolvência:

- Efeitos pessoais (sobre o devedor e outras pessoas) – artigos 81º e segs.
- Efeitos processuais – artigos 85º e segs.
- Efeitos sobre os créditos – artigos 90º e segs.
- Efeitos sobre negócios em curso – artigos 102º e segs.

Efeitos sobre o devedor e seus administradores

PRIVAÇÃO DOS PODERES DE ADMINISTRAÇÃO E DISPOSIÇÃO dos bens da massa insolvente que passam para o administrador de insolvência (artigo 81º) salvo se a administração continuar a ser assegurada pelo devedor, nos termos do artigo 224º.

Os órgãos sociais do devedor (pessoa coletiva) mantêm-se em funcionamento (sem remuneração) mas os seus membros podem renunciar ao cargo, logo que procedam ao depósito das contas anuais, com referência à data de liquidação em processo de insolvência. Se o Juiz autorizar na sentença de declaração da insolvência que a administração da massa continue a ser assegurada pelo devedor, podem manter-se as remunerações dos membros dos órgãos sociais (*vide* artigo 227º) e a liquidação da massa insolvente não se inicia, ficando o administrador de insolvência a fiscalizar a administração da massa, nos termos previstos no artigo 226º do CIRE.

DEVER DE COLABORAÇÃO do devedor e dos seus administradores (de direito ou de facto) bem como dos administradores que tenham desempenhado esse cargo, nos dois anos anteriores ao início do processo.

DEVER DE APRESENTAÇÃO no tribunal, quando notificado para o efeito. Caso seja incumprido, o juiz pode determinar que o devedor compareça sob custódia, se este faltar e não justificar a falta – artigo 83º.

A recusa de prestação de informações é livremente apreciada pelo juiz, nomeadamente para efeito de qualificação de insolvência como culposa.

Dever de RESPEITAR A RESIDÊNCIA fixada pelo juiz na sentença, que não significa que não possa ausentar-se ou mudar de residência mas sim que deverá informar o Tribunal se tal acontecer.

Efeitos sobre processos pendentes e sobre os créditos

- Suspensão imediata de ações executivas propostas contra o insolvente (que prosseguem contra outros executados)[30] que se extinguirão quando o processo for encerrado nos termos previstos nas alíneas a) e d) do nº 1 do artigo 230º, salvo para efeitos do exercício do direito de reversão (exe-

---

[30] Caso seja aprovado um plano de recuperação, as execuções suspensas serão extintas por inutilidade superveniente da lide pois o devedor apenas ficará obrigado a cumprir o que estiver estipulado no plano.

cuções fiscais e da segurança que podem reverter contra os administradores/gerentes da sociedade primitiva executada).
- Apensação de ações contra o devedor que apreciem questões relativas a bens da massa insolvente e ações de natureza patrimonial intentadas pelo devedor se essa apensação for requerida pelo administrador de insolvência.
- Vencimento de todas as obrigações, não subordinadas a uma condição suspensiva.
- As dívidas do insolvente continuam a vencer juros (em regra, os juros posteriores à sentença de insolvência consideram-se créditos subordinados).
- Extinção dos privilégios creditórios gerais de créditos do Estado, Autarquias locais e Segurança Social, constituídos há mais de 12 meses (calculados por referência à data do início do processo) e dos privilégios creditórios especiais vencidos mais de 12 meses antes do início do processo – artigo 97º.
- Extinção de hipotecas legais de créditos do Estado, Segurança Social e Autarquias locais, cujo registo haja sido requerido nos DOIS MESES anteriores à data do inicio do processo – artigo 97º.
- Suspensão de todos os prazos de prescrição e de caducidade oponíveis pelo devedor, durante o decurso do processo.[31]
- Concessão de um privilégio mobiliário geral a 1/4 do crédito requerente da insolvência, num máximo de 500 UC – artigo 98º.
- Admissibilidade de compensação desde que se verifiquem determinados requisitos – artigo 99º.

Efeitos sobre os negócios em curso

Aquando da declaração judicial de insolvência é muito provável e usual que existam negócios ainda em curso, ou seja, não totalmente cumpridos por uma das partes, ou situações que se mantenham no tempo, por força das características próprias de atos e ou contratos celebrados pelo insolvente. O Código regula diversos tipos de situações e estabelece um princípio geral que irá determinar as consequências que a declaração de insolvência irá ter nesses negócios. Vejamos:

---

[31] Excepção ao princípio geral previsto no artigo 328º do Código Civil.

Princípio geral:

No que se refere a negócios bilaterais ainda não cumpridos, o administrador de insolvência nomeado pode optar pela sua execução ou recusar o seu cumprimento.

A outra parte, ou seja, o terceiro que contratou com o devedor que foi declarado insolvente, poderá, ou melhor deverá, fixar um prazo razoável ao administrador nomeado no processo para este cumprir as obrigações contratuais do devedor insolvente ou recusar o seu cumprimento, sob pena de ficar numa situação de incerteza.

Requisitos de aplicação deste princípio geral:

a) Natureza bilateral do contrato;
b) Não total cumprimento de ambas as partes;
c) Não exista regime diferente para os negócios especialmente regulados nos artigos seguintes.

Para além deste princípio geral previsto no artigo 102º do CIRE, o código regula especialmente os efeitos da insolvência em negócios específicos que o insolvente seja parte, nos artigos 103º a 118º.

Assim, sempre que seja declarada a insolvência e se coloquem dúvidas sobre os efeitos da declaração judicial de insolvência no cumprimento ou no desfecho de um determinado negócio pendente, deverá consultar-se os referidos artigos 103º a 118º do Código e verificar se se encontra prevista uma solução jurídica específica para o negócio concreto em apreço. Se sim, será essa a solução a adotar. Se não, haverá que apreciar a verificação no caso concreto dos requisitos previstos na lei para a aplicação do princípio geral estabelecido no artigo 102º do CIRE que, na hipótese afirmativa, será então aplicável.

Vejamos, pois, alguns dos negócios, atos ou contratos e outros institutos jurídicos especialmente regulados no CIRE:

CONTRATO-PROMESSA: (artigo 106º)[32]

➤ INSOLVÊNCIA DO PROMITENTE-VENDEDOR: o administrador de insolvência NÃO PODE RECUSAR o cumprimento do contrato se este tiver sido cele-

---

[32] *Vide* Acórdão da Relação do Porto, de 06.01.2009 e Acórdão do Tribunal da Relação de Coimbra, de 2 de Julho de 2008, Ac. STJ de 22.02.2011, 19.09.2006, Ac. da Relação de Guimarães, de 14.12.2010, todos acessíveis em *www.dgsi.pt*.

brado com EFICÁCIA REAL e se tiver havido TRADIÇÃO da coisa. No caso de não ter havido tradição, poderá haver recusa de cumprimento, aplicando-se o disposto no artigo 102º e no nº 5 do artigo 104º.

➢ INSOLVÊNCIA DO PROMITENTE-COMPRADOR – aplica-se igualmente o regime previsto no artigo 102º.

LOCAÇÃO: (artigos 108º e 109º)

A locação não se extingue se o insolvente for locatário mas o administrador pode denunciar o contrato com pré-aviso de 60 dias (excepto se o locado se destinar a habitação do insolvente).

Também não se extingue se o insolvente for o locador, sendo possível a denúncia para o termo do prazo mas se o locado ainda não tiver sido entregue à data da insolvência, o contrato pode ser resolvido.

O locador não pode resolver o contrato de arrendamento ou de locação financeira com fundamento de falta de pagamento de rendas vencidas antes da declaração de insolvência ou deterioração da situação financeira do locatário – artigo 108º, nº 4. Entende-se no entanto que se as rendas que se vencerem após a declaração de insolvência não forem pagas pelo Administrador de Insolvência ou pelo insolvente quando este detenha a administração da massa, o locador poderá nessa hipótese resolver o contrato. Isto, não apenas pela aplicação do argumento de interpretação *a contrario* desta disposição, mas também porque não é exigível que não cessando o contrato com a declaração de insolvência se possa exigir que o locatário (insolvente) continue a usufruir do locado, sem pagar as rendas.

LOCAÇÃO FINANCEIRA E ALUGUERES DE LONGA DURAÇÃO com possibilidade de compra do bem após pagamento integral das rendas – *vide* ainda artigo 104º, nº 2.

As PROCURAÇÕES que digam respeito ao património da massa insolvente caducam, ainda que irrevogáveis (ou seja, as procurações que sejam conferidas no interesse do procurador ou de terceiro); Assim, no caso de insolvências de sociedades de promoção ou construção imobiliária e sempre que representemos promitentes compradores, deveremos ter especial atenção a esta norma e atuar preventivamente, isto é, forçando a celebração do negócio translativo da propriedade antes da declaração judicial de insolvência.

Contrato de trabalho:

A declaração de insolvência do trabalhador não suspende o seu CONTRATO DE TRABALHO – artigo 113º.

Os salários, por força deste artigo e ainda tendo em conta o disposto no artigo 182º, nº 1 do CIRE[33] nem sequer deverão ser arrolados para a massa insolvente, relativamente ao terço penhorável. Caso seja apreendida a totalidade do salário, o insolvente deverá requerer ao Tribunal o seu levantamento fundamentando a sua pretensão no disposto no artigo 824º, nº 1, alínea a) do CPC.

Os contratos de trabalho dos trabalhadores ao serviço da empresa integrada na massa insolvente, como igualmente atrás se disse, não cessam, enquanto o estabelecimento não for definitivamente encerrado. Os contratos de trabalho de uma empresa insolvente apenas cessarão aquando do encerramento do(s) estabelecimento(s) ou antes deste, se o administrador assim entender. Nessa hipótese, o administrador de insolvência deverá promover despedimentos, de acordo com as normas do Código de Trabalho ou promover a suspensão do contrato de trabalho (Lay off) que permitirá reduzir encargos salariais durante a pendência do processo, pelo menos até à assembleia de aprovação de um plano de insolvência, que venha a realizar-se.

---

[33] Neste sentido Luis A. Carvalho Fernandes e João Labareda, op. cit., pág. 600.

Capítulo VI
O Incidente da Verificação de Créditos

Reclamação de créditos

Este incidente inicia-se com a reclamação de créditos que é efetuada por meio de requerimento, acompanhado de todas as provas, endereçado ao administrador de insolvência e apresentado no seu domicílio ou para aí remetido, por via postal registada ou por correio electrónico, devendo o Administrador enviar comprovativo do recebimento, no prazo de 3 dias a contar da receção.[34]

Alerta-se para o facto de que, mesmo os créditos reconhecidos por decisão definitiva deverem ser reclamados no processo de insolvência, para obterem pagamento no âmbito do processo. Nesse caso, a reclamação poderá remeter diretamente para a decisão judicial, devendo ser junta certidão da respetiva sentença.

Na reclamação de créditos deverá indicar-se a PROVENIÊNCIA, DATA DE VENCIMENTO, montante de CAPITAL e de JUROS, com indicação da taxa aplicável e a NATUREZA do crédito (comum, subordinado, privilegiado ou garantido e, neste caso, devem ser indicados os bens objeto da garantia e ser junta a certidão registral (ex.: hipoteca); caso o crédito esteja condicionado, deve indicar-se a condição a que o crédito está sujeito. Devem ser apresentados todos os documentos probatórios de que os credores disponham e indicadas testemunhas.

---

[34] Não é devida taxa de justiça pois embora não esteja prevista isenção ela resulta indirectamente do disposto no artigo 303º do CIRE.

Relação de créditos reconhecidos e não reconhecidos pelo Administrador – artigo 129º

- *15 DIAS APÓS O PRAZO DAS RECLAMAÇÕES*, o administrador de insolvência apresenta na secretaria do tribunal a LISTA DE CREDORES RECONHECIDOS e dos CREDORES NÃO RECONHECIDOS, com indicação dos motivos. Esta relação é feita com base nas reclamações e ainda nos elementos da contabilidade do insolvente.

- O administrador deve AVISAR, por carta registada, os credores a quem não reconheça os créditos que tenham sido reclamados, os credores que reconheça com base na contabilidade sem que tenha havido reclamação, bem como os credores cujos créditos hajam sido reconhecidos em termos diversos dos da respetiva reclamação.

- Os interessados que queiram impugnar a lista de credores reconhecidos, em relação a créditos de que não sejam titulares, deverão estar atentos ao prazo de depósito dessa lista na Secretaria, uma vez que não são notificados da mesma e dispõem de 10 dias para o fazer, contados do termo do prazo facultado ao administrador para apresentar a lista de credores.

Impugnação da lista de credores reconhecidos

A impugnação de créditos é feita através de requerimento dirigido ao Juiz do processo, com indicação da respetiva PROVA – limite de testemunhas (10).

O fundamento da impugnação será a indevida inclusão ou exclusão de créditos na lista do administrador ou incorreção do montante dos créditos ou da qualificação dada aos mesmos, em função da respetiva natureza (garantidos, privilegiados, comuns ou subordinados – *vide* artigos 47º e 48º do CIRE).

- *NÃO HAVENDO IMPUGNAÇÕES*, o juiz homologa a lista de credores reconhecidos e gradua os créditos em conformidade com esta – sentença de verificação e graduação – artigo 130º, nº 3.

- *HAVENDO IMPUGNAÇÕES*, notifica-se o credor titular do crédito impugnado, seguindo-se a RESPOSTA À IMPUGNAÇÃO que este poderá apresentar.

Resposta à impugnação e tramitação seguinte

Pode responder o administrador e qualquer interessado que assuma posição contrária ao impugnante e o próprio devedor, devendo igualmente indicar-se a prova na respetiva resposta.

Caso o titular do crédito impugnado não responda, a impugnação é julgada procedente.

Prazo de resposta a impugnações – 10 dias subsequentes ao termo do prazo das impugnações ou da notificação ao titular do crédito impugnado.

TRAMITAÇÃO POSTERIOR: corre prazo de 10 dias para ser junto o parecer da comissão de credores, após o que o juiz PODE marcar data para uma tentativa de conciliação (nota: o advogado deverá comparecer com o cliente ou com procuração com poderes para transigir). Se não houver transação, ou se não for marcada a tentativa de conciliação, o Juiz elabora o despacho saneador, e seguir-se-ão as diligências instrutórias, em sede de audiência de julgamento, após o que será proferida sentença de verificação e graduação dos créditos, susceptível de recurso.

Sentença de verificação e graduação de créditos

Se não houver impugnações de créditos é de imediato proferida sentença de verificação e graduação de créditos que pode limitar-se a homologar a lista de credores apresentada pelo administrador[35].

Se houver impugnações de créditos, segue-se a ulterior tramitação processual acima referida e só depois será proferida sentença de verificação e graduação de créditos.

Na graduação de créditos não são atendidas preferências resultantes de HIPOTECAS JUDICIAIS[36], nem de PENHORAS[37] que existissem anteriormente à declaração de insolvência.

A graduação de créditos é geral para os bens da massa e é especial para os bens a que respeitem direitos reais de garantia e privilégios creditórios, uma vez

---

[35] Solução que tem vindo a ser criticada uma vez que o Juiz pode verificar e graduar créditos sem sequer analisar as reclamações de créditos e a sua regularidade em termos substanciais, uma vez que as reclamações são atualmente dirigidas ao Administrador de Insolvência.
[36] *Vide* artigos 710º e 711º do Código Civil.
[37] As penhoras existentes deixam de ter qualquer preferência de pagamento em sede de processo de insolvência.

que os respetivos credores que beneficiem destas garantias ou privilégios terão direito a receber à custa da venda desses bens.

A verificação ulterior de créditos (artigo 146º)

Se um credor não reclamar o seu crédito no prazo fixado na sentença, (por exemplo por desconhecimento da mesma ou por tomar conhecimento desta após o decurso do prazo das reclamações), poderá ainda obter o reconhecimento do seu crédito, a fim de obter pagamento no processo (desde que não tenha sido avisado pelo administrador), devendo para o efeito propor uma ACÇÃO CONTRA A MASSA INSOLVENTE, OS CREDORES E O DEVEDOR insolvente.

A ação só pode ser proposta no PRAZO de seis meses contados do trânsito da sentença de insolvência ou no prazo de 3 meses após constituição do crédito, caso este prazo termine posteriormente.

EXCEPÇÃO – Os credores que tenham sido avisados nos termos do artigo 129º só podem reclamar os seus créditos nestes termos se os créditos forem posteriores ao aviso.

Direito à restituição ou separação de bens da Massa insolvente

No prazo fixado para as reclamações de créditos, pode também ser requerida pelos seus proprietários a restituição de bens que tenham sido apreendidos para a massa insolvente e que não pertenciam ao insolvente, ou a separação de bens que o insolvente não seja exclusivamente titular (ex.: bens em regime de compropriedade ou de comunhão) – artigos 141º e segs. Esta reclamação assemelha-se aos embargos de terceiro, previstos no CPC.

Findo o prazo das reclamações, sendo apreendidos bens para a massa, é ainda permitido requerer a restituição ou separação de bens nos cinco dias posteriores à apreensão, por meio de requerimento apensado no processo principal, seguindo-se as contestações – artigo 144º.

No caso de serem apreendidos para a massa insolvente bens de terceiro (ex.: alugados, em regime de leasing, com reserva de propriedade, etc), poderá ainda o respetivo proprietário propor uma Acão, A TODO O TEMPO, tendo em vista reaver os seus bens. Mas, nesta hipótese, apenas através de Acão proposta por apenso contra o devedor insolvente, os credores da massa e o administrador.

Poderá ser deferida a ENTREGA PROVISÓRIA DE COISAS MÓVEIS, desde que seja prestada caução no processo que deverá vigorar até a ação estar definitivamente julgada.

Aspetos práticos destas ações

Quer as ações de verificação ulterior de créditos, quer as de separação ou restituição de bens erradamente apreendidos para a massa insolvente seguem os termos do processo SUMÁRIO, qualquer que seja o seu valor e correm por APENSO ao processo de insolvência.

Será oficiosamente lavrado um TERMO DE PROTESTO no processo principal e a instância extingue-se e os efeitos do protesto caducam se o autor negligentemente deixar de promover os termos da causa durante 30 dias (*vide* artigo 146º, nº 4 e 147º).

Os credores da insolvência serão citados por ÉDITOS (publicação de anúncio no CITIUS). Caso não haja contestação, o autor tem de pagar as CUSTAS.[38]

---

[38] Face a estes custos poderá não haver interesse em intentar estas ações para verificação de créditos sempre que a massa insolvente for insuficiente para obter pagamento, aconselhando-se neste caso a simplesmente obter a certidão da sentença de insolvência para efeitos de IVA (artigo 78º do CIVA) e de IRC (artigos 23º e 35º, nº 1, alínea a) do CIRC).

Capítulo VII
Resolução de Atos em Benefício da Massa

Nos termos do artigo 120º do CIRE podem ser resolvidos em benefício da massa insolvente quaisquer ACTOS prejudiciais à massa PRATICADOS ou OMITIDOS, nos últimos 2 ANOS anteriores ao início do processo[39].

A Lei nº 16/2012 reduziu este prazo de 4 para 2 anos. Já se vinha entendendo que o prazo de 4 anos era demasiado longo e que colocava em causa razões de segurança e certeza jurídicas.

A resolução pressupõe a existência de MÁ FÉ DO TERCEIRO[40], salvo no caso dos atos previstos no artigo 121º, que são os atos sujeitos a resolução incondicional.

Existe uma PRESUNÇÃO DE PREJUÍZO PATRIMONIAL para os atos previstos no artigo 121º do CIRE, mesmo que praticados fora dos prazos previstos nesse artigo; esta presunção não admite prova em contrário (artigo 120º, nº 3).

Existe igualmente uma PRESUNÇÃO DE MÁ FÉ para os atos praticados nos dois anos anteriores ao início do processo e em que tenha participado ou de que tenha aproveitado qualquer pessoa especialmente relacionada com o devedor (*vide* artigo 49º).[41]

---

[39] Sobre este assunto *vide* Fernando Gravato de Morais "Resolução em benefício da massa insolvente", Almedina.

[40] Entende-se por má fé o conhecimento, à data do ato, de qualquer uma das seguintes circunstâncias (que o devedor se encontrava em situação de insolvência; carácter prejudicial do acto e que o devedor estava numa situação de insolvência iminente ou o início do processo de insolvência – artigo 120º, nº 5 do CIRE.

[41] Esta presunção é *iuris tantum*, ou seja, admite prova em contrário.

Forma da resolução e prescrição do direito

LEGITIMIDADE – O Administrador de insolvência é o órgão da insolvência que deve avançar com a iniciativa de resolução dos atos praticados ou omitidos pelo insolvente e que tenham causado prejuízo patrimonial à massa insolvente e assim aos seus credores da insolvência.

Os credores que tenham conhecimento destes atos poderão dar conhecimento ao administrador de actos que conheçam ou optar por propor uma ação de impugnação pauliana, sendo que esta apenas a eles beneficiará, mas essas ações, a serem propostas ou se já estivessem pendentes, ficarão suspensas se o administrador vier a resolver o ato impugnado – *vide* artigo 127º, nº 2.

FORMA DA RESOLUÇÃO – a resolução efetiva-se por carta registada com aviso de receção, enviada pelo administrador de insolvência ao terceiro que tenha tido intervenção no ato ou beneficie do mesmo. O Administrador deverá fundamentar a resolução, explicando os motivos pelos quais entende que o ato prejudicou a massa, bem como outras circunstâncias relevantes no caso.

Esta carta tem de ser remetida nos 6 MESES SEGUINTES AO CONHECIMENTO DO ACTO por parte do administrador e NUNCA DEPOIS DE 2 ANOS SOBRE A DATA DA DECLARAÇÃO DE INSOLVÊNCIA.

Enquanto o negócio não estiver totalmente cumprido, a resolução pode ser declarada, sem dependência de prazo, neste caso, por via de exceção, muito à semelhança do que ocorre nos casos de anulabilidade de negócios não totalmente cumpridos (*vide* artigo 287º, nº 2 do Código Civil).

Para se obterem os efeitos retroativos da resolução, deverá ser intentada uma ação pelo administrador de insolvência contra o terceiro que tenha sido interveniente no ato ou no contrato – artigo 126º, nº 2. Esta ação é igualmente proposta por apenso ao processo de insolvência.

Impugnação da resolução

As pessoas afetadas com a resolução têm o direito de a impugnar no prazo de 3 meses (tal prazo era de seis meses, tendo sido reduzido com a Lei nº 16/2012, de 20 de Abril), contados da data que tenham conhecimento da resolução, sob pena de caducidade – esta ação também corre por apenso ao processo de insolvência – artigo 125º.

De notar que apesar da resolução poder ser efetuada por simples carta, os efeitos retroativos deste ato só poderão ser obtidos através de decisão judicial que determine que os bens ou direitos que diminuíram o património do insolvente sejam restituídos à massa insolvente.

Se tiverem havido transmissões posteriores, os transmissários ficarão protegidos, salvo se estiverem de má fé. Tem de ser feita prova da má fé, à semelhança do que rege o Código Civil em relação à impugnação pauliana.

Quanto aos direitos de crédito dos terceiros afetados pela resolução do ato, *vide* nºs 4, 5 e 6 do artigo 126º, artigo 48º, alínea e) e artigo 51º, nº 1, alínea i).

Capítulo VIII
Apenso da Liquidação

A liquidação da massa insolvente é efetuada pelo administrador da insolvência, com a cooperação e fiscalização da Comissão de Credores e da Assembleia de Credores, e processa-se de acordo com o disposto nos artigos 158º a 168º do Código, constituindo mais um APENSO DO PROCESSO DE INSOLVÊNCIA (artigo 170º).

A suspensão da liquidação e partilha da massa insolvente prevista no artigo 156º, nº 3 não prejudica uma venda antecipada de determinados bens – cfr. artigo 158º, nº 3.

Inventário de bens

Antes da elaboração do relatório, o Administrador deve elaborar igualmente o inventário (descrição de todos os bens e direitos da massa insolvente, com indicação de valores, natureza, características, ónus) – *vide* artigo 151º.

O inventário deve ser anexo ao relatório e destina-se igualmente a ser apreciado na assembleia de credores de apreciação do relatório ou a ser analisado antes da realização da assembleia para preparar a tomada das deliberações previstas nessa reunião – artigo 156º.

Só depois de transitada a sentença declaratória da insolvência e, após realização da assembleia de credores que aprecia o relatório, é que pode iniciar-se a venda dos bens, salvo se tiver havido suspensão da liquidação, como no caso de se incumbir o administrador de elaborar um plano de insolvência – artigo 158º.

Venda de bens

O Administrador de Insolvência pode escolher a modalidade de alienação dos bens, optando por qualquer uma das que estão previstas no processo executivo[42] ou ainda por outra que entenda mais conveniente. (*vide* artigo 164º).

Os credores com garantia real devem ser sempre ouvidos sobre a modalidade de alienação e ainda sobre o valor base fixado ou sobre o preço previsto para a venda, tendo o prazo de uma semana para apresentar preço superior para o adquirir ou indicar terceiro para o efeito. Se a venda, ainda assim for feita pelo preço inicialmente fixado, o credor com garantia real tem o direito de receber o valor do preço por si proposto para a aquisição.

Antes de proceder ao pagamento dos créditos sobre a insolvência (artigos 47º, nºs 1 a 3 e 173º), o administrador da insolvência deduz da *massa insolvente* (cfr. artigo 46º) os bens ou direitos necessários à satisfação das "dívidas da massa insolvente" (artigo 51º), incluindo as que previsivelmente se constituirão até ao encerramento do processo (artigo 230º) – cfr. artigo 172º, nº 1.

Pagamento dos créditos em função da sua natureza

- CRÉDITOS GARANTIDOS – são pagos através da venda dos bens onerados com garantias reais e com privilégios creditórios especiais; Atende-se à prioridade que lhes caiba.
- CRÉDITOS PRIVILEGIADOS – são pagos à custa dos bens que não estejam afetos às garantias reais e aos privilégios creditórios especiais, com respeito pela prioridade que lhes caibam e na proporção em igualdade de circunstâncias.
- CRÉDITOS COMUNS – são pagos com o remanescente (após pagamento de créditos garantidos e privilegiados) na proporção dos créditos, se a massa for insuficiente para a satisfação integral.
- CRÉDITOS SUBORDINADOS – só são pagos depois de integralmente pagos os créditos comuns e é efetuado pela ordem segundo a qual esses créditos são indicados no artigo 48º, na proporção dos respetivos montantes quanto aos que constem da mesma alínea, se a massa for insuficiente para o pagamento integral.

---

[42] Venda mediante propostas em carta fechada, venda por negociação particular, venda em estabelecimento de leilão etc.

Natureza dos créditos

Créditos garantidos – artigo 47º

Para efeito deste Código são considerados CRÉDITOS GARANTIDOS os créditos que detenham GARANTIAS REAIS (hipoteca, penhor, consignação de rendimentos, direito de retenção) e os créditos que beneficiem de PRIVILÉGIOS CREDITÓRIOS ESPECIAIS.

Os créditos dos trabalhadores – gozam atualmente de privilégio imobiliário especial sobre o bem imóvel do empregador onde o trabalhador preste a sua atividade (artigo 333º do Código do Trabalho), pelo que na respetiva reclamação de créditos este facto deve ser alegado, indicando-se prova, para a necessidade de vir a ter que ser provado.

Os privilégios imobiliários especiais prevalecem sobre a hipoteca.[43] A alteração do Código de Trabalho pôs fim à polémica que se gerou na Jurisprudência no âmbito da legislação laboral anterior e do CPEREF, desde que os trabalhadores prestem o seu serviço no imóvel da insolvente e os créditos laborais sejam posteriores às alterações do Código.

De notar quais os créditos fiscais que detêm atualmente privilégios imobiliários especiais: (IMT[44] e IMI[45]).

Créditos privilegiados

Para efeitos do CIRE são considerados CRÉDITOS PRIVILEGIADOS os créditos que beneficiam de privilégios creditórios gerais (ex.: créditos dos trabalhadores com privilégio mobiliário geral[46] e créditos de IVA[47]); e ainda créditos da Segurança Social[48] e créditos de IRS[49] e IRC).

Créditos comuns

Serão os restantes créditos (que não sejam garantidos, privilegiados ou subordinados), designadamente créditos que possuam apenas garantias pessoais (ex.: fianças ou avales).

---

[43] *Vide* artigo 751º do Código Civil.
[44] *Vide* artigo 39º do Código do Imposto Municipal sobre as Transmissões Onerosas de Imóveis.
[45] *Vide* artigo 122º do Código do Imposto Municipal sobre Imóveis e artigo 744º do Código Civil.
[46] *Vide* artigo 333º do Código de Trabalho.
[47] *Vide* artigo 736º do Código Civil – privilégio sem limite temporal.
[48] *Vide* artigo 205º da Lei nº 110/2009, de 16 de Setembro que aprovou o Código dos Regimes Contributivos do Sistema Previdencial de Segurança Social.
[49] *Vide* artigos 111º do CIRS e 108º do CIRC – as dívidas de IRS e de IRC relativas aos últimos 3 anos, gozam de privilégio mobiliário geral e imobiliário.

Créditos subordinados – artigo 48º

- Detidos por pessoas especialmente relacionadas com o devedor, desde que a relação já existisse aquando da constituição do crédito, ou créditos de terceiros a quem estas pessoas os tenham transmitido nos dois anos anteriores ao início do processo;
- Juros de créditos não subordinados constituídos após a declaração de insolvência, com exceção dos juros de créditos com garantias reais e privilégios creditórios gerais, até ao valor dos respetivos bens;
- Créditos cuja subordinação tenha sido convencionada pelas partes;
- Créditos que tenham por objeto prestações do devedor a título gratuito;
- Créditos sobre a insolvência que, na sequência da resolução em benefício da massa, resultem para terceiro de má fé;
- Juros de créditos subordinados constituídos após a declaração de insolvência;
- Créditos por suprimentos.

Os créditos subordinados não conferem direito de voto nas assembleias de credores, salvo para efeito de votação da deliberação de aprovação do plano de insolvência; estes créditos são pagos em último lugar (artigo 177º).

De notar ainda que na ausência de convenção expressa, em sentido contrário constante do plano de insolvência, estes créditos são objeto de perdão integral (artigo 197º).

Ordem dos pagamentos – artigos 172º e segs.

- Pagamento das DÍVIDAS DA MASSA INSOLVENTE (custas, remunerações e despesas do administrador, etc...). Estas são pagas em primeiro lugar – *vide* artigo 51º.

- CRÉDITOS GARANTIDOS – são pagos ATRAVÉS DA VENDA dos bens dados em garantia, com respeito pela prioridade. (Privilégios imobiliários especiais, hipotecas, penhor mercantil, direito de retenção). Mas, o administrador pode pagar o crédito com garantia real ANTES DA VENDA dos bens (*vide* artigo 166º, nº 2).

- CRÉDITOS PRIVILEGIADOS – o seu pagamento é feito à custa dos bens não afetos a garantias reais e aos privilégios creditórios especiais prevalecentes, com respeito pela prioridade e na proporção, em igualdade de circunstâncias. O pagamento só é feito após a venda de bens.

> CRÉDITOS COMUNS serão pagos com o remanescente, na proporção dos créditos, se a massa for insuficiente para o pagamento integral.
> CRÉDITOS SUBORDINADOS só obtêm pagamento após pagamento de todos os credores comuns e são pagos pela ordem do artigo 48º, na proporção.

Cautelas nos pagamentos – artigo 180º

Só após a decisão definitiva do RECURSO da sentença de verificação e graduação de créditos ou de ACÇÃO PENDENTE contra a massa em que não tenham caducado os efeitos do PROTESTO é que é autorizado o levantamento das quantias depositadas ou efetuado o rateio pelos credores.

Caso o recurso ou a ação improceda, o recorrente ou autor do protesto deverá indemnizar os credores lesados (juros de mora à taxa legal) pelo atraso havido no recebimento dos créditos.

Formas de pagamento

Os pagamentos são efetuados, sem necessidade de requerimento através de CHEQUES emitidos sobre a conta da insolvência (que devem ser assinados pelo administrador de insolvência e por um do(s) membro(s) da comissão de credores se esta existir) – artigo 183º.

Habitualmente são entregues aos credores ou aos seus mandatários ou enviados pelo Administrador a estes, no final da liquidação, antes do encerramento do processo.

Os pagamentos podem ser feitos através de:

- RATEIOS PARCIAIS – Se já houver depósito de quantias que assegurem o pagamento de 5% do valor dos créditos privilegiados, comuns e subordinados, o administrador de insolvência poderá apresentar um plano e mapa de rateios (com parecer da comissão de credores, se houver); o juiz decidirá sobre os pagamentos a efetuar desta forma, desde que os considere justificados – artigo 178º.
- RATEIO FINAL – encerrada a liquidação, a distribuição e o rateio final são efectuados pela Secretaria após remessa à conta.
- Os cheques são normalmente enviados pelo Administrador de Insolvência aos credores mas caso não sejam enviados, deverão ser solicitados na Secretaria do Tribunal e deverão ser sempre apresentados no prazo de um ano, contados do aviso ao credor, sob pena de prescrição.

Capítulo IX
O Plano de Insolvência

O pagamento dos créditos sobre a insolvência, a liquidação da massa insolvente e sua repartição pelos titulares dos créditos e pelo devedor podem ser regulados num plano de insolvência, que afaste as normas supletivas do código (artigo 192º).

O plano que se destine à recuperação do devedor designa-se Plano de Recuperação, cfr. atual redação do nº 3 do artigo 192º alterada pela Lei nº 16//2012. Esta nova nomenclatura pretende afastar o estigma da insolvência quando os credores optam pela recuperação do insolvente.

No plano de insolvência pode ou não prever-se a continuidade da empresa contida na massa insolvente. Se a empresa continuar na titularidade do devedor, na proposta de plano, o devedor deverá declarar o seu consentimento, sendo pessoa coletiva, os sócios que mantenham essa qualidade e respondam pessoalmente pelas suas dívidas também deverão declarar que prestam o seu consentimento – artigo 202º. Compreende-se que assim seja, pois o plano pode ser apresentado pelo administrador de insolvência ou pelos credores e são estes que o votam, podendo o devedor não ter interesse na solução proposta.

O plano pode ainda regular a responsabilidade do devedor depois de findo o processo de insolvência. O regime supletivo da responsabilidade do devedor insolvente está fixado no artigo 197º, alínea c).

Os credores podem aprovar um plano de insolvência que se destine a liquidar a empresa e a pagar os créditos de forma diferente à que está prevista supletivamente no Código.

Legitimidade para apresentação do plano

> ADMINISTRADOR DE INSOLVÊNCIA (por iniciativa própria ou por deliberação da assembleia de credores que pode ser tomada na assembleia do artigo 156º ou noutra que ocorra posteriormente) – *vide* artigo 193º, nº 3.
> DEVEDOR (requerimento inicial, oposição, ou no prazo de 30 dias após sentença de insolvência, quando seja titular de empresa e pretenda continuar a sua exploração (*vide* artigo 224º e artigo 207º, alínea d).
> RESPONSÁVEL LEGAL pelas dívidas do insolvente;
> CREDOR OU GRUPO DE CREDORES que representem 1/5 do total de créditos não subordinados reconhecidos na sentença ou estimados pelo juiz, caso ainda não haja sentença de verificação e graduação de créditos.

Conteúdo do plano de insolvência

Regra da liberdade do conteúdo
Princípio da igualdade dos credores – artigo 194º[50]

O Plano de insolvência deverá indicar de forma concreta as ALTERAÇÕES decorrentes para as posições jurídicas dos credores;

Deve indicar a sua finalidade – isto é, se o pagamento aos credores é feito através de LIQUIDAÇÃO, de RECUPERAÇÃO da empresa ou de TRANSMISSÃO DO ESTABELECIMENTO A TERCEIRO;

Em caso de MANUTENÇÃO DA EMPRESA, na titularidade do devedor ou de terceiro, deverá ser apresentado um relatório de suporte económico-financeiro que permita justificar a viabilidade da empresa e o pagamento do passivo conforme previsto no plano;

Deve indicar as MEDIDAS necessárias à sua execução, as quais, detêm os benefícios fiscais previstos nos artigos 267º a 270º do Código.

Efeitos da homologação do plano – as medidas contidas no plano após a sua homologação serão aplicáveis a todos os credores do insolvente quer os créditos

---

[50] *Vide* Acórdão do Supremo Tribunal de Justiça, datado de 13.01.2009, in *www.dgsi.pt*.

tenham sido reclamados ou não no processo, ficando o devedor apenas obrigado a cumprir o que for aprovado nesse plano – cfr. artigo 217º.

O plano pode conter providências de recuperação:

MEDIDAS COM INCIDÊNCIA NO PASSIVO (perdão de capital e/ou de juros, redução de créditos; redução de juros); moratória, isto é pagamento do passivo a prazo; diminuição de prazos de vencimento e de taxas de juro; constituição de garantias; cessão de bens aos credores.

Providências específicas de SOCIEDADES COMERCIAIS: ex.: redução de capital para cobertura de prejuízos, seguida de aumento de capital, através de conversão de créditos em capital ou de entradas em dinheiro, as quais devem ser realizadas antes da homologação do plano; alteração de estatutos; etc.

REDUÇÃO DE CAPITAL A 0 – atualmente[51] é possível, nos termos do disposto no artigo 198º, nº 3 que estabelece que esta solução só é admissível se for de presumir que, em liquidação integral do património da sociedade, não subsistirá qualquer remanescente a distribuir pelos sócios. Face a esta presunção, sugere-se que seja analisado o valor dos bens constante do inventário e o valor do passivo constante da lista de credores reconhecidos ou da sentença de verificação e graduação de créditos, caso já tenha sido proferida para poder concluir pela verificação ou não verificação deste requisito.

Outras providências de recuperação

Transmissão de estabelecimento a terceiros:

O plano de insolvência que preveja a constituição de uma ou mais sociedades destinadas à exploração do estabelecimento(s) adquiridos à massa insolvente através de contrapartida adequada deverá conter em anexo:

– OS ESTATUTOS DA NOVA SOCIEDADE (dela podem fazer parte credores e/ou terceiros);
– a designação de membros dos ÓRGÃOS SOCIAIS.

---

[51] No âmbito da aplicação do CPEREF os juízes divergiam sobre esta possibilidade, exigindo alguns tribunais que o capital apenas fosse reduzido ao valor do capital mínimo legal, previsto no Código das Sociedades Comerciais.

Efeitos do Plano de insolvência nos créditos com garantias reais e privilégios creditórios (gerais ou especiais)

Na ausência de indicação expressa no plano, estes créditos não são afetados – artigo 197º, al. a).

Mas se forem afetados pelo plano, o credor garantido ou privilegiado tem de:

a) Deduzir OPOSIÇÃO à aprovação do plano (antes deste ser aprovado);
b) REQUERER a sua não homologação, nos termos do artigo 216º, sob pena dos créditos ficarem afetados, mesmo que estes credores não prestem o seu consentimento, ou seja, mesmo que votem contra a aprovação do plano de insolvência.[52]

Aprovação do plano (artigos 209º e ss.)

- Admissão da proposta pelo juiz;
- Pareceres prévios (comissão de trabalhadores ou dos representantes dos trabalhadores, da comissão de credores, do devedor e do administrador). Os pareceres não têm carácter vinculativo, nem obrigatório.
- Convocação de assembleia de credores, nos termos do artigo 75º, com antecedência mínima de 20 dias, após trânsito da sentença de insolvência, realização da assembleia de apreciação do relatório e depois de esgotado o prazo de impugnações.
- O plano de insolvência e os pareceres podem ser consultados na Secretaria, nos 10 dias anteriores à assembleia.
- É possível a votação por escrito (credores presentes ou representados na assembleia).

Quórum de reunião e de aprovação do plano

- Devem estar presentes ou representados 1/3 do total dos créditos com direito de voto;
- Tem de recolher votos favoráveis de 2/3 da totalidade dos votos emitidos E mais de metade dos votos emitidos correspondentes a créditos não subordinados (não se contam as abstenções).

---

[52] *Vide* Acórdão do Tribunal da Relação de Guimarães, datado de 26.10. 2006, *in www.dgsi.pt*.

- Não conferem direito de voto:
    - Os créditos que não sejam modificados na dispositiva do plano;
    - Os créditos subordinados de determinado grau se o plano decretar o perdão de créditos subordinados de grau inferior.

Homologação do plano de insolvência e encerramento do processo

Após trânsito em julgado da sentença que homologar o plano, e se a isso não se opuser o conteúdo do mesmo, o Juiz declara o encerramento do processo – *vide* artigo 230º, alínea b).

A sentença homologatória confere eficácia a todos os actos e ou negócios jurídicos previstos no plano, não sendo necessárias outras formalidades, desde que constem no processo, por escrito, as declarações de vontade necessárias.

O cumprimento do plano de insolvência exonera o devedor e os responsáveis legais de todas as dívidas da insolvência remanescentes – artigo 197º, alínea c).

Se for prevista a continuidade da empresa, esta retoma a sua atividade independentemente de deliberação dos sócios.

Com o encerramento do processo, cessam os efeitos da declaração de insolvência, recuperando o devedor o direitos de disposição sobre os seus bens (*vide* artigo 233º).

Sentença de não homologação do plano – (artigos 215º e 216º)

NÃO HOMOLOGAÇÃO OFICIOSA (ex.: violação do princípio de igualdade de credores previsto no artigo 194º);

NÃO HOMOLOGAÇÃO A PEDIDO DE INTERESSADOS (devedor, credor ou sócio, associado ou membro do devedor) desde que tenha manifestado a sua OPOSIÇÃO anteriormente à aprovação do plano[53], se tenha oposto à sua homologação caso em que deverá demonstrar que:
- A sua situação ao abrigo do plano de insolvência é previsivelmente menos favorável do que a que existiria na ausência de plano, designadamente em

---

[53] Essa oposição deve ser manifestada no processo através de requerimento ou na própria assembleia de aprovação do plano, em momento anterior à tomada de deliberação sobre aprovação do plano.

função de aprovação de um acordo no âmbito de um Procedimento extrajudicial de regularização de dívidas OU
- O plano proporciona a algum credor um valor económico superior ao valor nominal do seu crédito.

Sentença de homologação do plano

PRAZO – A sentença nunca deve ser proferida antes de terem decorrido dez dias após assembleia de aprovação, pois até lá, poderá ser requerida a sua não homologação.

EFEITOS GERAIS – alteração dos créditos sobre a insolvência introduzidas no plano, independentemente de os créditos terem sido reclamados ou verificados no processo – artigo 217º.

Incumprimento do plano – permite requerer novamente a insolvência se, notificado o devedor, para cumprir no prazo de 15 dias, este não fizer cessar a mora nos termos previstos no artigo 218º.

Antes do encerramento do processo em que seja aprovado e homologado um plano, procede-se sempre ao pagamento das dívidas da massa insolvente.

Poderá ser deliberada uma eventual fiscalização da execução do plano de insolvência por parte do administrador de insolvência. Nesta hipótese, mesmo depois de encerrado o processo, o administrador e a comissão de credores mantêm-se em funções, subsistindo a função fiscalizadora do juiz – artigo 220º.

CAPITULO X
Incidente de Qualificação da Insolvência

A qualificação da insolvência, regulada nos artigos 185º e seguintes do CIRE visa a responsabilização pessoal do devedor e dos seus administradores, de facto ou de direito ou ainda dos responsáveis pela elaboração ou revisão das contas, para as sociedades e outras entidades sujeitas a contabilidade organizada.

Até à publicação da Lei nº 16/2012, de 20 de Abril, o Juiz do processo deveria sempre proceder sempre à qualificação da insolvência como FORTUITA ou CULPOSA. Com a nova redação dada por esta lei à alínea i) do artigo 36º, o juiz apenas declarará aberto o incidente da qualificação da insolvência, com carácter pleno ou limitado, se dispuser no processo de elementos que justifiquem essa abertura.

Se assim acontecer, o incidente será aberto na sentença de declaração de insolvência com carácter PLENO OU LIMITADO (*vd.* artigos 36º e 39º). Poderá ser aberto posteriormente caso sejam carreados para os autos factos que indiciem uma atuação culposa na situação que causou ou agravou a insolvência.

No entanto estabelece o CIRE que esta qualificação não é vinculativa para efeitos da decisão de causas penais, nem para efeitos de ações de responsabilidade contra o devedor, administradores/gerentes propostas nos termos do nº 2 do artigo 82º.

Da sentença que qualificar a insolvência como culposa cabe RECURSO.

Insolvência culposa

A insolvência será culposa se a situação de insolvência tiver sido criada ou agravada em consequência de DOLO ou CULPA GRAVE do devedor ou dos seus administradores, de direito ou de facto, nos 3 anos anteriores ao início do processo.

Podem, assim, ser responsabilizados administradores ou gerentes de uma sociedade que, ao tempo da insolvência já não exerciam funções, se vier a ficar demonstrado no processo que praticaram atos com dolo ou culpa grave, nos três antes anteriores ao início do processo, desde que esses atos tenham sido causa ou implicado o agravamento da situação de insolvência. Em relação aos atos previstos no nº 2 do artigo 186º do CIRE, os mesmos implicarão sempre a qualificação da insolvência como culposa.

Estes administradores ou gerentes da sociedade poderão assim ter que apresentar a sua defesa no processo, após notificação do Tribunal que lhe é dirigida para esse efeito. É aconselhável que as moradas dos membros dos corpos sociais facultadas para efeito da matrícula da sociedade no registo comercial sejam corretas porquanto a falta de defesa no âmbito deste incidente poderá acarretar graves consequências na vida pessoal dos titulares desses cargos.

Quanto às pessoas singulares, em princípio não se aplica a presunção de culpa em relação aos actos previstos no nº 2 do artigo186º mas poderá aplicar-se – *vide* nº 3 do mesmo artigo.

Incidente pleno

- 15 DIAS após a assembleia de credores de apreciação do relatório, pode o ADMINISTRADOR ou qualquer INTERESSADO alegar por escrito quaisquer factos relevantes para o efeito da qualificação da insolvência como culposa e indicar as pessoas que devem ser afectadas pela qualificação.
- No prazo de 10 dias, o juiz PODE declarar aberto o incidente. Publicação do despacho no CITIUS.
- Segue-se o PARECER DO ADMINISTRADOR, caso não tenha proposto a qualificação da insolvência como culposa, no prazo de 20 dias, ou em prazo mais longo se o juiz o fixar.
- O parecer do administrador e as alegações dos interessados vão com vista ao MP para se pronunciar no prazo de 10 dias.

Se AMBOS propuserem a qualificação da insolvência como FORTUITA o juiz pode proferir de imediato decisão nesse sentido (sem recurso).[54]

---

[54] A nova redação do nº 5 do artigo 188º permite ao juiz qualificar a insolvência como culposa ainda que o Administrador de Insolvência e o Ministério público concluam que ela é fortuita, ao contrário da redação anterior que neste caso impunha que o juiz qualificasse a insolvência como fortuita, entendendo-se que esta norma padecia de inconstitucionalidade, uma vez que se obrigava o Juiz a proferir uma decisão.

De outra forma, o incidente prossegue:
- Notificação do devedor e citação das pessoas afetadas para se oporem, querendo, no prazo de 15 dias. devendo a prova ser indicada no requerimento de oposição.
- Resposta (administrador, MP e qualquer interessado que assuma posição contrária à das oposições) – 10 dias.
- Prova (deve ser indicada nos articulados), saneamento do processo, julgamento.
- Sentença de qualificação.
- Recurso

Incidente limitado

Aplica-se quando o Juiz conclua que o património do devedor é presumivelmente insuficiente para pagamento das custas e das dívidas previsíveis da massa insolvente – artigo 39º e ainda quando haja encerramento do processo por insuficiência da massa, em momento posterior – cfr. artigo 232º, nº 5.

O prazo para alegações para qualquer interessado alegar factos destinados à qualificação é de 45 DIAS contados da declaração de insolvência ou da data de encerramento do processo.

Aplica-se o disposto nos artigos 188º e 189º e, quando aplicável, o administrador dará o parecer no prazo de 15 dias.

Os documentos de escrituração do devedor são colocados à disposição dos interessados, pelo devedor.

Efeitos da qualificação da insolvência como culposa

O Juiz deve IDENTIFICAR AS PESSOAS afetadas pela qualificação, nomeadamente os administradores de direito ou de facto, os técnicos oficiais de contas e revisores oficiais de contas, fixando, sendo o caso, o respetivo GRAU DE CULPA.

Sanções:

INIBIÇÃO PARA ADMINISTRAR patrimónios alheios, por um período de dois a dez anos;

INIBIÇÃO PARA O EXERCÍCIO DO COMÉRCIO ou ocupação de cargos (sociedades comerciais ou civis, associações ou fundações privadas de atividade económica, empresas públicas ou cooperativas), durante um período de dois a dez anos;

PERDA DE CRÉDITOS sobre a insolvência ou sobre a massa insolvente (só no incidente pleno) e condenação na restituição dos bens ou direitos eventualmente já recebidos em pagamento desses créditos;

CONDENAÇÃO DAS PESSOAS AFETADAS A INDEMNIZAR os credores do devedor insolvente no montante dos créditos não satisfeitos, até às forças dos respetivos patrimónios, sendo solidária tal responsabilidade entre todos os afetados.[55]

O juiz deve fixar o valor das indemnizações devidas ou se não for possível deve fixar os critérios a utilizar para a sua quantificação, a efetuar em liquidação de sentença.

Registo oficioso da inibição para administrar patrimónios alheios e inibição para o exercício do comércio na Conservatória do Registo Civil ou Comercial (comerciante em nome individual).

Insolvência culposa:

A insolvência é culposa quando a situação de insolvência tiver sido CRIADA ou AGRAVADA com atuação dolosa ou culpa grave, nos 3 ANOS anteriores ao início do processo.

PRESUNÇÃO DE CULPA – (do devedor que não seja pessoa singular, sempre que os seus administradores tenham praticado os atos referidos no nº 2 do artigo 186º).

Preenchidos os requisitos do nº 2 dessa norma não é necessário provar a culpa, NEM É ADMITIDA PROVA EM CONTRÁRIO.

Fora desses casos, é necessário provar a culpa e o nexo de causalidade entre os factos e a situação de insolvência.[56]

---

[55] Esta sanção foi aditada pela Lei nº 16/2012 e a sanção da inabilitação que era a grande sanção do CIRE desapareceu passando a inibição para gerir patrimónios alheios pois fora declarada inconstitucional pelo Tribunal Constitucional, em dois acórdãos (acórdão nº 564/2007, publicado na 2ª Série do DR, de 13/11/2007 e acórdão nº 570/2008, publicado na 2ª Série do DR, de 14/01/2009), que consideraram que a mesma ofende o estatuído no art. 26º, conjugado com o art. 18º, ambos da CRP, na parte em que estes consagram o direito à capacidade civil. *Vide* ainda Acórdão do Tribunal da Relação de Coimbra, de 25.10.2006 sobre aplicação da lei no tempo *versus* inconstitucionalidade.

[56] *Vide* Acórdão Relação do Porto, de 24.09.2007 e Acórdão Relação de Guimarães, de 16.10.2008, ambos acessíveis, *in www.dgsi.pt*.

Presunções de culpa

Presunção de culpa GRAVE (nº 3 do artigo 186º) – ADMITE PROVA EM CONTRÁRIO[57]
- VIOLAÇÃO DO DEVER DE APRESENTAÇÃO – artigo 18º;
- Violação da obrigação de elaboração e depósito das CONTAS ANUAIS.

A qualificação da insolvência como culposa exige uma relação de causalidade entre a conduta do devedor e o estado de insolvência.

Insolvência fortuita

A qualificação da insolvência por parte do juiz do processo não é vinculativa para efeitos da decisão em eventuais causas penais. No entanto, em sede de defesa no processo penal será sempre de juntar certidão da sentença que qualifique a insolvência como fortuita e eventuais pareceres do Administrador de Insolvência e ou do Ministério público que a qualifiquem também como tal.

A insolvência pode ser qualificada de fortuita e mesmo assim ter relevância para efeitos penais, será o caso de se verificar o tipo legal de insolvência negligente – artigo 228º do Código Penal.

---

[57] *Vide* Acórdão da Relação de Lisboa, de 22.01.2008, *in www.dgsi.pt*.

Capítulo XI
Responsabilidade Penal Derivada da Insolvência

A situação de insolvência tem também relevância para efeitos penais, estando previstos e tipificados no Código Penal, mais precisamente no Capítulo dos Crimes contra direitos patrimoniais diversos tipos conexionados com a situação e processo de insolvência.[58]

Os processos criminais podem correr em simultâneo com este incidente de qualificação que ocorre no processo de insolvência e poderão ter desfechos diferentes. Enquanto que a qualificação da insolvência como culposa tem relevância em sede de sanções de carácter civil e comercial, a qualificação da insolvência como dolosa (fraudulenta) terá sanções penais.

Vejamos, então, os tipos de crime previstos no Código Penal:

INSOLVÊNCIA DOLOSA – artigo 227º
1. *O devedor que com intenção de prejudicar os credores:*
   a) *Destruir, danificar, inutilizar ou fizer desaparecer parte do seu património;*
   b) *Diminuir ficticiamente o seu ativo, dissimulando coisas, invocando dívidas supostas, reconhecendo créditos fictícios, incitando terceiros a apresentá-los, ou simulando por qualquer outra forma, uma situação patrimonial inferior à realidade, nomeadamente por meio de contabilidade inexata, falso balanço, destruição ou ocultação de documentos contabilísticos ou não organizando a contabilidade apesar de devida;*
   c) *Criar ou agravar artificialmente prejuízos ou reduzir lucros; ou*
   d) *Para retardar falência, comprar mercadorias a crédito, com o fim de as vender ou utilizar em pagamento por preço sensivelmente inferior ao corrente;*
   É punido, se ocorrer a situação de insolvência e esta vier a ser reconhecida judicialmente, com pena de prisão até 5 anos ou com pena de multa até 600 dias.

---

[58] *Vide* sobre este tema Pedro Caeiro, *in* "Studia Iuridica", nº 19, Coimbra Editora "Sobre a natureza dos Crimes Falenciais".

2. O terceiro que praticar algum dos factos descritos no n$^{\circ}$ 1 deste artigo, com o conhecimento do devedor ou em benefício deste, é punido com as penas previstas nos números anteriores, conforme os casos, especialmente atenuada.

3. Sem prejuízo do disposto no artigo 12° é punível nos termos dos n$^{\circ}$s 1 e 2 deste artigo, no caso de o devedor ser uma pessoa coletiva, sociedade ou mera associação de facto, quem tiver exercido de facto a respetiva gestão ou direção efetiva e houver praticado algum dos factos previstos no n$^{\circ}$ 1.

FRUSTRAÇÃO DE CRÉDITOS – artigo 227°-A

1. O devedor que, após prolação de sentença condenatória exequível, destruir, danificar, fizer desaparecer, ocultar ou sonegar parte do seu património, para dessa forma intencionalmente frustrar, total ou parcialmente, a satisfação de um crédito de outrem, é punido, se, instaurada a acção executiva, nela não se conseguir satisfazer inteiramente os direitos do credor, com pena de prisão até 3 anos ou com pena de multa.

2. É correspondentemente aplicável o disposto nos n$^{\circ}$s 2 e 3 do artigo anterior.

INSOLVÊNCIA NEGLIGENTE – artigo 228°

1. O devedor que:
    a) Por grave incúria ou imprudência, prodigalidade ou despesas manifestamente exageradas, especulações ruinosas, ou grave negligência no exercício da sua actividade, criar um estado de insolvência; ou
    b) Tendo conhecimento das dificuldades económicas e financeiras da sua empresa, não requerer em tempo nenhuma providência de recuperação;
    É punido, se ocorrer a situação de insolvência e esta vier a ser reconhecida judicialmente, com pena de prisão até um ano ou pena de multa até 120 dias.

2. É correspondentemente aplicável o disposto no n$^{\circ}$ 3 do artigo 227°.

FAVORECIMENTO DE CREDORES – artigo 229°

1. O devedor que, conhecendo a sua situação de insolvência ou prevendo a sua iminência e com a intenção de favorecer certos credores em prejuízo de outros, solver dívidas ainda não vencidas ou as solver de maneira diferente do pagamento em dinheiro ou em valores usuais, ou der garantias para as suas dívidas que não era obrigado, é punido com pena de prisão até 2 anos ou com pena de multa até 240 dias, se vier a ser reconhecida judicialmente a sua insolvência. É correspondentemente aplicável o disposto no n$^{\circ}$ 3 do artigo 227°.

2. É correspondentemente aplicável o disposto no n$^{\circ}$ 3 do artigo 227°.

AGRAVAÇÃO DE PENAS SE HOUVER FRUSTRAÇÃO DE CRÉDITOS LABORAIS, em sede de processo executivo ou processo de insolvência – artigo 229°-A

As penas previstas no n$^{\circ}$ 1 do artigo 227°, no n$^{\circ}$ 1 do artigo 227°-A, no n$^{\circ}$ 1 do artigo 228° e no n$^{\circ}$ 1 do artigo 229° são agravadas de um terço, nos seus limites máximo e mínimo se, em consequência de qualquer dos factos ali descritos, resultarem frustrados créditos de natureza laboral, em processo executivo ou em processo especial de insolvência.

Legislação Complementar

Lei nº 32/2004, de 22 de Julho

Estabelece o estatuto do Administrador de Insolvência (com as alterações do Decreto-Lei nº 282/2007, de 7 de Agosto e da Lei nº 34/2009, de 14 de Julho)

A Assembleia da República decreta, nos termos da alínea c) do artigo 161º da Constituição, para valer como lei geral da República, o seguinte:

CAPÍTULO I – Disposições gerais

Artigo 1º – Objecto
A presente lei estabelece o estatuto do administrador da insolvência.

Artigo 2º – Nomeação dos administradores da insolvência
1. Sem prejuízo do disposto no artigo 53º do Código da Insolvência e da Recuperação de Empresas, apenas podem ser nomeados administradores da insolvência aqueles que constem das listas oficiais de administradores da insolvência.
2. Sem prejuízo do disposto no nº 2 do artigo 52º do Código da Insolvência e da Recuperação de Empresas, a nomeação a efectuar pelo juiz processa-se por meio de sistema informático que assegure a aleatoriedade da escolha e a distribuição em idêntico número dos administradores da insolvência nos processos.
3. Tratando-se de um processo em que seja previsível a existência de actos de gestão que requeiram especiais conhecimentos por parte do administrador da insolvência, nomeadamente quando a massa insolvente integre estabelecimento em actividade, o juiz deve proceder à nomeação, nos termos do número anterior, de entre os administradores da insolvência especialmente habilitados para o efeito.

Artigo 3º – Exercício de funções
1. Os administradores da insolvência exercem as suas funções por tempo indeterminado e sem limite máximo de processos.
2. Os administradores da insolvência equiparam-se aos agentes de execução nas relações com os órgãos do Estado e demais pessoas colectivas públicas, nomeadamente, no que concerne:

a) Ao acesso e movimentação nas instalações dos tribunais, conservatórias e serviços de finanças;

b) Ao acesso ao registo informático de execuções nos termos do Decreto-Lei nº 201/2003, de 10 de Setembro;

c) À consulta das bases de dados da administração tributária, da segurança social, das conservatórias do registo predial, comercial e automóvel e de outros registos e arquivos semelhantes, nos termos do artigo 833º-A do Código de Processo Civil.

Artigo 4º – Suspensão do exercício de funções
1. Os administradores da insolvência podem suspender o exercício da sua actividade pelo período máximo de dois anos, mediante requerimento dirigido, preferencialmente por via electrónica, ao presidente da comissão referida no artigo 12º, adiante designada por comissão, com a antecedência mínima de 45 dias úteis relativamente à data do seu início.
2. A suspensão do exercício de funções apenas pode ser requerida duas vezes, podendo a segunda ter lugar depois de decorridos pelo menos três anos após o termo da primeira.
3. Sendo deferido o pedido de suspensão, o administrador da insolvência deve, por via electrónica, comunicá-lo aos juízes dos processos em que se encontra a exercer funções, para que se proceda à sua substituição.
4. No prazo de cinco dias a contar do deferimento do pedido de suspensão, a comissão deve informar a Direcção-Geral da Administração da Justiça desse facto, por via electrónica, para que esta proceda à actualização das listas oficiais.

Artigo 5º – Listas oficiais de administradores da insolvência
1. Para cada distrito judicial existe uma lista de administradores da insolvência, contendo o nome e o domicílio profissional das pessoas habilitadas a desempenhar a actividade de administrador da insolvência no respectivo distrito, bem como a identificação clara das pessoas especialmente habilitadas a praticar actos de gestão para efeitos do nº 3 do artigo 2º.
2. Se o administrador da insolvência for sócio de uma sociedade de administradores da insolvência, a lista deve conter, para além dos elementos referidos no número anterior, a referência àquela qualidade e a identificação da respectiva sociedade.

3. A manutenção e actualização das listas oficiais de administradores da insolvência, bem como a sua colocação à disposição dos tribunais, por meios informáticos, cabem à Direcção-Geral da Administração da Justiça.

4. Compete à comissão desenvolver os procedimentos conducentes à inscrição nas listas oficiais.

5. Sem prejuízo da sua disponibilização permanente em página informática de acesso público, as listas oficiais são anualmente publicadas no *Diário da República*, até ao final do 1º trimestre de cada ano civil.

6. A inscrição nas listas oficiais não investe os inscritos na qualidade de agente nem garante o pagamento de qualquer remuneração fixa por parte do Estado.

CAPÍTULO II – Inscrição nas listas oficiais de administradores da insolvência

Artigo 6º – Requisitos de inscrição

1. Apenas podem ser inscritos nas listas oficiais os candidatos que, cumulativamente:

a) Tenham uma licenciatura e experiência profissional adequadas ao exercício da actividade;

b) Obtenham aprovação no exame de admissão;

c) Não se encontrem em nenhuma situação de incompatibilidade para o exercício da actividade;

d) Sejam pessoas idóneas para o exercício da actividade de administrador da insolvência.

2. Para os efeitos da alínea *a)* do número anterior, considera-se licenciatura e experiência profissional adequadas ao exercício da actividade aquelas que atestem a especial formação de base e experiência do candidato nas matérias sobre que versa o exame de admissão.

3. Podem ainda ser inscritos nas listas oficiais os candidatos que, apesar de não reunirem a condição prevista na alínea *a)* do nº 1, tenham três anos de exercício da profissão de solicitador nos últimos cinco anos e reúnam as demais condições previstas no nº 1.

4. No caso previsto no número anterior, está vedada a inscrição do candidato como pessoa especialmente habilitada a praticar actos de gestão para efeitos do disposto no nº 3 do artigo 2º.

Artigo 7º – Processo de inscrição

1. A inscrição nas listas oficiais é solicitada ao presidente da comissão, mediante requerimento acompanhado dos seguintes elementos:

a) Curriculum vitae;

b) Certificado de licenciatura ou comprovativo da situação prevista no nº 3 do artigo anterior;
c) Certificado do registo criminal;
d) Declaração sobre o exercício de qualquer outra actividade remunerada e sobre a inexistência de qualquer das situações de incompatibilidade previstas no artigo seguinte;
e) Atestado médico a que se referem os nºs 5 e 6 do artigo 16º, no caso de o candidato ter 70 anos completos;
f) Qualquer outro documento que o candidato considere importante para instruir a sua candidatura.

2. O disposto no número anterior não obsta a que a comissão solicite ao candidato qualquer outro documento necessário à prova dos factos declarados ou que estabeleça pré-requisitos adicionais, nomeadamente no regulamento do concurso de admissão.

3. O candidato pode requerer a sua inscrição em mais de uma lista distrital.

Artigo 8º – Incompatibilidades, impedimentos e suspeições

1. Os administradores da insolvência estão sujeitos aos impedimentos e suspeições aplicáveis aos juízes, bem como às regras gerais sobre incompatibilidades aplicáveis aos titulares de órgãos sociais das sociedades.

2. Os administradores da insolvência, enquanto no exercício das respectivas funções, não podem integrar órgãos sociais ou ser dirigentes de empresas que prossigam actividades total ou predominantemente semelhantes às de empresa compreendida na massa insolvente.

3. Os administradores da insolvência e os seus cônjuges e parentes ou afins até ao 2º grau da linha recta ou colateral não podem, por si ou por interposta pessoa, ser titulares de participações sociais nas empresas referidas no número anterior.

4. Os administradores da insolvência não podem, por si ou por interposta pessoa, ser membros de órgãos sociais ou dirigentes de empresas em que tenham exercido as suas funções sem que hajam decorrido três anos após a cessação daquele exercício.

Artigo 9º – Idoneidade

1. Entre outras circunstâncias, considera-se indiciador de falta de idoneidade para inscrição nas listas oficiais o facto de a pessoa ter sido:

a) Condenada com trânsito em julgado, no País ou no estrangeiro, por crime de furto, roubo, burla, burla informática e nas comunicações, extorsão, abuso de confiança, receptação, infidelidade, falsificação, falsas declarações, insolvência dolosa, frustração de créditos, insolvência negligente, favorecimento de credores, emissão de cheques sem provisão, abuso de cartão de garantia ou de crédito, apropriação ilegítima de bens do sector público ou cooperativo, administração danosa em unidade económica do sector público ou cooperativo, usura, suborno, corrupção, tráfico de influência, peculato, recepção não autorizada de depósitos ou outros fundos reembolsáveis, prática ilícita de actos ou operações inerentes à actividade seguradora ou dos fundos de pensões, fraude fiscal ou outro crime tributário, branqueamento de capitais ou crime previsto no Código das Sociedades Comerciais ou no Código dos Valores Mobiliários;

b) Declarada, nos últimos 15 anos, por sentença nacional ou estrangeira transitada em julgado, insolvente ou julgada responsável por insolvência de empresa por ela dominada ou de cujos órgãos de administração ou fiscalização tenha sido membro.

2. O disposto no número anterior não impede que a comissão considere qualquer outro facto como indiciador de falta de idoneidade.

3. A verificação da ocorrência dos factos descritos no n.º 1 não impede a comissão de considerar, de forma justificada, que estão reunidas as condições de idoneidade para o exercício da actividade de administrador da insolvência, tendo em conta, nomeadamente, o tempo decorrido desde a prática dos factos.

Artigo 10º – Exame de admissão

1. O exame de admissão consiste numa prova escrita sobre as seguintes matérias:
   a) Direito comercial e Código da Insolvência e da Recuperação de Empresas;
   b) Direito processual civil;
   c) Contabilidade e fiscalidade.

2. Os candidatos que requeiram a sua inscrição como administradores da insolvência especialmente habilitados a praticar actos de gestão, para efeitos do n.º 3 do artigo 2º, são igualmente avaliados no domínio da gestão de empresas.

3. O disposto nos números anteriores não impede a comissão de determinar a avaliação dos candidatos no que respeita a outras matérias, desde que o estabeleça dentro do prazo previsto para a fixação da data do exame de admissão.

4. O exame de admissão ocorre uma vez por ano, preferencialmente durante os meses de Setembro ou Outubro, sendo a data definida pela comissão.

5. A comissão tem a faculdade de, por deliberação fundamentada, estabelecer a não realização do exame de admissão em determinado ano.

6. Sem prejuízo do seu anúncio em página informática de acesso público, a data do exame é publicada quer no *Diário da República* quer em jornal nacional de grande circulação, com um mínimo de 60 dias úteis de antecedência.

7. Apenas são admitidos à realização do exame de admissão os candidatos que apresentem o requerimento referido no artigo 7º com uma antecedência mínima de 15 dias úteis relativamente à data do exame e que respeitem os requisitos previstos nas alíneas *a)*, *c)* e *d)* do n.º 1 do artigo 6º.

8. Considera-se aprovação no exame de admissão a obtenção de uma classificação igual ou superior a 10 valores, numa escala de 0 a 20 valores.

9. A comissão pode complementar a avaliação dos candidatos com a realização de uma prova oral que verse sobre as matérias questionadas no exame escrito.

Artigo 11º – Inscrição nas listas oficiais de administradores da insolvência
1. A comissão tem 45 dias, a contar da data de realização do exame de admissão, para notificar o candidato da sua classificação.

2. Em caso de aprovação no exame de admissão, a comissão, no prazo de cinco dias, ordena por via electrónica à Direcção-Geral da Administração da Justiça que inscreva o candidato nas listas oficiais, no prazo de cinco dias.

CAPÍTULO III – Comissão

Artigo 12º – Nomeação e remuneração dos membros da comissão
1. É criada uma comissão, na dependência do Ministro da Justiça, responsável pela admissão à actividade de administrador da insolvência e pelo controlo do seu exercício.

2. A comissão é composta por um magistrado judicial nomeado pelo Conselho Superior da Magistratura, que preside, por um magistrado do Ministério Público nomeado pelo Conselho Superior do Ministério Público, por um administrador da insolvência designado pela associação mais representativa da actividade profissional e por duas individualidades de reconhecida experiência profissional nas áreas da economia, da gestão de empresas ou do direito comercial, nomeadas por despacho conjunto dos Ministros da Justiça e da Economia.

3. Os membros da comissão têm direito ao abono de senhas de presença por cada sessão em que participem, de montante a fixar por despacho conjunto dos Ministros das Finanças, da Justiça e da Economia.

4. Os encargos decorrentes do financiamento da comissão são assegurados pelo Instituto de Gestão Financeira e de Infra-Estruturas da Justiça, I. P.

Artigo 13º – Funcionamento da comissão
1. Ao funcionamento da comissão aplica-se o disposto no Código do Procedimento Administrativo, com as necessárias adaptações.

2. Sob proposta do respectivo presidente, a comissão pode solicitar ainda o apoio de técnicos de reconhecido mérito para a coadjuvarem no exercício das suas competências.

3. As deliberações da comissão são susceptíveis de recurso contencioso nos termos gerais.

Artigo 14º – Secretário executivo

1. A comissão é coadjuvada por um secretário executivo, nomeado, de entre licenciados, pelo Ministro da Justiça, sob proposta daquela.

2. O secretário executivo é remunerado pelo índice 500 da escala salarial do regime geral, sem prejuízo de poder optar pelo vencimento do cargo de origem, no caso de ser funcionário público.

3. O provimento do secretário executivo é efectuado em regime de comissão de serviço, pelo período de três anos, renovável por iguais períodos.

4. O secretário executivo está isento de horário de trabalho, não lhe correspondendo, por isso, qualquer remuneração a título de trabalho extraordinário.

5. O secretário executivo está sujeito ao cumprimento do dever geral de assiduidade e da duração normal do trabalho.

6. Sem prejuízo das regras do Estatuto da Aposentação e respectiva legislação acessória, o exercício das funções de secretário executivo, no caso de este ser funcionário público, é contado, para todos os efeitos legais, designadamente para a progressão nas respectivas carreiras, como prestado nos lugares de origem.

Artigo 15º – Competências da comissão

A comissão tem as seguintes competências:

a) Ordenar à Direcção-Geral da Administração da Justiça que inscreva os candidatos admitidos nas listas oficiais;

b) Ordenar à Direcção-Geral da Administração da Justiça que suspenda ou cancele a inscrição nas listas oficiais de qualquer administrador da insolvência;

c) Verificar o respeito pelos requisitos de inscrição nas listas oficiais;

d) Providenciar pela elaboração e avaliação dos exames de admissão;

e) Controlar e fiscalizar o exercício da actividade de administrador da insolvência;

f) Instaurar processos de averiguações e aplicar sanções aos administradores da insolvência;

g) Recolher dados estatísticos relacionados com o exercício das suas competências.

CAPÍTULO IV – Deveres e regime sancionatório

Artigo 16º – Deveres

1. O administrador da insolvência deve, no exercício das suas funções e fora delas, considerar-se um servidor da justiça e do direito e, como tal, mostrar-se digno da honra e das responsabilidades que lhes são inerentes.

2. O administrador da insolvência, no exercício das suas funções, deve manter sempre a maior independência e isenção, não prosseguindo quaisquer objectivos diversos dos inerentes ao exercício da sua actividade.

3. Sem prejuízo do disposto no artigo seguinte, os administradores da insolvência inscritos nas listas oficiais devem aceitar as nomeações efectuadas pelo juiz, devendo este comunicar à comissão a recusa de aceitação de qualquer nomeação.

4. O administrador da insolvência deve comunicar, por via electrónica, com a antecedência de 15 dias, aos juízes dos processos em que se encontre a exercer funções e à Direcção-Geral da Administração da Justiça qualquer mudança de domicílio profissional.

5. Os administradores da insolvência que tenham completado 70 anos de idade devem fazer prova, mediante atestado médico a enviar à comissão, de que possuem aptidão para o exercício das funções.

6. O atestado a que se refere o número anterior é apresentado de dois em dois anos, durante o mês de Janeiro.

Artigo 17º – Escusa e substituição do administrador da insolvência

1. O administrador da insolvência pode pedir escusa de um processo para o qual tenha sido nomeado pelo juiz, em caso de grave e temporária impossibilidade de exercício de funções.

2. O pedido de escusa é apreciado pelo juiz, sendo comunicado à comissão juntamente com a respectiva decisão, com vista à eventual instauração de processo de averiguações.

3. Se a nomeação ou a escolha de administrador da insolvência o colocar em alguma das situações previstas nos nºs 1 a 3 do artigo 8º, o administrador da insolvência deve comunicar imediatamente esse facto ao juiz do processo, requerendo a sua substituição.

4. Se, em qualquer momento, se verificar alguma circunstância susceptível de revelar falta de idoneidade, o administrador da insolvência deve comunicar imediatamente esse facto aos juízes dos processos em que tenha sido nomeado, requerendo a sua substituição.

5. Os juízes devem comunicar à comissão qualquer pedido de substituição que recebam dos administradores da insolvência.

6. O administrador da insolvência substituído, nos termos deste artigo, do artigo seguinte ou do artigo 4º, deve prestar toda a colaboração necessária que seja solicitada pelos administradores da insolvência que o substituam.

Artigo 18º – Regime sancionatório

1. A comissão pode, por deliberação fundamentada e na sequência de processo de averiguações, ordenar, por via electrónica, à Direcção-Geral da Administração da Jus-

tiça que, no prazo de cinco dias, suspenda por um período não superior a cinco anos ou cancele definitivamente a inscrição de qualquer administrador da insolvência por se ter verificado qualquer facto que consubstancie incumprimento dos deveres de administrador da insolvência ou que revele falta de idoneidade para o exercício das mesmas.

2. No caso de se tratar de uma falta leve, a comissão pode aplicar uma repreensão por escrito.

3. As medidas referidas nos números anteriores são sempre precedidas de audiência do interessado, o qual só pode ser suspenso enquanto decorrer o processo de averiguações se existirem vários indícios de falta de idoneidade ou forem graves os factos imputados.

4. A destituição pelo juiz, nos termos do artigo 56º do Código da Insolvência e da Recuperação de Empresas, é sempre comunicada por este à comissão, tendo em vista a eventual instauração de processo de averiguações.

5. Em caso de cancelamento ou de suspensão de inscrição, a comissão comunica esse facto, por via electrónica, à Direcção-Geral da Administração da Justiça para que se possa proceder à actualização das listas oficiais.

6. O exercício de funções de administrador da insolvência em violação do preceituado nos nºs 1 a 3 do artigo 8º e no artigo 9º ou durante o período de suspensão ou de cancelamento da inscrição implica a responsabilização pelos actos praticados e constitui contra-ordenação, punível com coima de € 500 a € 10 000, se não representar infracção criminal.

7. A abertura do procedimento contra-ordenacional previsto no número anterior, a instrução do respectivo processo e a aplicação de coimas são competências da comissão.

8. As sociedades de administradores da insolvência respondem solidariamente pelo pagamento das coimas e das custas em que forem condenados os seus sócios, nos termos dos nºs 6 e 7.

CAPÍTULO V – Remuneração e pagamento do administrador da insolvência

Artigo 19º – Remuneração do administrador da insolvência

O administrador da insolvência tem direito a ser remunerado pelo exercício das funções que lhe são cometidas, bem como ao reembolso das despesas necessárias ao cumprimento das mesmas.

Artigo 20º – Remuneração do administrador da insolvência nomeado pelo juiz

1. O administrador da insolvência, nomeado pelo juiz, tem direito a ser remunerado pelos actos praticados, de acordo com o montante estabelecido em portaria conjunta dos Ministros das Finanças e da Justiça.

2. O administrador da insolvência nomeado pelo juiz aufere ainda uma remuneração variável em função do resultado da liquidação da massa insolvente, cujo valor é o fixado na tabela constante da portaria prevista no número anterior.

3. Para efeitos do número anterior, considera-se resultado da liquidação o montante apurado para a massa insolvente, depois de deduzidos os montantes necessários ao pagamento das dívidas dessa mesma massa, com excepção da remuneração referida no número anterior e das custas de processos judiciais pendentes na data de declaração da insolvência.

4. O valor alcançado por aplicação da tabela referida no nº 2 é majorado, em função do grau de satisfação dos créditos reclamados e admitidos, pela aplicação dos factores constantes da portaria referida no nº 1.

5. Se, por aplicação do disposto nos nºs 1 a 4, a remuneração exceder o montante de € 50 000 por processo, o juiz pode determinar que a remuneração devida para além desse montante seja inferior à resultante da aplicação dos critérios legais, tendo em conta, designadamente, os serviços prestados, os resultados obtidos, a complexidade do processo e a diligência empregue no exercício das funções.

Artigo 21º – Remuneração do administrador da insolvência nomeado ou destituído pela assembleia de credores

1. Sempre que o administrador da insolvência for nomeado pela assembleia de credores, o montante da remuneração é fixado na mesma deliberação que procede à nomeação.

2. O administrador da insolvência nomeado pelo juiz, que for substituído pelos credores, nos termos do nº 1 do artigo 53º do Código da Insolvência e da Recuperação de Empresas, tem direito a receber, para além da remuneração determinada em função dos actos praticados, o valor resultante da aplicação da tabela referida no nº 2 do artigo anterior, na proporção que o produto da venda de bens por si apreendidos, ou outros montantes por si apurados para a massa, representem no montante total apurado para a massa insolvente, reduzido a um quinto.

Artigo 22º – Remuneração pela gestão de estabelecimento compreendido na massa insolvente

1. Quando competir ao administrador da insolvência a gestão de estabelecimento em actividade compreendido na massa insolvente, cabe ao juiz fixar-lhe a remuneração devida até à deliberação a tomar pela assembleia de credores, nos termos do nº 1 do artigo 156º do Código da Insolvência e da Recuperação de Empresas.

2. Na fixação da remuneração prevista no número anterior, deve o juiz atender ao volume de negócios do estabelecimento, à prática de remunerações seguida na empresa, ao número de trabalhadores e à dificuldade das funções compreendidas na gestão do estabelecimento.

3. Caso os credores deliberem, nos termos referidos no nº 1, manter em actividade o estabelecimento compreendido na massa insolvente, devem, na mesma deliberação, fixar a remuneração devida ao administrador da insolvência pela gestão do mesmo.

Artigo 23º – Remuneração pela elaboração do plano de insolvência
Caso os credores deliberem, na assembleia referida no nº 1 do artigo anterior, instruir o administrador da insolvência no sentido de elaborar um plano de insolvência, devem, na mesma deliberação, fixar a remuneração devida pela elaboração de tal plano.

Artigo 24º – Remuneração do administrador judicial provisório
A fixação da remuneração do administrador judicial provisório, nos termos do nº 2 do artigo 32º do Código da Insolvência e da Recuperação de Empresas, deve respeitar os critérios enunciados no nº 2 do artigo 22º, bem como ter em conta a extensão das tarefas que lhe são confiadas.

Artigo 25º – Remuneração do fiduciário
A remuneração do fiduciário corresponde a 10% das quantias objecto de cessão, com o limite máximo de € 5 000 por ano.

Artigo 26º – Pagamento da remuneração do administrador da insolvência
1. A remuneração do administrador da insolvência e o reembolso das despesas são suportados pela massa insolvente, salvo o disposto no artigo seguinte.
2. A remuneração prevista no nº 1 do artigo 20º é paga em duas prestações de igual montante, vencendo-se a primeira na data da nomeação e a segunda seis meses após tal nomeação, mas nunca após a data de encerramento do processo.
3. A remuneração prevista nos nºs 2 a 4 do artigo 20º é paga a final, vencendo-se na data de encerramento do processo.
4. A remuneração pela gestão, nos termos do nº 1 do artigo 22º, é suportada pela massa insolvente e, prioritariamente, pelos proventos obtidos com a exploração do estabelecimento.
5. Sempre que a administração da massa insolvente seja assegurada pelo devedor, nos termos dos artigos 223º a 229º do Código da Insolvência e da Recuperação de Empresas, a remuneração prevista no nº 2 e a provisão para despesas referida no número seguinte são por este retiradas da massa insolvente e entregues ao administrador da insolvência.
6. A provisão para despesas equivale a um quarto da remuneração fixada na portaria referida no nº 1 do artigo 20º e é paga em duas prestações de igual montante, sendo a primeira paga imediatamente após a nomeação e a segunda após a elabora-

ção do relatório pelo administrador da insolvência, nos termos do artigo 155º do Código da Insolvência e da Recuperação de Empresas.

7. Nos casos em que a administração da massa insolvente ou a liquidação fiquem a cargo do administrador da insolvência e a massa insolvente tenha liquidez, os montantes referidos nos números anteriores são directamente retirados por este da massa.

8. Não se verificando liquidez na massa insolvente, é aplicável o disposto no nº 1 do artigo seguinte relativamente ao pagamento da provisão para despesas do administrador da insolvência.

9. No que respeita às despesas de deslocação, apenas são reembolsadas aquelas que seriam devidas a um administrador da insolvência que tenha domicílio profissional no distrito judicial em que foi instaurado o processo de insolvência.

10. Os credores podem igualmente assumir o encargo de adiantamento da remuneração do administrador da insolvência ou das respectivas despesas.

11. A massa insolvente deve reembolsar os credores dos montantes adiantados nos termos dos números anteriores logo que tenha recursos disponíveis para esse efeito.

Artigo 27º – Pagamento da remuneração do administrador da insolvência suportada pelo Cofre Geral dos Tribunais

1. Nas situações previstas nos artigos 39º e 232º do Código da Insolvência e da Recuperação de Empresas, a remuneração do administrador da insolvência e o reembolso das despesas são suportados pelo Instituto de Gestão Financeira e de Infra-Estruturas da Justiça, I. P.

2. Nos casos previstos no artigo 39º do Código da Insolvência e da Recuperação de Empresas, a provisão a adiantar pelo Instituto de Gestão Financeira e de Infra-Estruturas da Justiça, I. P., é metade da prevista no nº 6 do artigo anterior, sendo paga imediatamente após a nomeação.

3. Se o devedor beneficiar do diferimento do pagamento das custas, nos termos do nº 1 do artigo 248º do Código da Insolvência e da Recuperação de Empresas, o pagamento da remuneração e o reembolso das despesas são suportados pelo Instituto de Gestão Financeira e de Infra-Estruturas da Justiça, I. P., na medida em que a massa insolvente seja insuficiente para esse efeito.

4. Nos casos previstos no artigo 39º do Código da Insolvência e da Recuperação de Empresas, a remuneração do administrador da insolvência é reduzida a um quarto do valor fixado pela portaria referida no nº 1 do artigo 20º.

5. Para efeitos do presente artigo, não se considera insuficiência da massa a mera falta de liquidez.

CAPÍTULO VI – Disposições finais e transitórias

Artigo 28º – Disposições transitórias

1. No prazo de 60 dias após a data da entrada em vigor da presente lei, os gestores e liquidatários judiciais, inscritos nas listas distritais previstas no Decreto-Lei nº 254/93, de 15 de Julho, que demonstrem exercício efectivo das respectivas funções e que respeitem os requisitos previstos nas alíneas *c*) e *d*) do nº 1 do artigo 6º podem requerer a inscrição nas listas oficiais de administradores da insolvência.

2. Para efeitos do disposto no presente artigo, considera-se exercício efectivo de funções de gestor ou liquidatário judicial o exercício das funções de gestor ou liquidatário em, pelo menos, dois processos de recuperação de empresa ou de falência nos últimos dois anos.

3. No caso de se tratar de gestores ou liquidatários judiciais que tenham iniciado a sua actividade há menos de dois anos, é suficiente o exercício de funções de gestor ou liquidatário judicial em apenas um processo.

4. O requerimento de inscrição é dirigido ao presidente da comissão, devendo ser instruído com os elementos mencionados nas alíneas *a*) e *c*) a *f*) do nº 1 do artigo 7º, bem como com a prova documental do exercício efectivo da actividade, nos termos do número anterior.

5. A comissão deve, no prazo de 10 dias após o termo do período previsto no nº 1, publicar no *Diário da República* e enviar à Direcção-Geral da Administração da Justiça as listas oficiais, para que, em 5 dias, aquelas sejam colocadas à disposição dos tribunais.

6. Até à publicação das listas oficiais no *Diário da República*, os gestores e liquidatários judiciais exercem as funções de administradores da insolvência, sendo todas as nomeações efectuadas de entre os inscritos nas listas de gestores e liquidatários judiciais previstas no Decreto-Lei nº 254/93, de 15 de Julho, incidindo sobre os gestores judiciais as nomeações para processos em que seja previsível a existência de actos de gestão que requeiram especiais conhecimentos nessa área, nos termos do nº 3 do artigo 2º.

7. As nomeações de gestores e liquidatários judiciais para exercício de funções em processos especiais de recuperação da empresa e de falência pendentes à data de publicação no *Diário da República* das listas oficiais de administradores da insolvência recaem sobre administradores da insolvência, sendo as nomeações para gestor judicial efectuadas de entre aqueles especialmente habilitados para praticar actos de gestão.

8. Para efeitos do número anterior, a remuneração devida aos administradores da insolvência nomeados para exercer as funções de gestor ou liquidatário judicial é a fixada no Código dos Processos Especiais de Recuperação da Empresa e de Falência.

9. Os gestores e liquidatários judiciais que continuem a exercer funções em processos de recuperação da empresa ou de falência após a entrada em vigor do Código da Insolvência e da Recuperação de Empresas ficam sujeitos ao estatuto estabelecido no Decreto-Lei nº 254/93, de 15 de Julho, na redacção que lhe foi dada pelo Decreto-Lei nº 293/95, de 17 de Novembro, e no Decreto-Lei nº 188/96, de 8 de Outubro, com a redacção que lhe foi dada pelo Decreto-Lei nº 323/2001, de 17 de Dezembro.

10. A comissão criada pela presente lei assume as competências de fiscalização das actividades de gestor e liquidatário judicial atribuídas às comissões distritais previstas no Decreto-Lei nº 254/93, de 15 de Julho.

11. Para os efeitos previstos no número anterior, as comissões distritais criadas pelo Decreto-Lei nº 254/93, de 15 de Julho, devem remeter à comissão toda a documentação relativa às listas de gestores e liquidatários judiciais, no prazo de 15 dias a contar da entrada em vigor da presente lei.

Artigo 29º – Revogação
É revogado o Decreto-Lei nº 254/93, de 15 de Julho, na redacção que lhe foi dada pelo Decreto-Lei nº 293/95, de 17 de Novembro, e o Decreto-Lei nº 188/96, de 8 de Outubro, com a redacção que lhe foi dada pelo Decreto-Lei nº 323/2001, de 17 de Dezembro.

Artigo 30º – Entrada em vigor
A presente lei entra em vigor no dia 15 de Julho de 2004.

Aprovada em 27 de Maio de 2004.

O Presidente da Assembleia da República, *João Bosco Mota Amaral.*

Promulgada em 8 de Julho de 2004.

Publique-se.

O Presidente da República, JORGE SAMPAIO.

Referendada em 9 de Julho de 2004.

O Primeiro-Ministro, *José Manuel Durão Barroso.*

Decreto-Lei nº 54/2004, de 18 de Março

Estabelece o regime jurídico das sociedades de administradores de insolvência

O novo Código da Insolvência e da Recuperação da Empresa eliminou a distinção existente entre gestor judicial e liquidatário judicial mediante a criação da nova figura do administrador da insolvência.

Deste modo, para que o desempenho das funções de administrador da insolvência possa continuar a beneficiar das sinergias e economias resultantes da associação dos seus profissionais – que se verificava nas sociedades de gestores judiciais e nas sociedades de liquidatários judiciais –, é necessário que se possibilite a constituição de sociedades de administradores da insolvência.

Por outro lado, tal como se passava com as sociedades de gestores judiciais e as sociedades de liquidatários judiciais, a natureza específica das funções que as sociedades de administradores da insolvência exercem impõe o estabelecimento de regras próprias, quer quanto à constituição quer quanto ao exercício da actividade na forma societária.

Por último, introduz-se um regime que permite a transformação das actuais sociedades de gestores judiciais e sociedades de liquidatários judiciais em sociedades de administradores da insolvência, com isenção de emolumentos para os correspondentes actos notariais e de registo.

Assim:

Nos termos da alínea *a*) do nº 1 do artigo 198º da Constituição, o Governo decreta o seguinte:

Artigo 1º – Sociedades de administradores da insolvência

1. Os administradores da insolvência podem constituir sociedades de administradores da insolvência (SAI).

2. Apenas as pessoas singulares inscritas nas listas de administradores da insolvência podem ser sócios das sociedades de administradores da insolvência.

Artigo 2º – Objecto social
As sociedades de administradores da insolvência têm por objecto exclusivo o exercício das funções de administrador da insolvência.

Artigo 3º – Natureza
As sociedades de administradores da insolvência devem assumir a natureza de sociedades civis sob a forma comercial.

Artigo 4º – Exercício de actividade remunerada fora da sociedade
1. Somente com a autorização da respectiva sociedade de administradores da insolvência podem os sócios exercer actividades de gestão, com carácter profissional e remunerado, fora da sociedade.
2. A actividade de gestão, com carácter profissional e remunerado, autorizada nos termos do número anterior, deve constar expressamente do relatório anual da sociedade.

Artigo 5º – Firma
1. A firma das sociedades de administradores da insolvência deve, quando não individualizar todos os sócios, por extenso ou abreviadamente, conter, pelo menos, o nome de um deles, mas, em qualquer caso, concluir pela expressão «sociedade de administradores da insolvência» ou pela abreviatura «SAI», seguida da firma correspondente ao tipo societário adoptado.
2. A firma deve constar de todos os actos externos da sociedade, nos termos do disposto no artigo 171º do Código das Sociedades Comerciais.

Artigo 6º – Responsabilidade
A sociedade de administradores da insolvência e os seus gerentes, administradores ou directores são solidariamente responsáveis pelos prejuízos decorrentes dos actos praticados no exercício das funções de administrador da insolvência.

Artigo 7º – Estatutos
Os estatutos das sociedades de administradores da insolvência, bem como as respectivas alterações, são objecto de depósito na comissão competente prevista no Estatuto do Administrador da Insolvência, nos 30 dias subsequentes à sua aprovação.

Artigo 8º – Regime
1. As sociedades de administradores da insolvência devem respeitar o disposto no Estatuto do Administrador da Insolvência.

2. A tudo o que não se encontre especialmente previsto neste diploma aplica-se o Código das Sociedades Comerciais.

Artigo 9º – Transformação de sociedades de gestores judiciais e de sociedades de liquidatários judiciais

1. As sociedades de gestores judiciais e as sociedades de liquidatários judiciais podem, no prazo de 60 dias úteis a contar da publicação no *Diário da República* das listas de administradores da insolvência, transformar-se em sociedades de administradores da insolvência, desde que respeitem os requisitos de constituição destas últimas, nomeadamente no que respeita à qualificação dos sócios.

2. A transformação referida no número anterior está isenta de emolumentos notariais e de registo, sem prejuízo do disposto no nº 2 do artigo 1º do Regulamento Emolumentar dos Registos e Notariado, aprovado pelo Decreto-Lei nº 322-A/2001, de 14 de Dezembro, quanto à participação emolumentar e aos emolumentos pessoais devidos aos conservadores, notários e oficiais dos registos e do notariado pela sua intervenção nos actos.

Artigo 10º – Entrada em vigor

O presente diploma entra em vigor 30 dias após a data da sua publicação.

Visto e aprovado em Conselho de Ministros de 28 de Janeiro de 2004. – *José Manuel Durão Barroso – Maria Manuela Dias Ferreira Leite – Maria Celeste Ferreira Lopes Cardona – Carlos Manuel Tavares da Silva – António José de Castro Bagão Félix.*

Promulgado em 3 de Março de 2004.

Publique-se.

O Presidente da República, Jorge Sampaio.

Referendado em 5 de Março de 2004.

O Primeiro-Ministro, *José Manuel Durão Barroso.*

Portaria nº 51/2005, de 20 de Janeiro

Aprova o montante fixo da remuneração do administrador de insolvência nomeado pelo juiz bem como as tabelas relativas ao montante variável da remuneração, em função dos resultados obtidos (com rectificação dada pela Declaração de Rectificação nº 25/2005, de 22 de Março)

A Lei nº 32/2004, de 22 de Julho, aprovou o estatuto do administrador da insolvência, remetendo para portaria a fixação dos valores da respectiva remuneração.

A presente portaria aprova o montante fixo de remuneração do administrador da insolvência nomeado pelo juiz, bem como as tabelas relativas ao montante variável de tal remuneração, em função dos resultados obtidos.

Procede-se ainda à regulamentação da forma como são pagas as despesas do administrador da insolvência, em especial quanto à provisão paga nos termos dos artigos 26º e 27º do Estatuto.

Assim:

Manda o Governo, pelos Ministros das Finanças e da Administração Pública e da Justiça, ao abrigo do disposto na alínea c) do artigo 199º da Constituição e na Lei nº 32/2004, de 22 de Julho, o seguinte:

1º – Valor fixo da remuneração

1. O valor da remuneração do administrador da insolvência nomeado pelo juiz, nos termos do nº 1 do artigo 20º da Lei nº 32/2004, de 22 de Julho, que aprovou o estatuto do administrador da insolvência, é de € 2 000.

2. No caso de o administrador da insolvência exercer as suas funções por menos de seis meses devido à sua substituição por outro administrador, aquele terá direito somente à primeira das prestações referidas no nº 2 do artigo 26º da Lei nº 32/2004, de 22 de Julho, que aprovou o estatuto do administrador da insolvência.

2º – **Tabelas de remuneração variável**

São aprovadas, em anexo à presente portaria, as tabelas que estabelecem a remuneração variável do administrador da insolvência, nos termos dos nºs 2 a 4 do artigo 20º da Lei nº 32/2004, de 22 de Julho, que aprovou o estatuto do administrador da insolvência.

3º – **Provisão para despesas**

1. Presume-se que a provisão para despesas paga pelo Cofre Geral dos Tribunais nos termos do nº 5 do artigo 26º e do nº 2 do artigo 27º da Lei nº 32/2004, de 22 de Julho, corresponde às despesas efectuadas pelo administrador da insolvência, não havendo lugar à restituição da mesma ainda que as despesas efectivamente realizadas sejam inferiores ao valor da provisão.

2. Nos casos previstos no nº 2 do artigo 27º da Lei nº 32/2004, de 22 de Julho, se o montante das despesas realizadas pelo administrador da insolvência for superior à provisão paga, o reembolso pelo Cofre Geral dos Tribunais só é efectuado mediante a apresentação de prova documental justificativa.

Em 12 de Janeiro de 2005.

O Ministro das Finanças e da Administração Pública, *António José de Castro Bagão Félix*. – O Ministro da Justiça, *José Pedro Aguiar Branco*.

ANEXO I

Tabela a que se refere o nº 2 do artigo 20º da Lei nº 32/2004, de 22 de Julho, que aprovou o estatuto do administrador da insolvência.

Escalões (em euros)	Taxa base (em percentagem)	Taxa marginal (em percentagem)
Até 15 000	7	7
De 15 000,01 até 50 000	5,5	5,95
De 50 000,01 até 150 000	3	3,983
De 150 000,01 até 250 000	2,5	3,39
De 250 000,01 até 500 000	2	2,695
De 500 000,01 até 1 000 000	1,25	1,972 5
De 1 000 000,01 até 2 000 000	0,5	1,236 3
De 2 000 000,01 até 5 000 000	0,45	0,674 5
De 5 000 000,01 até 7 500 000	0,3	0,529 7
Superior a 7 500 000	0,1	

O resultado da liquidação da massa insolvente, tal como definido no nº 3 do artigo 20º da Lei nº 32/2004, de 22 de Julho, que aprovou o estatuto do administrador da insolvência, quando superior a € 15 000, é dividido em duas partes: uma, igual ao limite do maior dos escalões que nele couber, à qual se aplica a taxa marginal correspondente a esse escalão, outra, igual ao excedente, à qual se aplica a taxa base respeitante ao escalão imediatamente superior.

ANEXO II

Tabela a que se refere o n.º 4 do artigo 20.º da Lei n.º 32/2004, de 22 de Julho, que aprovou o estatuto do administrador da insolvência.

Percentagem dos créditos admitidos que foi satisfeita	Factor aplicável
Até 5	1
De mais de 5 até 10	1,05
De mais de 10 até 20	1,10
De mais de 20 até 30	1,20
De mais de 30 até 50	1,30
De mais de 50 até 70	1,40
Superior a 70	1,60

Decreto-Lei nº 316/98, de 20 de Outubro

Institui o procedimento extrajudicial de conciliação para viabilização de empresas em situação de insolvência ou em situação económica difícil (com a redacção dada pelo Decreto-Lei nº 201/2004 de 18 de Agosto)

A experiência tem mostrado que, em número significativo de casos, o consenso entre os interessados na recuperação de empresas em dificuldades pode alcançar-se pela intervenção mediadora de uma entidade pública.

O presente diploma proporciona esse tipo de intervenção, atribuindo-a ao Instituto de Apoio às Pequenas e Médias Empresas e ao Investimento (IAPMEI), que para o efeito se mostra particularmente vocacionado.

Cria-se um procedimento de conciliação, simples e flexível, em que se reserva, intencionalmente, ao IAPMEI o papel de condução de diligências extrajudiciais, sempre no respeito da vontade dos participantes, recusando-lhe quaisquer poderes sancionatórios ou coercitivos.

Dispõe-se ainda sobre a coordenação entre o procedimento de conciliação e o processo judicial de recuperação da empresa que se encontre pendente.

Com o procedimento extrajudicial de conciliação e as alterações a introduzir simultaneamente no Código dos Processos Especiais de Recuperação da Empresa e de Falência espera-se que as empresas em dificuldades económicas e os que directamente por tais dificuldades se vêem afectados tenham ao seu dispor um quadro normativo mais consentâneo com as exigências da vida empresarial.

Assim:

Nos termos do disposto na alínea *a*) do nº 1 do artigo 198º e do nº 5 do artigo 112º da Constituição, o Governo decreta o seguinte:

Artigo 1º – Iniciativa do procedimento de conciliação

1. Qualquer empresa em condições de requerer judicialmente a sua insolvência, nos termos do Código da Insolvência e da Recuperação de Empresas

(CIRE), pode requerer ao Instituto de Apoio às Pequenas e Médias Empresas e ao Investimento (IAPMEI) o procedimento de conciliação regulado no presente diploma.

2. Para os efeitos do presente diploma, entende-se como empresa toda a pessoa colectiva dotada de personalidade jurídica e com património autónomo.

3. O procedimento de conciliação a que se refere o nº 1 do presente artigo pode ainda ser requerido por qualquer credor que, nos termos do CIRE, tenha legitimidade para requerer a declaração de insolvência de uma empresa.

4. A apresentação de requerimento de procedimento de conciliação pela empresa suspende, durante a pendência do procedimento, o prazo para apresentação à insolvência fixado no artigo 18º do CIRE.

5. A suspensão prevista no número anterior cessa logo que o procedimento se extinga ou decorram 60 dias sobre a data em que haja sido proferido o despacho referido no nº 1 do artigo 4º.

Artigo 2º – Finalidade do procedimento
1. O procedimento de conciliação destina-se a obter a celebração de acordo, entre a empresa e todos ou alguns dos seus credores, que viabilize a recuperação da empresa em situação de insolvência, ainda que meramente iminente, nos termos do artigo 3º do CIRE.

2. No acordo podem ainda intervir os sócios da empresa ou outros interessados.

3. A participação dos credores públicos no procedimento de conciliação é obrigatória desde que a regularização das respectivas dívidas contribua, de forma decisiva, para a recuperação da empresa.

4. As propostas tendentes ao acordo a que se referem os números anteriores podem servir de base a propostas de planos de insolvência ou de planos de pagamentos a apresentar no âmbito de processo de insolvência.

5. Caso o conteúdo da proposta de acordo corresponda ao disposto no nº 2 do artigo 252º do CIRE e haja sido, no âmbito do procedimento de conciliação, objecto de aprovação escrita por mais de dois terços do valor total dos créditos relacionados pelo devedor no procedimento de conciliação, pode a mesma ser submetida ao juiz do tribunal que seria competente para o processo de insolvência para suprimento dos restantes credores e consequente homologação, com os mesmos efeitos previstos no CIRE para o plano de pagamentos.

6. Para os efeitos do número anterior, é dispensada a notificação dos credores cuja aprovação escrita conste do requerimento apresentado, sendo apenas notificados, nos termos do artigo 256º do CIRE, os credores cuja aprovação se requer seja suprida pelo Tribunal.

Artigo 3º – Pedido de conciliação
1. O procedimento de conciliação é requerido por escrito ao IAPMEI, devendo o requerente invocar os respectivos fundamentos, identificar as partes que nele devem intervir e indicar o conteúdo do acordo que pretende obter.
2. O requerimento é acompanhado dos documentos que devessem ser apresentados com a petição em processo judicial de insolvência.
3. O requerimento a apresentar deve integrar credores que representem mais de 50% das dívidas da empresa.
4. Com a entrega do requerimento, a empresa deve simultaneamente proceder ao pagamento de uma taxa ao IAPMEI, cujo montante é fixado por portaria do Ministro da Economia, para cobertura dos custos do procedimento.
5. Deve ser ainda apresentado, no prazo de 15 dias após a entrega do requerimento, um plano de negócios que demonstre a adequabilidade do acordo e da viabilidade da empresa.

Artigo 4º – Recusa do procedimento
1. O IAPMEI deve recusar liminarmente o requerimento de conciliação se entender que:
a) A empresa é economicamente inviável;
b) Não é provável o acordo entre os principais interessados na recuperação;
c) Não é eficaz a sua intervenção para a obtenção do acordo;
d) A empresa não se encontra em situação de insolvência, ainda que meramente iminente;
e) Já se encontra ultrapassado o prazo para apresentação à insolvência, tal como fixado no nº 1 do artigo 18º do CIRE.
2. O despacho a que se refere o número anterior é proferido no prazo de 15 dias.

Artigo 5º – Termos do procedimento
1. Se o requerimento não for recusado, compete ao IAPMEI promover as diligências e os contactos necessários entre a empresa e os principais interessados, com vista à concretização de acordo que viabilize a recuperação da empresa, cabendo-lhe a orientação das reuniões que convocar.
2. As diligências a efectuar podem incluir, nomeadamente, a sugestão de propostas e de modelos negociais.
3. Sem prejuízo de contactos directos entre os interessados, o IAPMEI deve acompanhar as negociações, podendo fazer intervir outras entidades para além das indicadas pelo requerente.
4. Em qualquer altura o IAPMEI pode solicitar ao requerente ou aos interessados a prestação de esclarecimentos ou de informações que considere indispensáveis.

5. A todo o tempo pode o IAPMEI sugerir ao requerente a modificação dos termos do acordo inicialmente pretendido.

Artigo 6º – Juízo técnico
1. Sem prejuízo da audição dos intervenientes no procedimento de conciliação, o IAPMEI deve analisar, por si ou através de especialistas externos, a viabilidade da empresa e a adequação do acordo pretendido à sua viabilização.
2. Na análise referida no número anterior, é especialmente ponderada a possibilidade de a empresa beneficiar de sistemas de incentivos.
3. O IAPMEI pode exigir do requerente do procedimento ou de outros interessados que suportem, no todo ou em parte, os encargos com a perícia a que se refere o nº 1, na medida das suas disponibilidades.

Artigo 7º – Prazos
Sempre que devam ser ouvidos o requerente, os demais interessados ou outras entidades, o IAPMEI fixa prazo para o efeito, aplicando-se à respectiva contagem o regime do Código de Processo Civil.

Artigo 8º – Forma do acordo
O acordo obtido em procedimento de conciliação deve ser reduzido a escrito, dependendo de escritura pública nos casos em que a lei o exija.

Artigo 9º – Extinção do procedimento
Se o IAPMEI, em qualquer momento, concluir pela verificação de alguma das situações a que se refere o nº 1 do artigo 4º, declara extinto o procedimento.

Artigo 10º – Procedimento de conciliação e processo judicial
1. A pendência de processo judicial de insolvência não obsta ao procedimento de conciliação.
2. No caso previsto no número anterior, se ainda não tiver sido declarada a insolvência, a instância judicial pode ser suspensa, a requerimento da empresa ou de qualquer interessado, instruído com declaração emitida pelo IAPMEI.
3. O juiz, ouvidas as partes, decide conforme julgar mais conveniente, não podendo a suspensão da instância prolongar-se por mais de dois meses.
4. A suspensão prevista nos números anteriores não prejudica a adopção das medidas cautelares previstas no artigo 31º do CIRE.

Artigo 11º – Prazo de conclusão do procedimento de conciliação
1. O prazo de conclusão do procedimento de conciliação, quando não exista processo de insolvência pendente, não deverá exceder seis meses.

2. O prazo referido no número anterior poderá ser prorrogado por mais três meses, por uma única vez, sempre que, de forma devidamente fundamentada, a empresa ou um dos credores o requeira e o IAPMEI dê o seu parecer favorável.

Visto e aprovado em Conselho de Ministros de 30 de Julho de 1998. – *António Manuel de Oliveira Guterres – José Manuel de Matos Fernandes – Vítor Manuel Sampaio Caetano Ramalho.*

Promulgado em 18 de Agosto de 1998.

Publique-se.

O Presidente da República, Jorge Sampaio.

Referendado em 20 de Agosto de 1998.

Pelo Primeiro-Ministro, *Jaime José Matos da Gama*, Ministro dos Negócios Estrangeiros.

Decreto-Lei nº 201/2004, de 18 de Agosto

Altera o Decreto-Lei nº 316/98, de 20 de Outubro, que institui o procedimento extrajudicial de conciliação para viabilização de empresas em situação de insolvência ou em situação económica difícil

A reforma do direito falimentar português, introduzida pelo Código da Insolvência e da Recuperação de Empresas, constitui um passo decisivo no incentivo aos empresários ao recurso aos meios formais de encerramento ou viabilização de empresas em situação de insolvência ou na iminência de tal situação.

Contudo, não se pode deixar de notar que o recurso a um processo de natureza judicial pode revelar-se demasiado oneroso.

Atendendo a tal preocupação, tornava-se necessária a adaptação do procedimento extrajudicial de conciliação à nova nomenclatura e conceitos do processo de insolvência, aproveitando simultaneamente para procurar corrigir alguns dos entraves detectados ao bom funcionamento deste procedimento.

Assim, e em primeiro lugar, estabelece-se expressamente que o requerimento de procedimento extrajudicial de conciliação suspende o prazo de que o devedor dispõe para apresentação à insolvência, como incentivo ao recurso a este procedimento.

Por outro lado, prevê-se agora a possibilidade de as empresas que obtenham a aprovação, em sede de procedimento de conciliação, de uma proposta de acordo de viabilização por, pelo menos, dois terços dos credores envolvidos obterem suprimento judicial da aprovação dos restantes credores de forma relativamente expedita.

Assim se procura ultrapassar um dos principais obstáculos ao sucesso dos acordos de viabilização promovidos no âmbito do IAPMEI, qual seja a necessidade de unanimidade entre todos os credores envolvidos.

Naturalmente, a dispensa dessa unanimidade, com a consequente imposição a determinados credores do acordo alcançado, não pode deixar de implicar a intervenção judicial, como forma de tutela dos direitos desses mesmos credores.

Alarga-se o âmbito de aplicação do diploma a outras entidades para além das empresas, uma vez que a natureza das situações em causa assim o determina.

Consagra-se expressamente a obrigatoriedade de participação no procedimento especial de conciliação dos credores que assegurem a representatividade do mínimo de 50% do montante das dívidas da empresa, assegurando-se deste modo, inequivocamente, a viabilidade da empresa e adequação do acordo.

Introduz-se um prazo máximo de seis meses para a conclusão do procedimento de conciliação, conferindo uma maior celeridade e credibilidade ao processo, podendo ser prorrogado pelo prazo de três meses mediante pedido fundamentado da empresa ou de um dos credores, e sujeito a autorização do IAPMEI.

Inclui-se ainda uma disposição que estabelece a obrigatoriedade de participação dos credores públicos no procedimento de conciliação quando a regularização das dívidas contribua, de forma decisiva, para o saneamento do passivo da devedora e sua consequente viabilização.

Por último, regula-se em termos mais claros a relação entre o procedimento de conciliação e o processo judicial de insolvência, esclarecendo-se que a suspensão só pode ser decretada caso a insolvência ainda não haja sido judicialmente declarada, que a dita suspensão não pode durar mais de dois meses e que a suspensão não impede a adopção de medidas cautelares destinadas a acautelar os direitos dos credores.

Introduz-se a obrigatoriedade do pagamento de uma taxa ao IAPMEI, cujo montante é definido por portaria do Ministro da Economia, tendo em vista a cobertura dos custos com o presente procedimento.

Assim:

Nos termos da alínea *a*) do nº 1 do artigo 198º da Constituição, o Governo decreta o seguinte:

Artigo 1º – Alterações ao Decreto-Lei nº 316/98, de 20 de Outubro
Os artigos 1º a 4º, 10º e 11º do Decreto-Lei nº 316/98, de 20 de Outubro, passam a ter a seguinte redacção:

«Artigo 1º [...]

1. Qualquer empresa em condições de requerer judicialmente a sua insolvência, nos termos do Código da Insolvência e da Recuperação de Empresas (CIRE), pode requerer ao Instituto de Apoio às Pequenas e Médias Empresas e ao Investimento (IAPMEI) o procedimento de conciliação regulado no presente diploma.

2. Para os efeitos do presente diploma, entende-se como empresa toda a pessoa colectiva dotada de personalidade jurídica e com património autónomo.

3. O procedimento de conciliação a que se refere o nº 1 do presente artigo pode ainda ser requerido por qualquer credor que, nos termos do CIRE, tenha legitimidade para requerer a declaração de insolvência de uma empresa.

4. A apresentação de requerimento de procedimento de conciliação pela

empresa suspende, durante a pendência do procedimento, o prazo para apresentação à insolvência fixado no artigo 18º do CIRE.

5. A suspensão prevista no número anterior cessa logo que o procedimento se extinga ou decorram 60 dias sobre a data em que haja sido proferido o despacho referido no nº 1 do artigo 4º.

Artigo 2º [...]

1. O procedimento de conciliação destina-se a obter a celebração de acordo, entre a empresa e todos ou alguns dos seus credores, que viabilize a recuperação da empresa em situação de insolvência, ainda que meramente iminente, nos termos do artigo 3º do CIRE.

2. ...

3. A participação dos credores públicos no procedimento de conciliação é obrigatória desde que a regularização das respectivas dívidas contribua, de forma decisiva, para a recuperação da empresa.

4. As propostas tendentes ao acordo a que se referem os números anteriores podem servir de base a propostas de planos de insolvência ou de planos de pagamentos a apresentar no âmbito de processo de insolvência.

5. Caso o conteúdo da proposta de acordo corresponda ao disposto no nº 2 do artigo 252º do CIRE e haja sido, no âmbito do procedimento de conciliação, objecto de aprovação escrita por mais de dois terços do valor total dos créditos relacionados pelo devedor no procedimento de conciliação, pode a mesma ser submetida ao juiz do tribunal que seria competente para o processo de insolvência para suprimento dos restantes credores e consequente homologação, com os mesmos efeitos previstos no CIRE para o plano de pagamentos.

6. Para os efeitos do número anterior, é dispensada a notificação dos credores cuja aprovação escrita conste do requerimento apresentado, sendo apenas notificados, nos termos do artigo 256º do CIRE, os credores cuja aprovação se requer seja suprida pelo Tribunal.

Artigo 3º – Pedido de conciliação

1. ...

2. O requerimento é acompanhado dos documentos que devessem ser apresentados com a petição em processo judicial de insolvência.

3. O requerimento a apresentar deve integrar credores que representem mais de 50% das dívidas da empresa.

4. Com a entrega do requerimento, a empresa deve simultaneamente proceder ao pagamento de uma taxa ao IAPMEI, cujo montante é fixado por portaria do Ministro da Economia, para cobertura dos custos do procedimento.

5. Deve ser ainda apresentado, no prazo de 15 dias após a entrega do requerimento, um plano de negócios que demonstre a adequabilidade do acordo e da viabilidade da empresa.

Artigo 4º [...]
1. ...
a) ...
b) ...
c) ...
d) A empresa não se encontra em situação de insolvência, ainda que meramente iminente;
e) Já se encontra ultrapassado o prazo para apresentação à insolvência, tal como fixado no nº 1 do artigo 18º do CIRE.
2. ...
Artigo 10º [...]
1. A pendência de processo judicial de insolvência não obsta ao procedimento de conciliação.
2. No caso previsto no número anterior, se ainda não tiver sido declarada a insolvência, a instância judicial pode ser suspensa, a requerimento da empresa ou de qualquer interessado, instruído com declaração emitida pelo IAPMEI.
3. O juiz, ouvidas as partes, decide conforme julgar mais conveniente, não podendo a suspensão da instância prolongar-se por mais de dois meses.
4. A suspensão prevista nos números anteriores não prejudica a adopção das medidas cautelares previstas no artigo 31º do CIRE.
Artigo 11º – Prazo de conclusão do procedimento de conciliação
1. O prazo de conclusão do procedimento de conciliação, quando não exista processo de insolvência pendente, não deverá exceder seis meses.
2. O prazo referido no número anterior poderá ser prorrogado por mais três meses, por uma única vez, sempre que, de forma devidamente fundamentada, a empresa ou um dos credores o requeira e o IAPMEI dê o seu parecer favorável.»

Artigo 2º – Entrada em vigor
O presente diploma entra em vigor na data de início de vigência do diploma que aprova o Código da Insolvência e da Recuperação de Empresas.

Visto e aprovado em Conselho de Ministros de 1 de Julho de 2004. – *José Manuel Durão Barroso – Maria Celeste Ferreira Lopes Cardona – Carlos Manuel Tavares da Silva.*

Promulgado em 2 de Agosto de 2004.

Publique-se.

O Presidente da República, Jorge Sampaio.

Referendado em 5 de Agosto de 2004.

O Primeiro-Ministro, *Pedro Miguel de Santana Lopes.*

Decreto-Lei nº 219/99, de 15 de Junho

Com a redacção dada pelo Decreto-Lei nº 139/2001, de 24 de Abril que institui um Fundo de Garantia Salarial que, em caso de incumprimento pela entidade patronal, assegura aos trabalhadores o pagamento de créditos emergentes do contrato de trabalho

Procede-se, através do presente diploma, à revisão do sistema de garantia salarial, instituído pelo Decreto-Lei nº 50/85, de 27 de Fevereiro.

Para além dos compromissos decorrentes do acordo de concertação estratégica de 1996-1999, visa-se compatibilizar a lei nacional com o regime constante da Directiva nº 80/987/CEE, relativa à aproximação das legislações dos Estados membros respeitantes à protecção dos trabalhadores assalariados em caso de insolvência do empregador, uma vez que algumas das disposições do Decreto-Lei nº 50/85 não respeitavam integralmente o regime da referida directiva. Articula-se também o novo regime com o Código dos Processos Especiais de Recuperação da Empresa e de Falência.

Procede-se deste modo à melhoria da protecção dos trabalhadores assalariados em caso de insolvência das entidades empregadoras, considerando-se como momento determinante da intervenção da garantia uma fase processual inicial, o despacho de prosseguimento da acção, abrangendo-se igualmente os processos de recuperação da empresa e eliminando-se o requisito da cessação dos contratos de trabalho. Por outro lado, alarga-se o elenco das prestações garantidas.

Assim:

Nos termos da alínea *a)* do nº 1 do artigo 198º da Constituição, o Governo decreta, para valer como lei geral da República, o seguinte:

Artigo 1º – Instituição do Fundo de Garantia Salarial

É instituído um Fundo de Garantia Salarial que, em caso de incumprimento pela entidade patronal, assegura aos trabalhadores o pagamento de créditos emergentes de contratos de trabalho, nos termos dos artigos seguintes.

Artigo 2º – Situações abrangidas

1. O Fundo de Garantia Salarial assegura o pagamento de créditos emergentes de contrato de trabalho ou da sua cessação, nos casos em que a entidade patronal esteja em situação de insolvência ou em situação económica difícil e, encontrando-se pendente contra ela uma acção nos termos do Código dos Processos Especiais de Recuperação da Empresa e de Falência, o juiz declare a falência ou mande prosseguir a acção como processo de falência ou como processo de recuperação da empresa.

2. O Fundo de Garantia Salarial assegura igualmente o pagamento dos créditos referidos no número anterior desde que iniciado o procedimento de conciliação previsto no artigo 3º do Decreto-Lei nº 316/98, de 28 de Outubro.

3. Sem prejuízo do disposto no número anterior, caso o procedimento de conciliação não tenha sequência, por recusa ou extinção, nos termos dos artigos 4º e 9º, respectivamente, do Decreto-Lei nº 316/98, de 28 de Outubro, deverá o Fundo requerer judicialmente a falência da empresa, ocorrendo o disposto na alínea *a)* do nº 1 do supramencionado artigo 4º ou a recuperação da empresa nos restantes casos.

Artigo 3º – Créditos abrangidos

1. O Fundo paga créditos emergentes de contratos de trabalho que se tenham vencido nos seis meses que antecedem a data da propositura da acção ou da entrada do requerimento referidos no artigo 2º.

2. Os créditos referidos no número anterior são os que respeitem a:
a) Retribuição, incluindo subsídios de férias e de Natal;
b) Indemnização ou compensação devida por cessação do contrato de trabalho.

3. Caso o montante dos créditos vencidos anteriormente às datas de referência mencionadas no nº 1 seja inferior ao limite máximo definido no nº 1 do artigo 4º, o Fundo assegura até este limite o pagamento de créditos vencidos após as referidas datas.

Artigo 4º – Limites das importâncias pagas

1. Os créditos são pagos até ao montante equivalente a quatro meses de retribuição, a qual não pode exceder o triplo da remuneração mínima mensal mais elevada garantida por lei.

2. Se um trabalhador for titular de créditos correspondentes a prestações diversas, de entre as referidas no nº 2 do artigo 3º, o pagamento será prioritariamente imputado à retribuição.

3. Às importâncias pagas são deduzidos os valores correspondentes às contribuições para a segurança social e à retenção na fonte de IRS que forem devidos.

4. A satisfação de créditos do trabalhador efectuada pelo Fundo não libera a entidade patronal da obrigação de pagamento do valor correspondente à taxa contributiva por ela devida.

Artigo 5º – Regime do Fundo de Garantia Salarial
1. A gestão do Fundo cabe ao Estado e a representantes dos trabalhadores e das entidades patronais.
2. O financiamento do Fundo é assegurado pelas entidades patronais, através de verbas respeitantes à parcela dos encargos de solidariedade laboral da taxa contributiva global, nos termos do estabelecido no Decreto-Lei nº 200/99, de 8 de Junho, na quota-parte por aquelas devida, e pelo Estado em termos a fixar por despacho conjunto dos Ministros das Finanças e do Trabalho e da Solidariedade.
3. O regime do Fundo constará de diploma próprio.

Artigo 6º – Privilégios creditórios e sub-rogação
1. O Fundo fica sub-rogado nos direitos e privilégios creditórios dos trabalhadores, na medida dos pagamentos efectuados acrescidos dos juros de mora que se venham a vencer, para ele revertendo os valores obtidos por via da sub-rogação.
2. Os créditos abrangidos pelo presente diploma gozam dos seguintes privilégios:
   a) Privilégio mobiliário geral;
   b) Privilégio imobiliário geral.
3. Os privilégios dos créditos referidos no nº 1, ainda que resultantes de retribuições em falta antes da entrada em vigor do presente diploma, gozam de preferência nos termos do número seguinte, incluindo os créditos respeitantes a despesas de justiça, sem prejuízo, contudo, dos privilégios anteriormente constituídos, com direito a ser graduados antes da entrada em vigor do presente diploma.
4. A graduação dos créditos far-se-á pela ordem seguinte:
   a) Quanto ao privilégio mobiliário geral, antes dos créditos referidos no nº 1 do artigo 747º do Código Civil, mas pela ordem dos créditos enunciados no artigo 737º do mesmo Código;
   b) Quanto ao privilégio imobiliário geral, antes dos créditos referidos no artigo 748º do Código Civil e ainda dos créditos de contribuições devidas à segurança social.
5. Ao crédito de juros de mora é aplicável o regime previsto no número anterior.

Artigo 7º – Procedimento
O Fundo efectua o pagamento dos créditos garantidos mediante requerimento do trabalhador, sendo os respectivos termos e trâmites aprovados por portaria do Ministro do Trabalho e da Solidariedade.

Artigo 8º – Aplicação no tempo
O regime instituído pelo presente diploma aplica-se apenas às acções especiais de recuperação da empresa e de falência propostas após a sua entrada em vigor e aos procedimentos extrajudiciais de conciliação requeridos após a mesma data.

Artigo 9º – Entrada em vigor
O presente diploma entra em vigor 30 dias após a publicação da respectiva regulamentação, operando-se nessa data a revogação do Decreto-Lei nº 50/85, de 27 de Fevereiro.

Visto e aprovado em Conselho de Ministros de 25 de Março de 1999. – *António Manuel de Oliveira Guterres – Fernando Teixeira dos Santos – José Eduardo Vera Cruz Jardim – Eduardo Luís Barreto Ferro Rodrigues.*

Promulgado em 28 de Maio de 1999.

Publique-se.

O Presidente da República, Jorge Sampaio.

Referendado em 1 de Junho de 1999.

O Primeiro-Ministro, *António Manuel de Oliveira Guterres.*

Decreto-Lei nº 139/2001, de 24 de Abril

Altera o Decreto-Lei nº 219/99, de 15 de Junho (institui um Fundo de Garantia Salarial que, em caso de incumprimento pela entidade patronal, assegura aos trabalhadores o pagamento de créditos emergentes do contrato de trabalho), e aprova os Estatutos do Fundo de Garantia Salarial

O Decreto-Lei nº 219/99, de 15 de Junho, procedeu à revisão do sistema de garantia salarial instituído pelo Decreto-Lei nº 50/85, de 27 de Fevereiro.

Visou-se, no essencial, para além de dar execução a compromissos assumidos em sede de concertação social, compatibilizar a legislação nacional com o regime constante da Directiva nº 80/987/CEE, relativa à aproximação das legislações dos Estados membros respeitantes à protecção dos trabalhadores assalariados em caso de insolvência do empregador.

Através do presente diploma visa-se regulamentar o funcionamento do Fundo de Garantia Salarial instituído pelo Decreto-Lei nº 219/99, de 15 de Junho, e definir o enquadramento orgânico-institucional do sistema da satisfação de créditos de trabalhadores em que este se consubstancia.

O modelo orgânico-institucional acolhido procura dar resposta a diversas preocupações.

Desde logo, à exigência de participação dos parceiros sociais na respectiva gestão, afirmada no nº 1 do artigo 5º do Decreto-Lei nº 219/99, de 15 de Junho. Por outro lado, à necessidade de garantir a eficácia e celeridade, quer no processamento dos pagamentos dos créditos dos trabalhadores garantidos por lei quer na recuperação das importâncias pagas, sem prejuízo de uma gestão rigorosa e transparente dos recursos financeiros afectos ao Fundo. Por fim, à necessidade de dotar o Fundo de personalidade jurídica, por forma a assegurar-se a possibilidade da sua sub-rogação nos créditos dos trabalhadores cujo pagamento efectue e de actuação judicial e extrajudicial tendo em vista a respectiva recuperação, bem como a exclusiva afectação dos seus recursos financeiros à prossecução das respectivas atribuições.

Nesta medida, entende o Governo que o Fundo de Garantia Salarial deve revestir a natureza própria de um fundo autónomo, consequentemente dotado de personalidade jurídica e de autonomia administrativa, patrimonial e financeira, cujas atribuições são as de assegurar o pagamento de créditos emergentes de contratos de trabalho ou da sua cessação e promover a respectiva recuperação, nos casos e nos termos previstos e regulados no Decreto-Lei nº 219/99, de 15 de Junho.

No entanto, por razões de racionalidade de gestão de recursos públicos e de celeridade de estruturação institucional, o funcionamento do Fundo será assegurado através da estrutura orgânica do Instituto de Gestão Financeira da Segurança Social (IGFSS), designadamente das respectivas delegações distritais, que lhe prestará apoio financeiro, administrativo e logístico, o que, para além do mais, permite aproveitar a larga experiência do IGFSS em intervenções processuais do tipo daquelas que o Fundo terá de promover no desenvolvimento das suas atribuições.

Com a presente opção, torna-se possível dar a resposta institucional adequada ao sistema de garantia salarial, cuja específica natureza reclama e aconselha que a sua gestão se faça nos quadros da autonomia administrativa, patrimonial e financeira, no âmbito de um modelo que salvaguarde a eficácia e celeridade de procedimentos e a exclusiva afectação de recursos aos fins que lhe são próprios, sem que, concomitantemente, tal acarrete a criação de raiz, no plano material, de uma nova estrutura administrativa.

O Fundo é gerido, nos termos do nº 1 do artigo 5º do Decreto-Lei nº 219/99, de 15 de Junho, por um conselho de gestão, composto por um presidente, que é por inerência o presidente do IGFSS, e por sete vogais, quatro deles indicados pelos parceiros sociais com assento na Comissão Permanente de Concertação Social.

Os mecanismos de controlo e fiscalização patrimonial e financeira da actividade do Fundo são reforçados com a previsão de um fiscal único, com competências alargadas, das quais se destacam a emissão obrigatória de parecer sobre o orçamento, relatório de contas e balanço anual e a competência de fiscalização contabilístico--financeira permanente.

Refira-se, ainda, que o presente diploma contém algumas alterações ao Decreto--Lei nº 219/99, de 15 de Junho, das quais se destacam:

Um aditamento ao artigo 2º do referido diploma, com vista a garantir a circulação entre os tribunais judiciais e o Instituto de Apoio às Pequenas e Médias Empresas e ao Investimento (IAPMEI), por um lado, e o Fundo, por outro, da informação de que este necessita para uma prossecução cabal das suas atribuições;

Uma alteração ao artigo 6º, que visa graduar os créditos obtidos pelo Fundo através da sub-rogação nos créditos dos trabalhadores, imediatamente a seguir à posição de que gozam os créditos dos trabalhadores por salários em atraso;

Um aditamento ao artigo 7º, com vista a permitir que o Fundo, perante um requerimento de pagamento de créditos relativos a contratos de trabalho já extintos, tenha tempo de desenvolver as diligências necessárias à respectiva recuperação antes da prescrição dos referidos créditos;

Uma alteração ao artigo 8º, alargando o número de situações que estão cobertas pelo novo sistema de garantia salarial, a fim de impedir que a morosidade sempre envolvida nos procedimentos e diligências de criação e estruturação de uma nova pessoa colectiva pública penalize as justas expectativas dos trabalhadores.

O diploma que agora se aprova esteve em apreciação pública, nos termos dos artigos 3º e seguintes do Decreto-Lei nº 16/79, de 26 de Maio, através de publicação do respectivo projecto em separata do Boletim do Trabalho e Emprego, no âmbito da qual se pronunciaram diversos parceiros sociais. Em consequência, o Governo entendeu acolher no texto do diploma alguns dos seus contributos, dos quais se destacam os seguintes:

Esclarece-se que os créditos do Fundo são graduados imediatamente a seguir à posição dos créditos dos trabalhadores, de acordo com a graduação estabelecida no artigo 12º do Decreto-Lei nº 17/86, de 14 de Junho, na redacção que lhe foi conferida pelo Decreto-Lei nº 221/89, de 5 de Julho, e pela Lei nº 118/99, de 11 de Agosto;

Relativamente a créditos referentes a contratos de trabalho extintos e caso o seu titular não interrompa, por qualquer acto, a respectiva prescrição, o prazo para apresentação do requerimento de pagamento ao Fundo é alargado para nove meses a contar do início da contagem do prazo prescricional;

A periodicidade das reuniões ordinárias do conselho de gestão, onde estão representados os parceiros sociais, passa a ser mensal;

Prevê-se que o presidente do conselho de gestão elabore relatórios mensais da actividade desenvolvida, que incluam informação sobre o volume de requerimentos apresentados, o sentido das decisões, o volume e duração das pendências e sobre as diligências de recuperação de créditos em curso, submetendo-os à apreciação do conselho de gestão.

Assim:

Nos termos da alínea *a*) do nº 1 do artigo 198º da Constituição, o Governo decreta, para valer como lei geral da República, o seguinte:

Artigo 1º – Objecto

1. O presente diploma altera algumas disposições do Decreto-Lei nº 219/99, de 15 de Junho, e aprova em anexo, que dele faz parte integrante, o Regulamento do Fundo de Garantia Salarial.

2. O Fundo rege-se pelo disposto no presente diploma, pelo seu Regulamento, bem como, no desenvolvimento das suas atribuições, pelo disposto no Decreto-Lei

nº 219/99, de 15 de Junho, e pela regulamentação complementar específica que vier a ser aprovada.

Artigo 2º – Alterações

Os artigos 2º, 6º, 7º e 8º do Decreto-Lei nº 219/99, de 15 de Junho, passam a ter a seguinte redacção:

«Artigo 2º [...]

1. ...

2. O Fundo de Garantia Salarial assegura igualmente o pagamento dos créditos referidos no número anterior desde que iniciado o procedimento de conciliação previsto no Decreto-Lei nº 316/98, de 20 de Outubro.

3. Sem prejuízo do disposto no número anterior, caso o procedimento de conciliação não tenha sequência, por recusa ou extinção, nos termos dos artigos 4º e 9º, respectivamente, do Decreto-Lei nº 316/98, de 20 de Outubro, e tenha sido requerido por trabalhadores da empresa o pagamento de créditos garantidos pelo Fundo, deverá este requerer judicialmente a falência da empresa, quando ocorra o previsto na alínea *a)* do nº 1 do mencionado artigo 4º, ou requerer a adopção de providência de recuperação da empresa, nos restantes casos.

4. Para efeito do cumprimento do disposto nos números anteriores, o Fundo deve ser notificado, quando as empresas em causa tenham trabalhadores ao seu serviço:

a) Pelos tribunais judiciais, no que respeita ao requerimento dos processos especiais de falência ou de recuperação da empresa e ao despacho de prosseguimento da acção ou à declaração imediata da falência;

b) Pelo IAPMEI, no que respeita ao requerimento do procedimento de conciliação, à sua recusa e à extinção do procedimento.

Artigo 6º [...]

1. ...

2. ...

3. ...

4. Os créditos do Fundo são graduados imediatamente a seguir à posição dos créditos dos trabalhadores de acordo com a graduação estabelecida no artigo 12º da Lei nº 17/86, de 14 de Junho, na redacção que lhe foi conferida pelo Decreto-Lei nº 221/89, de 5 de Julho, e pela Lei nº 118/99, de 11 de Agosto.

5. ...

Artigo 7º [...]

1. O Fundo efectua o pagamento dos créditos garantidos mediante requerimento do trabalhador, sendo os respectivos termos e trâmites aprovados por portaria do Ministro do Trabalho e da Solidariedade.

2. Relativamente a créditos referentes a contratos de trabalho extintos e caso o seu titular não interrompa, por qualquer acto, a respectiva prescrição, o requerimento referido no número anterior deve ser apresentado no prazo de nove meses a contar do início da contagem do prazo prescricional.

Artigo 8º [...]

O regime instituído pelo presente diploma aplica-se às situações em que a declaração de falência, a providência de recuperação da empresa ou o procedimento extrajudicial de conciliação foram requeridos a partir de 1 de Novembro de 1999.»

Artigo 3º – Créditos relativos a contratos de trabalho extintos

Excepcionalmente, os trabalhadores titulares de créditos não prescritos, emergentes de contratos de trabalho que se tenham extinguido em data anterior à da entrada em vigor deste diploma e relativamente aos quais não tenha havido interrupção da prescrição, podem reclamá-los junto do Fundo até nove meses a contar da data de início do prazo prescricional.

Artigo 4º – Entrada em vigor

O presente diploma entra em vigor 30 dias após a sua publicação.

Visto e aprovado em Conselho de Ministros de 22 de Fevereiro de 2001. – *António Manuel de Oliveira Guterres – Joaquim Augusto Nunes Pina Moura – Eduardo Luís Barreto Ferro Rodrigues – Mário Cristina de Sousa – António Luís Santos Costa.*

Promulgado em 9 de Abril de 2001.

Publique-se.

O Presidente da República, Jorge Sampaio.

Referendado em 12 de Abril de 2001.

O Primeiro-Ministro, em exercício, *Jaime José Matos da Gama.*

ANEXO

REGULAMENTO DO FUNDO DE GARANTIA SALARIAL

Artigo 1º – Denominação e natureza

O Fundo de Garantia Salarial, adiante designado por Fundo, é dotado de personalidade jurídica e autonomia administrativa, patrimonial e financeira.

Artigo 2º – Sede
O Fundo tem a sua sede em Lisboa.

Artigo 3º – Atribuições
O Fundo tem por atribuições assegurar o pagamento de créditos emergentes de contratos de trabalho ou da sua cessação e promover a respectiva recuperação, nos casos e nos termos previstos e regulados no Decreto-Lei nº 219/99, de 15 de Junho, no diploma que aprova o presente Regulamento e na demais regulamentação complementar.

Artigo 4º – Tutela e superintendência
O Fundo fica sob a tutela e superintendência do Ministro do Trabalho e da Solidariedade.

Artigo 5º – Serviços administrativos e apoio financeiro e logístico
1. O funcionamento do Fundo é assegurado através da estrutura orgânica do Instituto de Gestão Financeira da Segurança Social (IGFSS), designadamente das respectivas delegações distritais.
2. O IGFSS presta apoio financeiro, administrativo e logístico ao Fundo.

Artigo 6º – Gestão do Fundo
1. O Fundo é gerido, nos termos do nº 1 do artigo 5º do Decreto-Lei nº 219/99, de 15 de Julho, por um conselho de gestão composto por um presidente e sete vogais.
2. O conselho de gestão referido no número anterior integra:
a) Quatro representantes do Estado;
b) Dois representantes das confederações empresariais;
c) Dois representantes das confederações sindicais.
3. A representação referida na alínea *a)* do número anterior é assegurada:
a) Pelo presidente do Instituto de Gestão Financeira da Segurança Social;
b) Por um representante do Ministro das Finanças;
c) Por um representante do Ministro do Trabalho e da Solidariedade na área do trabalho;
d) Por um representante do Ministro da Economia.
4. Os membros do conselho de gestão referidos nas alíneas *b)* e *c)* do nº 2 e nas alíneas *b), c)* e *d)* do número anterior são nomeados por despacho do Ministro do Trabalho e da Solidariedade:
a) Por indicação dos respectivos Ministros, nos casos das alíneas *b)* e *d)* do número anterior;
b) Por indicação dos parceiros sociais com assento efectivo na Comissão Permanente de Concertação Social, nos casos das alíneas *b)* e *c)* do nº 2.

5. O conselho de gestão é presidido pelo representante referido na alínea *a*) do nº 3.

6. Os membros do conselho de gestão que não desempenham actividades no âmbito da Administração Pública auferem senhas de presença de montante a definir por despacho conjunto dos Ministros das Finanças e do Trabalho e da Solidariedade.

Artigo 7º – Competências do conselho de gestão

Compete ao conselho de gestão:

a) A aprovação do plano de actividades e do orçamento;

b) A aprovação do relatório de actividades e do relatório de contas e balanço anuais;

c) Acompanhar as actividades do Fundo, apresentando ao presidente as propostas, sugestões, recomendações ou pedidos de esclarecimento que entender convenientes, bem como propor a adopção de medidas que julgue necessárias à realização dos seus fins;

d) Pronunciar-se sobre a proposta de regulamento interno.

Artigo 8º – Reuniões do conselho de gestão

1. O conselho de gestão reúne ordinariamente uma vez por mês e extraordinariamente sempre que o respectivo presidente o convoque, por sua iniciativa ou a solicitação de metade dos seus membros.

2. Os membros do conselho de gestão podem delegar o seu voto dentro de cada representação.

Artigo 9º – Competências do presidente

1. Compete ao presidente do conselho de gestão:

a) Dirigir a actividade do Fundo, assegurando o desenvolvimento das suas atribuições;

b) Gerir os recursos financeiros do Fundo;

c) Emitir as directrizes de natureza interna adequadas ao bom funcionamento do Fundo;

d) Elaborar o regulamento interno necessário à organização e funcionamento do Fundo, submetendo-o à aprovação do Ministro do Trabalho e da Solidariedade, após o conselho de gestão se ter pronunciado;

e) Ponderar, no âmbito da sua autonomia funcional, o acolhimento e as formas de implementação das sugestões e recomendações formuladas pelo conselho de gestão;

f) Elaborar relatórios mensais da actividade desenvolvida, que incluam informação sobre o volume de requerimentos apresentados, o sentido das decisões, o volume e duração das pendências e sobre as diligências de recuperação de créditos em curso, submetendo-os à apreciação do conselho de gestão;

g) Elaborar o plano anual de actividades e o orçamento anual e apresentá-los ao Ministro do Trabalho e da Solidariedade para homologação depois de aprovados pelo conselho de gestão;

h) Elaborar o relatório anual de actividades e o relatório de contas e balanço de cada exercício e apresentá-los ao Ministro do Trabalho e da Solidariedade para homologação depois de aprovados pelo conselho de gestão;

i) Assegurar a representação do Fundo em juízo ou fora dele, bem como conferir mandato para esse efeito;

j) Autorizar despesas com a aquisição, alienação ou locação de bens e serviços e realização de empreitadas dentro dos limites fixados por lei;

k) Estabelecer relações com as instituições do sistema bancário, designadamente para a contracção de empréstimos, sempre que tal se revelar necessário à prossecução das suas atribuições;

l) Assegurar o pagamento dos créditos garantidos nos termos do Decreto-Lei nº 219/99, de 15 de Junho;

m) Promover a recuperação dos créditos em que ficar sub-rogado por via da sua satisfação aos trabalhadores, desenvolvendo todas as diligências judiciais e extrajudiciais adequadas a tal fim.

n) Dar parecer ao Ministro do Trabalho e da Solidariedade sobre as matérias concernentes às atribuições do Fundo;

o) Exercer as demais competências que lhe sejam delegadas ou subdelegadas pela tutela, bem como praticar quaisquer actos necessários à prossecução das atribuições do Fundo que não sejam da competência de outros órgãos.

2. As competências referidas nas alíneas *k)* e *l)* do número anterior podem ser objecto de delegação.

3. Nas suas ausências e impedimentos, o presidente é substituído pelo representante do Ministro do Trabalho e da Solidariedade.

Artigo 10º – Fiscal único

1. O fiscal único é designado, de entre revisores oficiais de contas, mediante despacho conjunto dos Ministros das Finanças e do Trabalho e da Solidariedade, do qual deve constar ainda a designação do fiscal suplente.

2. Os mandatos do fiscal único e do fiscal suplente têm a duração de três anos, podendo ser renovados por iguais períodos de tempo.

3. A remuneração do fiscal único será definida no despacho referido no nº 1 do presente artigo.

Artigo 11º – Competências do fiscal único

Compete ao fiscal único:

a) Acompanhar a gestão financeira do Fundo;

b) Emitir parecer sobre o orçamento, o relatório de contas e balanço anuais;

c) Fiscalizar a execução da contabilidade do Fundo e o cumprimento dos normativos aplicáveis, informando o conselho de gestão de qualquer anomalia detectada;

d) Solicitar ao conselho directivo reuniões conjuntas dos dois órgãos, quando, no âmbito das suas competências, o entender;

e) Pronunciar-se sobre qualquer assunto de interesse para o Fundo, que seja submetido à sua apreciação pelo presidente do conselho de gestão;

f) Elaborar relatório anual sobre a acção fiscalizadora exercida;

g) Acompanhar, nos termos que vierem a ser definidos pela portaria prevista no artigo 7º do Decreto-Lei nº 219/99, de 15 de Junho, as operações de satisfação de créditos de trabalhadores e respectiva recuperação desenvolvidas pelo Fundo.

Artigo 12º – Vinculação

1. O Fundo obriga-se pela assinatura do presidente do conselho de gestão.

2. Os actos de mero expediente de que não resultem obrigações para o Fundo podem ser assinados pelos dirigentes dos serviços a que se refere o artigo 5º do presente Regulamento ou por a quem tal poder tenha sido expressamente conferido.

Artigo 13º – Gestão financeira

1. A gestão financeira do Fundo, incluindo a organização da sua contabilidade rege-se exclusivamente pelo regime jurídico aplicável aos fundos e serviços autónomos do Estado, em tudo o que não for especialmente regulado pelo presente Regulamento e no seu regulamento interno.

2. A gestão económica e financeira será disciplinada pelo plano de actividades, orçamento, relatório de contas e balanço anuais.

Artigo 14º – Receitas

1. Constituem receitas do Fundo:

a) As que lhe forem atribuídas pelo Orçamento do Estado e pelo orçamento da segurança social;

b) As advindas da venda de publicações;

c) Os subsídios ou donativos que lhe forem atribuídos por qualquer entidade nacional ou estrangeira;

d) As provenientes da recuperação de créditos pagos aos trabalhadores no exercício das suas atribuições;

e) Quaisquer outras receitas que lhe forem atribuídas nos termos da lei.

2. Transitarão para o ano seguinte os saldos apurados em cada exercício.

3. O Fundo está isento de taxas, custas e emolumentos nos processos, contratos, actos notariais e registrais em que intervenha, com excepção dos emolumentos pes-

soais e das importâncias correspondentes à participação emolumentar devida aos notários, conservadores e oficiais do registo e do notariado pela sua intervenção nos actos.

Artigo 15º – Despesas
Constituem despesas do Fundo:
a) O pagamento, nos termos do Decreto-Lei nº 219/99, de 15 de Junho, de créditos emergentes de contratos de trabalho;
b) Os encargos com o respectivo funcionamento;
c) Os custos de aquisição, manutenção e conservação de bens ou serviços que tenha de utilizar;
d) Outras legalmente previstas ou permitidas.

Artigo 16º – Instrumentos de gestão
1. Os instrumentos de gestão previstos no nº 2 do artigo 19º serão elaborados pelo presidente do conselho de gestão, aprovados pelo conselho de gestão e homologados pelo Ministro do Trabalho e da Solidariedade.
2. O plano de actividades e orçamento anuais devem ser aprovados pelo conselho de gestão até final de Novembro de cada ano e o relatório de actividades, relatório de contas e balanço anuais até final de Março de cada ano.
3. O presidente do conselho de gestão, antes de submeter o orçamento, o relatório de contas e o balanço anuais à apreciação do conselho de gestão deve remeter esses documentos ao fiscal único para emissão do respectivo parecer.

Portaria nº 473/2007, de 18 de Abril

Aprova o modelo de requerimento para pagamento de créditos emergentes do contrato de trabalho, através do Fundo de Garantia Salarial. Revoga a Portaria nº 1177/2001, de 9 de Outubro

O pagamento dos créditos emergentes do contrato de trabalho e da sua violação ou cessação, pertencentes ao trabalhador, que não possam ser pagos pelo empregador por motivo de insolvência ou de situação económica difícil, é assegurado pelo Fundo de Garantia Salarial.

O presente projecto de portaria visa aprovar as alterações ao modelo de requerimento para pagamento dos créditos emergentes do contrato de trabalho, no âmbito do regime do referido Fundo, aprovado pela Portaria nº 1177/2001, de 9 de Outubro.

Com efeito, as alterações legais entretanto verificadas, quer no âmbito do Código da Insolvência e da Recuperação de Empresas, aprovado pelo Decreto-Lei nº 53//2004, de 18 de Março, quer no âmbito do Código do Trabalho, regulamentado pela Lei nº 35/2004, de 29 de Julho, a qual deu novo enquadramento normativo ao Fundo de Garantia Salarial, foram determinantes para que se procedesse à adequação do modelo de requerimento em vigor.

Assim:

Ao abrigo do nº 2 do artigo 323º da Lei nº 35/2004, de 29 de Julho, que determina a aprovação do modelo de requerimento para pagamento de créditos pelo Fundo de Garantia Salarial por portaria do ministro responsável pela área laboral, manda o Governo, pelo Ministro do Trabalho e da Solidariedade Social, o seguinte:

1º É aprovado o modelo de requerimento para pagamento de créditos emergentes do contrato de trabalho, através do Fundo de Garantia Salarial, mod. GS001/2007-DGSS, em anexo à presente portaria e que dela faz parte integrante.

2º É revogada a Portaria nº 1177/2001, de 9 de Outubro, que aprovou o anterior modelo de requerimento para pagamento de créditos emergentes do contrato de trabalho.

O Ministro do Trabalho e da Solidariedade Social, *José António Fonseca Vieira da Silva*, em 12 de Março de 2007.

LEGISLAÇÃO COMPLEMENTAR

→ (continuação)
Os valores acima indicados foram reclamados em:

☐ Processo judicial de _____ a decorrer no Tribunal de _____
_____ º Juízo, _____ ª Secção, Processo n.º _____ acção apresentada em ___/___/___ .

☐ Processo extra-judicial de conciliação (IAPMEI). Processo n.º _____ pedido apresentado em ___/___/___ .

5. Caracterização do agregado familiar para efeitos de apuramento do IRS

Assinale com X a situação correspondente ao requerente:

Casado dois titulares ☐   Casado 1 titular ☐   Não casado ☐

Deficiente   Sim ☐   Não ☐   Indique o número de dependentes ☐

6. Certificação do empregador ou da Autoridade para as Condições do Trabalho
A preencher, apenas, quando o trabalhador não seja parte constituída na acção

Empregador	**Autoridade para as Condições do Trabalho**
Confirmam-se os elementos relativos aos créditos reclamados pelo trabalhador.	Confirmam-se os elementos relativos aos créditos reclamados pelo trabalhador.
___/___/___ _____ Assinatura e carimbo	___/___/___ _____ Assinatura e carimbo

7. Modo de pagamento

O pagamento dos créditos pode ser efectuado por depósito em conta bancária, para o que deve indicar o Número de Identificação Bancária (NIB): |_|_|_|_|_|_|_|_|_|_|_|_|_|_|_|_|_|_|_|_|_|

Na falta deste elemento, será utilizado outro meio de pagamento.

8. Certificação do trabalhador

As declarações prestadas correspondem à verdade e não omitem qualquer informação relevante.

___/___/___ _____
Assinatura conforme Bilhete de Identidade

Documentos a apresentar e local de entrega

Documentos a apresentar
■ Documento emitido pelo banco ou talão Multibanco comprovativo do NIB, no caso de pretender que o pagamento seja efectuado por transferência bancária.
■ Fotocópia de:
  ■ Cartão de Identificação de Segurança Social ou, na sua falta, de documento de identificação válido, designadamente, Bilhete de Identidade, certidão de registo civil, boletim de nascimento ou passaporte;
  ■ Cartão de identificação fiscal.

E, conforme as situações:
■ Certidão ou cópia autenticada comprovativa dos créditos reclamados pelo trabalhador emitida pelo tribunal competente onde corre o processo de insolvência ou pelo IAPMEI, no caso de ter sido requerido o procedimento de conciliação;
■ Declaração comprovativa da natureza e do montante dos créditos em dívida declarados no requerimento, quando o trabalhador não seja parte constituída, emitida pelo empregador ou pela Autoridade para as Condições do Trabalho.

Local de entrega
O requerimento e demais documentos são apresentados nos serviços da segurança social.

151

Portaria nº 1039/2004, de 13 de Agosto

Aprova vários modelos a serem juntos ao plano de pagamentos

Com a aprovação do Código da Insolvência e da Recuperação de Empresas (CIRE) pelo Decreto-Lei nº 53/2004, de 18 de Março, reformou-se profundamente o direito falimentar português. Em traços gerais, ocorreu não só a modificação da estrutura do processo, como também a introdução de novas figuras com ele relacionadas. Uma dessas figuras é o plano de pagamentos, que, todavia, apenas se aplica nos casos em que o devedor seja uma pessoa singular, que não seja empresário ou que seja titular de uma pequena empresa.

O plano de pagamentos consiste numa proposta de satisfação dos direitos dos credores que acautele devidamente os seus interesses e que poderá conter moratórias, perdões, constituições de garantias, extinções, totais ou parciais, de garantias reais ou privilégios creditórios existentes, um programa calendarizado de pagamentos ou o pagamento numa só prestação e a adopção pelo devedor de medidas concretas de qualquer natureza susceptíveis de melhorar a sua situação patrimonial. O plano de pagamentos é apresentado pelo devedor conjuntamente com a petição inicial do processo de insolvência ou após a sua citação, no caso de o pedido de insolvência ter sido requerido por terceiro. O processo de insolvência em que ocorra a apresentação de um plano de pagamentos e este seja homologado possui características especiais face ao processo comum de insolvência, entre as quais se contam o encerramento do processo após o trânsito em julgado das sentenças de homologação do plano de pagamentos e de declaração de insolvência.

Desta forma, o plano de pagamentos é um instrumento útil para imprimir celeridade ao processo de insolvência e obter a satisfação dos direitos dos credores, constituindo, face ao processo comum de insolvência, uma verdadeira alternativa para as pessoas singulares, quer se tratem de não empresários quer de titulares de pequenas empresas.

Nos termos do nº 6 do artigo 252º do CIRE, os anexos que acompanham o plano de pagamentos elaborado pelo devedor devem constar de modelo aprovado por portaria do Ministro da Justiça.

Assim:

Manda o Governo, pela Ministra da Justiça, ao abrigo do nº 6 do artigo 252º do Código da Insolvência e da Recuperação de Empresas, aprovado pelo Decreto-Lei nº 53/2004, de 18 de Março, que sejam aprovados os seguintes modelos, anexos à presente portaria:

a) Declaração de que o devedor preenche os requisitos do artigo 249º do Código da Insolvência e da Recuperação de Empresas (anexo I);

b) Relação dos bens disponíveis do devedor, bem como dos seus rendimentos (anexo II);

c) Sumário com o conteúdo essencial da relação de bens disponíveis do devedor e dos seus rendimentos, designado por resumo do activo (anexo III);

d) Relação por ordem alfabética dos credores e dos seus endereços, com indicação dos montantes, natureza e eventuais garantias dos seus créditos (anexo IV);

e) Declaração que as informações prestadas são verdadeiras e completas (anexo V).

A Ministra da Justiça, *Maria Celeste Ferreira Lopes Cardona*, em 2 de Julho de 2004.

ANEXO I

Eu, [nome do devedor], declaro que preencho os requisitos constantes no artigo 249º do Código da Insolvência e da Recuperação de Empresas. Nestes termos, declaro que sou uma pessoa singular e que não fui titular da exploração de qualquer empresa nos três anos anteriores à apresentação da petição inicial do processo de insolvência ou que, à data do início do processo, não tenho dívidas laborais, o número dos meus credores não é superior a 20 e o meu passivo global não excede os € 300 000.

ANEXO II

Eu, [nome do devedor], declaro que os meus bens disponíveis são:

Caso se trate de um bem imóvel:

1º [identificação do bem], [estado de conservação], sito em [localização que deve compreender a rua/lugar, localidade, freguesia e concelho], não descrito/descrito sob o número [indicação do número] na Conservatória do

Registo Predial de [indicação da conservatória] e omisso na matriz/inscrito sob o artigo [indicação do artigo] no Serviço de Finanças de [indicação do serviço de finanças].

Caso se trate de um bem móvel sujeito a registo:

1º [identificação do bem, incluindo o número de matrícula ou o número de registo], [estado de conservação], que se encontra em [localização que deve compreender a rua/lugar, localidade, freguesia e concelho], do ano de [indicação do ano], registado na Conservatória/entidade de registo [indicação do organismo competente], no valor aproximado de [indicação do valor].

Caso se trate de um bem móvel não sujeito a registo:

1º [identificação do bem], [estado de conservação], que se encontra em [localização que deve compreender a rua/lugar, localidade, freguesia e concelho], do ano de [indicação do ano], no valor aproximado de [indicação do valor].

Caso algum dos bens supradescritos proporcione rendimentos, os mesmos deverão ser discriminados na verba respectiva.

ANEXO III

Resumo do activo

Eu, [nome do devedor], declaro que o conteúdo essencial da relação de bens disponíveis apresentada é constituído por: [indicação e descrição dos bens da mesma forma que se encontra no anexo II].

ANEXO IV

Eu, [nome do devedor], declaro que os meus credores, por ordem alfabética, são os seguintes:

a) [nome do credor], residente em [endereço do credor], com um crédito no montante de [indicação do montante] decorrente de [indicação da natureza do crédito] e garantido por [indicação das eventuais garantias do crédito].

ANEXO V

Eu, [nome do devedor], declaro que todas as informações prestadas constantes dos anexos I, II, III e IV são verdadeiras e completas.

JURISPRUDÊNCIA CITADA

Acórdão do Tribunal da Relação do Porto, de 26-10-2006

Processo: 0634582
Relator: Amaral Ferreira

Acordam no Tribunal da Relação do Porto:

I – Relatório
1. No ...º Juízo Cível do Porto, ...ª Secção, B......... instaurou acção especial de insolvência de pessoa singular contra C......... e D........., requerendo a sua declaração de insolvência e bem assim a sua notificação para, designadamente, identificarem os seus cinco maiores credores.

Alega, para tanto e em síntese, que é credor dos requeridos pelo valor de 57.385,80 Euros, para cujo recebimento instaurou acção executiva que corre termos no ...º Juízo de Execução do Porto, ...ª Secção, sob o nº .../03.3TVPRT, no âmbito da qual foram penhorados vários imóveis e em que, na fase de reclamação de créditos, reclamaram créditos o Ministério Público, em representação do Estado – 25.149,53 Euros – e o "E........., S.A." – 532.833,29 Euros –, montantes aos quais acrescem juros de mora, encontrando-se os requeridos impossibilitados de cumprir as suas obrigações por não lhes serem conhecidos, nem terem quaisquer bens, suficientes para pagamento das importâncias de que são devedores, que incluem outras pessoas ou entidades, nem crédito bancário ou de outra natureza.

2. Os requeridos deduziram oposição e, tendo junto o documento de fls. 50 que intitularam "Lista dos Principais Credores...", da qual fazem parte o "E........., S.A.", "F........., Ldª", "G........., Ldª", "H........., Ldª" e a Fazenda Pública por dívidas fiscais, nela impugnaram parcialmente os factos alegados pelo requerente, aduzindo, em resumo, que, posteriormente à instauração da acção, liquidaram parte dos créditos

reclamados pelo Ministério Público e em relação a um outro crédito o processo se encontra suspenso na sequência de reclamação graciosa, e que, relativamente ao débito à instituição bancária, a execução se encontra suspensa por terem chegado a acordo quanto ao pagamento da quantia exequenda.

Concluem pela improcedência da acção.

3. Procedeu-se à realização da audiência de julgamento na qual foram fixados, sem censura, os factos assentes e organizada a base instrutória, com posterior declaração dos factos provados e não provados, que não foi objecto de reclamações, vindo a ser proferida sentença que indeferiu a requerida declaração de insolvência dos requeridos.

4. Inconformado com a decisão, dela apelou o requerente que terminou as suas alegações com as seguintes conclusões:

A) Da matéria de facto:

1ª: Como decorre do preceituado no artigo 690º A do Código de Processo Civil, explicita-se que o presente recurso da matéria de facto pretende alterar a resposta dada ao quesito 3º da base instrutória, na parte em que considerou como não provada que "para além do requerente devem os requeridos a outras pessoas e entidades e ao fisco".

2ª: Tendo por base a confissão dos requeridos, consubstanciada no documento junto como doc. 1 à contestação (fls. ... dos autos), com a epígrafe "lista dos principais credores de C......... e mulher D.........".

3ª: Ora, como se vê daquele documento, foram os próprios requeridos que confessaram dever a outras pessoas, entidades e fisco. 4ª: Já que no mesmo constam como credores, para além do Banco E........., S.A., as sociedades "F........., Ldª", "G........., Ldª" e "H........., Ldª".

E ainda

5ª: A Fazenda Pública por dívidas fiscais.

6ª: E tal dívida à Fazenda Pública, não é aquela que os requeridos pagaram em 14.12.2005, e que se encontrava na reclamação de créditos elaborada pelo Ministério Público no âmbito da execução que corre termos na 3ª Secção do 1º Juízo de Execução do Porto.

7ª: Pois a confissão plasmada no documento junto à contestação é posterior à data acima indicada de 14.12.2005. 8ª: Assim é inequívoco, por confissão dos próprios requeridos, que os mesmos também devem à Fazenda.

9ª: Pelo que deveria o terceiro quesito da base instrutória ter sido dado como provado em parte mais ampla do que o foi efectivamente, contemplando que "Para além do requerente devem os requeridos a outras pessoas e entidades, banco e fisco".

10ª: Nos termos do art. 376º do Código Civil, porquanto tal documento contém factos que devem ser considerados provados, na medida em que são contrários aos interesses dos declarantes (requeridos) e não foram impugnados pelo requerente.

B) Do Direito

11ª: O recorrente não se conforma com a decisão aqui em recurso, já que deveria ser decretada a insolvência dos requeridos.

12ª: De acordo com a jurisprudência, os factos enunciados no art. 20º, nº 1, do CIRE, constituem meros índices da situação de insolvência dos requeridos, assumindo, pois, a natureza de presunções *juris tantum*.

13ª: Tais factos devem ser apreciados objectivamente pelo julgador, no entanto, não deve haver especiais exigências de prova.

14ª: É que – como acentuavam Luís Carvalho Fernandes e João Labareda em anotação ao anterior art. 8º – é preciso não perder de vista a circunstância de estarmos aqui em presença de comportamentos alheios ao requerente, que ele naturalmente não domina.

15ª: Ora, feita a prova pelo requerente de qualquer dos factos contidos nas alíneas daquele artigo, ficará o requerido com o ónus da prova da sua situação de insolvência conforme preceitua o art. 30º, nº 4, do CIRE.

16ª: Tudo conforme doutamente exposto no Ac. Tribunal da Relação do Porto de 03.11.2005 (*in* Acórdãos TRP, processo 0534960).

17ª: Não existem dúvidas que de acordo com a matéria dada como provada resulta claro que os requeridos estão impossibilitados de cumprir as suas obrigações e, por isso, de acordo com a definição constante do nº 1 do art. 3º do CIRE, devem ser considerados insolventes.

18ª: O requerente enquadrou a insolvência dos requeridos nas alíneas *a*), *b*) e *g*) do nº 1 do art. 20º do CIRE, estando convicto que, pelo menos os factos que caracterizam os pressupostos constantes das alíneas *b*) e *g*) daquele preceito foram provados.

19ª: Assim no que respeita à alínea *b*) "Falta de cumprimento de uma ou mais obrigações que, pelo seu montante ou pelas circunstâncias do incumprimento, revele a impossibilidade do devedor satisfazer pontualmente a generalidade das suas obrigações".

20ª: Dir-se-à que ficou provado, pelo menos, que para além do requerente, o requerido deve ao banco (resposta ao quesito 3º).

21ª: E de acordo com o recurso da matéria de facto acima exposto, dever-se--à também dar como provado que os requeridos devem a outras pessoas e entidades e ao fisco (como acima se alegou).

22ª: Ora, só por si, as dívidas ao requerente e ao Banco pelos seus montantes e circunstâncias do incumprimento são reveladoras da impossibilidade de pagamento, já que:

23ª: Em 04.04.2003 foi celebrado acordo de revogação de contrato promessa tendo no âmbito desse acordo os requeridos assumido várias obrigações designadamente:
– devolver ao requerente, o sinal em singelo, no montante de 47.385,80 Euros impreterivelmente até ao dia 31.1.2003;
– Na falta de pagamento integral e atempado desse montante os requeridos terão de pagar aos requerentes a título de cláusula penal o montante de 10.000 Euros, quantia esta que acresce ao valor que se obrigou a devolver.
Tal matéria de facto ficou provada e consta da alínea D).

24ª: Desde logo ressalta que os requeridos, porque não cumpriram atempadamente a sua obrigação de devolução do valor em singelo, presumivelmente por falta de capacidade financeira para o fazer, colocaram-se na obrigação de pagar mais 10.000 Euros (cerca de 20% superior à que teriam de pagar se o fizessem atempadamente).

25ª: Passados cerca de dois anos, e apesar de terem sido alvo de execução e pedido de insolvência, os requeridos continuaram sem pagar ao requerente, o que só por si revela a sua insuficiência de fundos para cumprir as suas obrigações.

26ª: No entanto, para além da dívida ao requerente, os requeridos também não cumpriram as suas obrigações com o Banco E........., credor hipotecário, a quem devem a quantia de 532.833,29 Euros.

27ª: O que originou que essa instituição tivesse intentado também uma execução contra os requeridos (tudo conforme se vê pela resposta ao quesito 9º).

28ª: Ora, o facto de se ter suspendido a execução, só por si, não ultrapassa a existência da mesma (não houve qualquer desistência), nem detém qualquer efeito sobre a dívida, que efectivamente continua a existir e não foi paga.

29ª: Ou seja, só entre o Banco e o requerente o valor em dívida pelos requeridos ascende a 590.219, 09 Euros.

30ª: Quantia essa que obviamente tem de ser considerada, para efeitos legais, como muito avultada.

31ª: E à qual terá de se somar os valores devidos aos outros credores, pessoas e entidades (pelo menos aquelas que os requeridos confessaram dever).

32ª: Ora, não poderá deixar de se considerar que, perante os factos acima indicados de dívidas avultadas a vários credores e execuções judiciais de património (factos esses que consubstanciam a sua insolvência), os requeridos se vissem na necessidade de alegar na contestação que "realizadas as escrituras públicas de compra e venda dos contratos-promessa das moradias sitas na Rua ......, ..., Trofa, haverá encaixe financeiro de milhares de euros, suficientes para satisfazer os créditos".

33ª: Tal matéria constante no quesito 11º da base instrutória foi, no entanto, considerada como "não provada".

34ª: O enquadramento da insolvência está, assim, perfeitamente identificado e provado, pois é certo que os requeridos detêm dívidas de valores elevados, já vencidas, algumas com vários anos e em fases contenciosas e executivas, para as quais não detêm quaisquer soluções de pagamento (encontrando-se, pois, impossibilitados de cumprir as suas obrigações.

35ª: Pelo exposto, deveria a douta sentença a quo ter decretado a insolvência dos requeridos, de acordo com o preceituado nos arts. 3º, 30º e 30º do CIRE.

36ª: No que respeita à alínea *g*) do nº 1 do art. 20º do CIRE, confessaram os requeridos, por documento por si junto com a contestação "lista dos maiores credores" que são devedores à "Fazenda Pública por dívidas fiscais".

37ª: Pelo que não é de exigir do requerente qualquer outra especial exigência de prova (conforme tese do douto Acórdão da Relação do Porto já indicado).

38ª: Assim, confessado aquele facto, caberia aos requeridos provar a sua solvência, o que não lograram fazer.

39ª: Não se vislumbra que mais poderia o requerente alegar e provar para que a sentença considerasse procedente a insolvência, sendo certo que, conforme doutrina já acima identificada "é preciso não perder de vista a circunstância de estarmos aqui em presença de comportamentos alheios ao requerente, que ele naturalmente não domina".

40ª: Pelo exposto, também pela prova daquele facto deveria a douta sentença a quo ter decretado a insolvência dos requeridos, de acordo com o preceituado nos arts. 3º, 20º e 30º do CIRE.

41ª: Pelo que não cumpriu, entre outros, o preceituado nos números 2 e 3 do art. 659º do Código de Processo Civil.

Termos em que deverá ser alterada:

A) A matéria de facto dada como provada no que concerne ao quesito terceiro da base instrutória, com base na confissão dos requeridos consubstanciada no documento junto à contestação a fls. ... dos autos denominado "lista dos principais credores de C......... e mulher D.........", consagrando que, "Para além do requerente devem os requeridos a outras pessoas e entidades, banco e fisco".

B) A Decisão constante, da aliás douta sentença, emanada pelo Juiz *a quo* por outra que considere provado e procedente o pedido de insolvência dos requeridos, com todas as consequências legais. Decidindo nessa conformidade será feita Justiça.

5. Não tendo sido oferecidas contra-alegações, colhidos os vistos legais, cumpre decidir.

II – Fundamentação

1. Na sentença recorrida foram considerados provados os seguintes factos:
Constantes da matéria assente:

A) O requerente celebrou com os requeridos, contrato promessa de compra e venda, em 30.3.2001, tendo por objecto o lote 12 e a moradia a construir, composta por cave, rés-do-chão, 1º andar, andar recuado e terraço) no prédio urbano descrito na CRP de Santo Tirso sob o nº 00622/131098 inserido na denominada "urbanização da ......"

B) O requerente entregou, no âmbito de tal contrato promessa de compra e venda, aos requeridos a título de sinal e seus reforços a quantia total de 47.385,80 Euros.

C) Em 13.1.2003 a requerente enviou uma carta aos requeridos para que procedessem à marcação definitiva da escritura de compra e venda, sob pena de se considerar incumprido definitivamente com a consequente resolução e entrega do sinal prestado em dobro.

D) Em 4.4.2003 foi celebrado o acordo de revogação de contrato promessa tendo no âmbito desse acordo os requeridos assumido várias obrigações designadamente:

– devolver ao requerente, o sinal em singelo, no montante de 47.385,80 Euros impreterivelmente até ao dia 31.1.2003;

– Na falta de pagamento integral e atempado desse montante, os requeridos terão de pagar aos requerentes a título de cláusula penal o montante de 10.000 Euros, quantia esta que acresce ao valor que se obrigou a devolver.

E) Para receber tal quantia o requerente propôs a respectiva execução que corre os seus termos na ...ª secção do ...º Juízo de Execução do Porto sob o nº .../03.3TVPRT.

F) No âmbito da referida execução procedeu-se à penhora de vários bens imóveis (Lotes 8, 12 e 14) do prédio a que se alude em A).

G) Na fase de reclamação de créditos vieram o Ministério Público e o Banco E......... reclamar os créditos de 25.149.53 e de 532.833,29 Euros.

Resultantes das respostas dadas à base instrutória:

H) Os requeridos têm os bens que constam de fls. 10 a 16 (resposta ao quesito 2º).

I) Para além do requerente deve o requerido ao banco (resposta ao quesito 3º).

J) Os créditos reclamados pelo Ministério Público nas alíneas *a*) e *b*) já se encontram liquidados por pagamento efectuado em 14.12.2005 (resposta ao quesito 7º).

L) Os créditos mencionados na alínea *c*) foram alvo de reclamação graciosa encontrando-se o processo executivo suspenso (resposta ao quesito 8º).

M) O montante da dívida reclamada pelo Banco E......... no valor de 532.833,29 Euros foi alvo de processo de execução que correu e corre os seus termos no ...º Juízo do Tribunal Judicial de Santo Tirso sob o nº .../05.9TBSTS (resposta ao quesito 9º).

N) No âmbito dessa execução, exequente e executado chegaram a um acordo e em consequência foi a acção executiva suspensa por acordo das partes com o esclarecimento que a suspensão se destina a permitir a conclusão de negociações com vista a pôr termo ao processo (resposta ao quesito 10º).

2. Tendo presente que o objecto dos recursos é balizado pelas conclusões das alegações do recorrente, não podendo este Tribunal conhecer de matérias nelas não incluídas, a não ser que sejam de conhecimento oficioso (arts. 684º, nº 3 e 690º, nºs 1 e 3, do CPCivil), que neles se apreciam questões e não razões e que não visam criar decisões sobre matéria nova, sendo o seu âmbito delimitado pelo conteúdo do acto recorrido, as questões a resolver são as seguintes:
– Alteração da decisão da matéria de facto e
– Se deve ser declarada a insolvência dos requeridos.

A) Alteração da decisão da matéria de facto.
Pretendem os recorrentes que seja modificada a decisão do tribunal recorrido quanto à matéria de facto do art. 3º da base instrutória, apoiando-se na confissão dos requeridos consubstanciada no documento por eles junto com a oposição – a fls. 50, epigrafado, como se referiu no presente relatório, de "Lista dos principais credores de C......... e mulher D..........".
Nos termos previstos no artigo 712º, nº 1, do CPC, a decisão da matéria de facto da 1ª instância pode ser modificada pela Relação:

"*a*) Se do processo constarem todos os elementos de prova que serviram de base à decisão sobre os pontos de matéria de facto em causa ou se, tendo ocorrido gravação dos depoimentos prestados, tiver sido impugnada, nos termos do artigo 690º-A, a decisão com base neles proferida;

b) Se os elementos fornecidos pelo processo impuserem decisão diversa, insusceptível de ser destruída por quaisquer outras provas;

c) Se o recorrente apresentar documento novo superveniente e que, por si só, seja suficiente para destruir a prova em que a decisão assentou".

Constituindo estas as excepções à regra básica da imodificabilidade da decisão da matéria de facto proferida em 1ª instância, no caso em apreço estamos perante a previsão constante da al. *b*), porquanto, estando esse fundamento da modificabilidade da decisão da matéria de facto relacionado com o valor legal da prova, exigindo-se que o valor dos elementos coligidos no processo não possa ser afastado por outra prova produzida em julgamento, sendo a alteração das respostas admissível quando no processo exista um meio de prova plena, resultante nomeadamente de documento, confissão ou acordo das partes, e esse meio de prova diga respeito a determinado facto sobre o qual o tribunal também se pronunciou em sentido divergente, tal situação verifica-se, pois, face às conclusões das alegações do recurso, o apelante faz assentar na confissão dos requeridos, consubstanciada no documento de fls. 50, a pretendida alteração da resposta dada ao art. 3º da base instrutória.

Indagando-se nesse artigo se:

"Para além do requerente devem os requeridos a outras pessoas e entidades, banco, locadoras financeiras, fisco e segurança social"

A essa factualidade respondeu o tribunal recorrido:

"Provado apenas que para além do requerente deve o requerido ao banco".

E, na respectiva fundamentação, escreveu-se que "no que tange ao quesito 3º considerou-se o documento de fls. 19 a 26 (petição de reclamação de créditos)", reportando-se à reclamação de créditos deduzida no âmbito da execução instaurada pelo requerente e que corre os seus termos na ...ª secção do ...º Juízo de Execução do Porto sob o nº .../03.3TVPRT, e na qual o Banco E......... reclamou um crédito de 532.833,29 Euros.

"A confissão é o reconhecimento que a parte faz da realidade de um facto que lhe é desfavorável e favorece a parte contrária" (art. 352º do C.Civil). "A confissão judicial espontânea pode ser feita nos articulados, segundo as prescrições da lei processual, ou em qualquer acto do processo, firmado pela parte pessoalmente ou por procurador especialmente autorizado e bem assim em prestação de informações ou esclarecimentos ao tribunal" (art. 356º, nºs 1 e 2, CCivil).

"Se a declaração confessória... for acompanhada da narração de outros factos ou circunstâncias tendentes a infirmar a eficácia do facto contestado ou a modificar ou extinguir os seus efeitos, a parte que dela quiser aproveitar-se como prova plena tem de aceitar também como verdadeiros os outros factos ou circunstâncias, salvo se provar a sua inexactidão" (art. 360º CCivil).

Por último, a declaração confessória reveste a natureza de um acto jurídico stricto sensu, de tipo funcional, a que são aplicáveis as regras dos negócios jurídicos em tudo o que não se disponha em termos especiais, pelo que o seu conteúdo carece de ser interpretado, em princípio, de acordo com a doutrina da impressão do destinatário, isto é, com o sentido que um declaratário normal, colocado na posição do real declaratário, possa deduzir do comportamento do confitente, salvo se este não puder razoavelmente contar com ele (artigos 295º e 236º, nº 1, do CCivil).

Nesta perspectiva, e tendo presente que o requerimento formulado pelo requerente no sentido de os requeridos identificarem os seus cinco maiores credores, tem assento legal no art. 23º, nº 3, do CIRE (Código da Insolvência e da Recuperação de Empresas, aprovado pelo DL nº 53/2004, de 18 de Março, e alterado pelo DL nº 200/04, de 18 de Agosto), não pode deixar de se atribuir à declaração feita pelos requeridos o significado que o recorrente propugna, no sentido de que os requeridos devem, para além do requerente, a outras pessoas e entidades e ao fisco, e que são os que constam da referida lista.

Na verdade, com a junção da lista dos seus credores, os réus confessam que devem às entidades nela referidas. E, se é certo que, relativamente ao fisco (Fazenda Nacional), alegaram que pagaram parte do débito se encontra pago [o referido nas als. a) e b) da reclamação deduzida por apenso à execução que lhes moveu o requerente, no montante unitário de 3.850,63 Euros, acrescidos de juros, conforme consta de fls. 17 e 18], o que foi considerado provado, certo é que continuam a dever o montante de 13.366,08 Euros, acrescido de juros, sendo os vencidos em Outubro de 2005 de 2.272,22 Euros (cfr. fls. 18).

E, embora este último crédito tenha sido objecto de reclamação graciosa, encontrando-se o respectivo processo suspenso, como ficou provado, daí não decorre a inexistência da obrigação fiscal, como os próprios requeridos reconhecem ao incluirem-no na lista de credores a Fazenda Pública.

Procede, pois, esta questão suscitada pelo apelante, pelo que se altera a resposta dada ao art. 3º da base instrutória, passando a integrar os factos provados de II.1.I), em substituição dos que dele constam, no sentido de que "Para além do requerente devem os requeridos a outras pessoas e entidades, banco e fisco".

B) Se deve ser declarada a insolvência dos requeridos.

Entendem os requeridos, estribando-se no Ac. deste Tribunal e Secção de 3/11/2005, *www.dgsi.pt*, que, face à factualidade apurada, deve ser declarada a insolvência dos requeridos, porquanto, constituindo os factos enunciados no art. 20º, nº 1, do CIRE, meros índices da situação de insolvência, assumindo a natureza de presunção juris tantum, dos quais logrou provar pelo menos os constantes das als. b) e g), cabia aos requeridos provar a sua solvência, o que não lograram fazer.

Na sentença recorrida entendeu-se não se verificar nenhuma das alíneas do citado art. 20º, nº 1, invocadas pelo requerente – als. a), b) e g) – em virtude de resultar da prova documental, "... que os requeridos têm vindo a liquidar as suas dívidas – isto em relação a parte dos créditos reclamados pelo Ministério Público – e adesenvolver uma actividade para regularizar os restantes designadamente estabelecendo negociações com o Banco E......... e que conduziram a uma suspensão da instância executiva", a que acrescia o facto de os requeridos terem logrado provar que, pelo menos eram titulares de 3 lotes onde estão construídas moradias, sendo que não obstante a existência de uma hipoteca, ela não impendia apenas sobre os lotes penhorados na acção executiva, mas garantia um financiamento de 25 lotes, pelo que não se podia falar em insuficiência de bens penhoráveis.

Observando-se que os três lotes referidos na sentença são os referidos nos factos provados sob a alínea H), ou seja, conforme documentos de fls. 10 a 16 (focotópias de certidões da Conservatória do Registo Predial), três parcelas de terreno designadas por lotes nºs 8, 12 e 14, onde foram construídas três moradias (uma em cada um deles) compostas por casa de habitação, cave, rés-do-chão, 1º e 2º andares, com logradouro, no valor patrimonial de 46.800 Euros, apreciemos então.

O art. 1º do CIRE (diploma a que pertencerão os demais preceitos doravante citados sem outra indicação de origem) define o processo de insolvência como sendo "...o processo de execução universal que tem como finalidade a liquidação do património de um devedor insolvente e a repartição do produto obtido pelos credores, ou a satisfação destes pela forma prevista no plano de insolvência, que nomeadamente se baseie na recuperação da empresa compreendida na massa insolvente".

Por sua vez, o art. 3º, nº 1, dispõe que "É considerado em situação de insolvência o devedor que se encontre impossibilitado de cumprir as suas obrigações vencidas".

Comentando este preceito legal, escrevem Luís A. Carvalho Fernandes/João Labareda, Código da Insolvência e da Recuperação de Empresas Anotado, I. Vol., 2005, pág. 69, que, tendo ele como ponto comum com o revogado art. 3º, nº 1, do CPEREF, o conceito básico de insolvência, traduzido na impossibilidade de cumprimento, pelo devedor, das suas obrigações, apresenta duas diferenças manifestas com o preceito revogado.

A primeira tem a ver com a omissão da referência à pontualidade como característica essencial do incumprimento, embora isso não signifique que deva ser entendida no sentido de envolver uma modificação nesse entendimento, já que inerente à ideia do cumprimento está a realização atempada das obrigações a cumprir, pois só dessa forma se satisfaz, na plenitude, o interesse do credor, e se concretiza integralmente o plano vinculativo a que o devedor está adstrito. Nesse sentido não interessa somente que ainda se possa cumprir num momento futuro qualquer, importando igualmente que a prestação ocorra no tempo adequado e, por isso, pontualmente. E a menção legal à impossibilidade de cumprir obrigações vencidas é suficiente para justificar a necessidade da pontualidade na actuação do devedor.

A outra refere-se ao abandono da indicação das causas determinantes da penúria do devedor.

Segundo os mesmos autores e obra, págs. 70 e 71, tem sido geral e pacificamente entendido pela doutrina e pela jurisprudência que, para caracterizar a insolvência, a impossibilidade de cumprimento não tem de abranger todas as obrigações assumidas pelo insolvente e vencidas.

O que verdadeiramente releva para a insolvência é a insusceptibilidade de satisfazer obrigações que, pelo seu significado no conjunto do passivo do devedor, ou pelas próprias circunstâncias do cumprimento evidenciam a impotência, para o obrigado, de continuar a satisfazer a generalidade dos seus compromissos. Pode até suceder que a não satisfação de um pequeno número de obrigações, ou até de uma única, indicie, só por si, a penúria do devedor, característica da sua insolvência, do mesmo modo que o facto de continuar a honrar um número quantitativamente significativo pode não ser suficiente para fundar saúde financeira bastante.

Impõe-se, portanto, averiguar se da factualidade provada resulta, de forma indiciária, a verificação de uma impossibilidade dos requeridos "de cumprir as suas obrigações vencidas", designadamente se preenchem qualquer dos pressupostos mencionados no art. 20º, maxime nas als. b) e g), como pretende o apelante.

Mas antes, afigura-se-nos pertinente o ensinamento de Oliveira Ascenção, "Insolvência: Efeitos sobre os Negócios em Curso", ROA, Ano 65, Setembro de 2005, pág. 283, citado no Ac. da RL de 23/02/2006, Proc. 238/2006-8, www.dgsi.pt.: "O CPEREF manifestava o que chamávamos ternura, desvelo, carinho pelo falido. A finalidade precípua parecia ser a de proteger o insolvente, de envolta com a meta na manutenção da empresa. Agora é de recear que se tenha passado para o outro extremo. O interesse individual dos credores é determinante e o interesse colectivo na manutenção de empresas viáveis apaga-se, juntamente com o pagamento dos meios de controlo das decisões dos credores".

Este ensinamento vem na linha de orientação do novo CIRE, impondo-se aqui, para melhor compreensão, algumas passagens significativas do preâmbulo do Decreto-Lei nº 53/2004, de 18 de Março, que aprovou o CIRE:

"3 – O objectivo precípuo de qualquer processo de insolvência é a satisfação, pela forma mais eficiente possível, dos direitos dos credores.

Quem intervém no tráfego jurídico, e especialmente quando aí exerce uma actividade comercial, assume por esse motivo indecliáveis deveres, à cabeça deles o de honrar os compromissos assumidos. A vida económica e empresarial é vida de interdependência, pelo que o incumprimento por parte de certos agentes repercute-se necessariamente na situação económica e financeira dos demais.

Urge, portanto, dotar estes dos meios idóneos para fazer face à insolvência dos seus devedores, enquanto impossibilidade de pontualmente cumprir obrigações vencidas.

Sendo a garantia comum dos créditos o património do devedor, é aos credores que cumpre decidir quanto à melhor efectivação dessa garantia, e é por essa via que, seguramente, melhor se satisfaz o interesse público da preservação do bom funcionamento do mercado".

E mais adiante, no nº 6 refere que "não valerá, portanto, afirmar que no novo Código é dada primazia à liquidação do património do insolvente. A primazia que efectivamente existe, não é demais reiterá-lo, é a da vontade dos credores, enquanto titulares do principal interesse que o direito concursal visa acautelar: o pagamento dos respectivos créditos, em condições de igualdade quanto ao prejuízo decorrente de o património do devedor não ser, à partida e na generalidade dos casos, suficiente para satisfazer os seus direitos de forma integral".

Finalmente, uma referência importante contida na parte final do nº 19 do preâmbulo:

"Expressamente se afirma, todavia, que o devedor pode afastar a declaração de insolvência não só através da demonstração de que não se verifica o facto indiciário alegado pelo requerente, mas também mediante a invocação de que, apesar da verificação do mesmo, ele não se encontra efectivamente em situação de insolvência, obviando-se a quaisquer dúvidas que pudessem colocar-se (e colocaram-se na vigência do CPEREF) quanto ao carácter ilidível das presunções consubstanciadas nos indícios".

Correspondendo ao art. 8º do CPEREF, com modificações relacionadas com a atribuição de legitimidade para a instauração da acção a quem for responsável legal pelas dívidas do insolvente e com a finalidade da intervenção dos credores, estabelece o art. 20º, nº 1:

"A declaração de insolvência de um devedor pode ser requerida por quem for legalmente responsável pelas suas dívidas, por qualquer credor, ainda que condicional e qualquer que seja a natureza do seu crédito, ou ainda pelo Ministério Público, em representação das entidades cujos interesses lhe estão legalmente confiados, verificando-se algum dos seguintes factos:

...

b) Falta de cumprimento de uma ou mais obrigações que, pelo seu montante ou pelas circunstâncias do incumprimento, revele a impossibilidade do devedor satisfazer pontualmente a generalidade das suas obrigações;

...

g) Incumprimento generalizado, nos últimos seis meses de dívidas de algum dos seguintes tipos:

i) Tributárias;
ii) De contribuições e quotizações para a segurança social;
iii) Dívidas emergentes de contrato de trabalho, ou da violação ou cessação deste contrato;
iv) Rendas de qualquer tipo de locação, incluindo financeira, prestações do preço da compra ou de empréstimo garantido pela respectiva hipoteca, relativamente a local em que o devedor realize a sua actividade ou tenha a sua sede ou residência.
...".

A lei basta-se com "algum" dos factos contidos nas diversas alíneas do art. 20º (cfr. nº 1, parte final), e os factos referidos no preceito constituem meros índices de insolvência tal como definida no art. 3º, a qual, todavia, tem que ficar demonstrada no processo.

O preceito – art. 20º – atribui aos credores do direito de, por iniciativa própria, requererem a insolvência do devedor e, para isso, prevalecer-se-ão da verificação de determinados factos ou situações cuja ocorrência objectiva pode, nos termos da lei, fundamentar o pedido. "Trata-se daquilo a que, correntemente, se designa por factos-índices ou presuntivos da insolvência, tendo precisamente em conta a circunstância de, pela experiência da vida, manifestarem a insusceptibilidade de o devedor cumprir as suas obrigações, que é a pedra de toque do instituto" – cfr. Carvalho Fernandes e João Labareda, obra citada, pág. 131.

Anotando a alínea *b)* do nº 1 do artigo 20º ensinam os mesmos autores – pág. 133 – que o estabelecimento de factos presuntivos da insolvência tem por principal objectivo permitir aos legitimados o desencadeamento do processo, fundados na ocorrência de alguns deles, sem haver necessidade de, a partir daí, fazer a demonstração efectiva da situação de penúria traduzida na insusceptibilidade de cumprimento das obrigações vencidas, nos termos em que ela é assumida como característica nuclear da situação de insolvência.

Caberá então ao devedor trazer ao processo factos e circunstâncias probatórias de que não está insolvente, pese embora a ocorrência do facto que corporiza a causa de pedir. Por outras palavras, cabe-lhe ilidir a presunção emergente do facto-índice, solução que se encontra consagrada nos nºs 3 e 4 do art. 30º.

O que se passa é que, uma vez que o incumprimento de só alguma ou algumas obrigações apenas constituir facto-índice quando, pelas suas circunstâncias, evidencia a impossibilidade de pagar, o requerente deve então, juntamente com a alegação de incumprimento, trazer ao processo essas circunstâncias das quais, uma vez demonstradas, é razoável deduzir a penúria generalizada.

Só assim não será quando o incumprimento diga respeito a um dos tipos de obrigações enumeradas na al. *g)* porquanto, tal ocorrência, verificada pelo período de seis meses aí indicado fundamenta, só por si, sem necessidade de outros complementos, a instauração de acção pelo legitimado, deixando para o devedor o ónus de demonstrar a inexistência da impossibilidade generalizada de cumprir e, logo, da insolvência.

Ainda no que respeita à al. *g)*, escrevem os mesmos autores – obra citada, págs. 137 e 138 – que se ampliou, de modo muito significativo, a lista das categorias de obrigações cujo incumprimento generalizado basta para legitimar a actuação dos credores, não se estabelecendo – em coerência com a filosofia geral do Código –, qualquer distinção conforme a natureza ou qualidade do devedor nem, dentro dos distintos tipos de dívidas, em razão do peso que representa no total do passivo.

Fundamental é que haja o incumprimento generalizado dentro de cada categoria de obrigações, não bastando, por isso, que o devedor deixe de cumprir as inerentes a um contrato, mantendo a satisfação das que resultam de outros. Aquela eventualidade só será relevante se, nesse caso, apenas houver um título fonte das obrigações que se consideram, porque então já existe a presunção bastante de incumprimento geral de obrigações de um mesmo tipo.

Feitas estas considerações, e sem esquecer que, nos termos do art. 11º, a decisão do juiz pode ser fundada em factos que não tenham sido alegados pelas partes, importa integrá-las na matéria de facto provada em sede de incumprimento de obrigações por parte dos requeridos.

Provou-se que para receber a quantia de 57.385,80 resultante do acordo de revogação do contrato promessa que haviam celebrado, o requerente propôs a respectiva execução, no âmbito da qual se procedeu à penhora de vários bens imóveis – Lotes 8, 12 e 14 do prédio urbano descrito na CRP de Santo Tirso sob o nº 00622/131098 inserido na denominada "urbanização da ......" e que, na fase de reclamação de créditos, vieram o Ministério Público e o Banco E......... reclamar os créditos de 25.149.53 e de 532.833,29 Euros.

Nada mais se sabe dos créditos a outras pessoas e entidades (referidas na alteração da resposta dada ao art. 3º), designadamente no que respeita a montantes e incumprimento das respectivas obrigações, pelo que a questão de saber se aqueles montantes em dívida (requerente, fisco e banco) traduzem incumprimento de várias obrigações, constituem ou não um facto-índice que, pelas suas circunstâncias, evidencie impossibilidade de pagar, ou, dito de outro modo, seguindo de perto o ensinamento dos autores acima citados, se o requerente demonstrou que as circunstâncias foram efectivamente demonstradas, e que levem a concluir que os requeridos se encontram em penúria generalizada e são inviáveis economicamente, pensa-se que a resposta terá de ser negativa.

Desde logo porque, só por si, o facto de os devedores terem deixado de cumprir as suas obrigações de pagamento ao requerente, banco e fisco, não traduz a impossibilidade dos devedores de "satisfazer pontualmente a generalidade das suas obrigações", podendo as demais (outras) obrigações dos requeridos para com terceiros ter sido pontualmente cumpridas.

A isso acresce que resultou provado que os créditos reclamados pelo Ministério Público, na execução movida pelo requerente, sob as alíneas *a*) e *b*) já se encontram liquidados por pagamento efectuado em 14.12.2005 e que os créditos mencionados na alínea *c*) foram alvo de reclamação graciosa encontrando-se o processo executivo suspenso, e que o montante da dívida reclamada pelo Banco E......... no valor de 532.833,29 Euros (que é a dívida de maior montante), e que foi alvo de processo de execução, neste foi acordado entre exequente e executado a suspensão, destinada a permitir a conclusão de negociações com vista a por termo ao processo, o que afasta a demonstração, pelo montante dessas obrigações e circunstâncias do incumprimento, de que os devedores/requeridos se encontram impossibilitados de satisfazer pontualmente a generalidade das suas obrigações.

E, como também é realçado na sentença apelada, este último crédito, que é hipotecário, garante um financiamento de 25 lotes.

Assim, a factualidade apurada não preenche o requisito constante da al. *b)* do nº 1.

E também não integra o requisito da al. *g)*, que pressupõe o incumprimento generalizado, nos últimos seis meses, de dívidas de algum dos tipos dela constantes.

Efectivamente, os requeridos apenas têm uma dívida tributária – de apenas 13.366,08 Euros, acrescido de juros, sendo os vencidos em Outubro de 2005 de 2.272,22 Euros (cfr. fls. 18) –, relativa a contribuição autárquica, que, aliás, foi objecto de reclamação graciosa, encontrando-se o respectivo processo executivo suspenso, o que é manifestamente pouco para se concluir por incumprimento generalizado, nos últimos seis meses. Improcede, pois, a apelação.

III – Decisão

Pelo exposto, acordam os juízes que constituem esta Secção Cível do Tribunal da Relação do Porto em julgar improcedente a apelação e confirmar a sentença recorrida.

*

Custas pelo apelante.

*

Porto, 26 de Outubro de 2006

António do Amaral Ferreira
Manuel José Pires Capelo
Ana Paula Fonseca Lobo

Acórdão do Tribunal da Relação do Porto, de 12-06-2008

Processo: 0833430
Rec. Apelação nº 3430.08.
Relator: Amaral Ferreira (385).
Adj.: Des. Manuel Capelo.
Adj.: Des. Ana Paula Lobo.

Acordam no Tribunal da Relação do Porto:

I – Relatório

1. No Tribunal da Comarca de Lamego, B......... e C........., instauraram, em 22/2/2008, acção especial de insolvência contra "D........., Ldª", com sede na ...., ..., Lamego, requerendo a declaração de insolvência da requerida.

Alegam, para tanto e em síntese, que são sócios da requerida, nela detendo uma quota de € 9 975,96 no capital social de € 79 807,68, e que o requerente foi também seu gerente até Janeiro de 1998, qualidade em que assumiu, no ano de 1993, responsabilidades financeiras da requerida perante o E........., através do contrato de abertura de crédito em conta corrente que juntam até ao limite de Esc. 20.000.000$00, tendo-se ambos responsabilizado pessoalmente, através de aval, pelo pagamento da dívida da requerida que essa conta pudesse originar e que, em princípios de Novembro de 2007, tiveram conhecimento de que a requerida se encontrava a atravessar uma grave situação económica, incumprindo as suas obrigações para com os seus principais fornecedores e outros bancos, não parando de aumentar as dívidas, sendo o seu património insuficiente para sequer liquidar as dívidas actuais, pelo que, enviaram ao banco uma carta com o objectivo de saber se a gerência da requerida os tinha desvinculado e, caso contrário, solicitavam a sua desvinculação, o que não só mereceu do banco resposta negativa como posteriormente foram por ele interpelados, na qualidade de avalistas, de que o contrato tinha sido denunciado e que deveriam liquidar a quantia global de € 99 759.

2. Após notificação dos requerentes para, atenta a qualidade que assumiram, esclarecerem se a responsabilidade que dizem sobre eles impender sobre as dívidas da requerida se enquadravam no regime previsto no art. 198º do Código das Sociedades Comerciais, a que responderam limitando-se a reafirmar o alegado inicialmente, veio a ser proferido despacho que declarando a ilegitimidade dos requerentes, indeferiu liminarmente o pedido de declaração de insolvência da requerida.

3. Inconformados, apelaram os requerentes que nas alegações formulam as seguintes conclusões:

1ª: A livrança junta aos autos apenas está assinada pelo Requerente marido, mas está devidamente avalisada pela Requerente esposa.

2ª: Além de ter dado o seu aval, a Requerente esposa autorizou o banco a preencher a totalidade da referida livrança.

3ª: Os Requerentes são casados no regime da comunhão geral de bens como se vê, tanto do documento 1, onde se identifica a qualidade de sócio, como no próprio documento atrás referido onde autorizam o preenchimento da livrança.

4ª: Na carta enviada pela entidade bancária e junta sob doc. 6, também é referido que tanto o Requerente marido como a Requerente esposa são responsáveis pelo pagamento da dívida existente.

5ª: Não existem dúvidas de que os Requerentes são casados no regime da comunhão geral e ambos são responsáveis pela dívida contraída, que não pára de aumentar, uma vez que está sempre a vencer juros.

6ª: O art. 20º do C.I.R.E. refere que a declaração de insolvência pode ser requerida "Por quem for legalmente responsável pelas suas dívidas".

7ª: Não existem quaisquer dúvidas de que os Requerentes são responsáveis pelas dívidas da requerida, em especial junto da entidade bancária "F.........", como se vê tanto do contrato junto como da livrança assinada e avalisada e ainda das cartas juntas sob doc. 6 e 7 enviadas pela referida entidade.

8ª: Na nossa humilde opinião, basta que alguém seja responsável por alguma dívida, estando legalmente vinculado ao seu pagamento, para poder ter cabimento na disposição legal citada.

9ª: Dando a interpretação da Mmª Juiz, também se teria de interpretar a situação "qualquer credor", referida no mesmo artigo, como sendo todos os credores em conjunto.

10ª: Mas a responsabilidade dos Requerentes/recorrentes não se fica apenas por esta situação, uma vez que também são solidariamente responsáveis pela totalidade das dívidas da requerida até ao montante do património social da sociedade de que são sócios, como consta do disposto no art. 197º do C.S.C..

11ª: Este será o primeiro a responder pelas dívidas, seguindo-se os avales dos sócios, como é o caso que serve de fundamento ao pedido dos Requerentes.

12ª: Dúvidas não restam, pois, que os Requerentes/Recorrentes são legalmente responsáveis pelo pagamento das dívidas da requerida, quer através da qualidade de avalistas, quer através da sua qualidade de sócio.

13ª: Em nosso entender, com o devido respeito, do "pensamento legislativo" devemos retirar a ideia de que são responsáveis pelo pagamento das dívidas todos aqueles "que estão sujeitos a pagar as dívidas da insolvente", até ao montante da sua responsabilidade.

14ª: Já não a ideia de que deverão ser responsáveis pelo pagamento da totalidade das dívidas, pois se assim fosse, então nenhum credor ficaria sem receber os seus créditos pois teria sempre quem lhe pagasse.

15ª: Por tudo isto discordam os Requerentes/Recorrentes da interpretação dada ao disposto no art. 20º, nº 1, do C.I.R.E. pela Mmª Juiz "a quo", ao fazer uma interpretação extensiva da mesma.

16ª: Tal dispositivo deveria ser entendido como tendo legitimidade para requerer a insolvência "quem for legalmente responsável pelas dívidas" como dele consta, ou seja, através de uma simples interpretação declarativa, uma vez que a norma traduz, na íntegra, o pensamento do legislador.

17ª: E não, como a interpretação extensiva que foi feita, "quem for legalmente responsável por todas as dívidas". 18ª: Discordam também os Requerentes//Recorrentes da interpretação dada ao nº 2 do art. 6º do C.I.R.E..

19ª: Isto porque entendem que preenchem os requisitos ali mencionados, uma vez que são, na medida do património social, responsáveis pela totalidade das dívidas, e no caso da dívida à instituição bancária responsáveis legais por terem assumido o seu pagamento através de uma garantia e prestando o seu aval. Nestes termos e nos melhores de direito, que Vossas Excelências mui doutamente suprirão, revogando o despacho recorrido, substituindo-o por outro que admita a requerida declaração de insolvência, farão V. Exas. A sempre douta, inteira e costumada Justiça.

4. Não tendo sido oferecidas contra-alegações, colhidos os vistos legais, cumpre decidir.

II – Fundamentação

1. Os factos a considerar na apelação são os que constam do presente relatório.

2. Tendo presente que o objecto dos recursos é balizado pelas conclusões das alegações do recorrente, não podendo este Tribunal conhecer de matérias nelas não incluídas, a não ser que sejam de conhecimento oficioso (arts. 684º, nº 3 e 690º, nºs 1 e 3, do Código de Processo Civil), que neles se apreciam questões e não razões e que não visam criar decisões sobre matéria nova, sendo o seu âmbito delimitado pelo conteúdo do acto recorrido, a única questão suscitada é a de

saber se os recorrentes têm legitimidade, enquanto legalmente responsáveis pelas suas dívidas, para requerer a insolvência da requerida, da qual são sócios não gerentes.

Depois de, no art. 19º, que instrumentando o dever de apresentação à insolvência por parte do devedor, consignado no artigo anterior, determinando quem o háde cumprir, estabelecer que, não sendo o devedor uma pessoa singular capaz, a iniciativa da apresentação à insolvência cabe ao órgão social incumbido da sua administração, ou, se não for o caso, a qualquer dos seus administradores, dispõe o artigo 20º, nº 1, do CIRE (Código da Insolvência e da Recuperação de Empresas, aprovado pelo DL nº 53/2004, de 18 de Março, e alterado pelo DL nº 200/04, de 18 de Agosto), subordinado à epígrafe "Outros legitimados" que a declaração de insolvência de um devedor pode ser requerida por quem for legalmente responsável pelas suas dívidas, por qualquer credor, ainda que condicional e qualquer que seja a natureza do seu crédito, ou ainda pelo Ministério Público, em representação das entidades cujos interesses lhe estão legalmente confiados, verificando-se alguns dos factos referidos nas suas várias alíneas, entre os quais se incluem a suspensão generalizada do pagamento das obrigações vencidas – alínea *a*) – e a falta de cumprimento de uma ou mais obrigações que, pelo seu montante ou pelas circunstâncias do incumprimento, revele a impossibilidade de o devedor satisfazer pontualmente a generalidade das suas obrigações – alínea *b*).

Afastadas que se encontram, no caso em apreço, as situações de estarmos perante a apresentação do devedor à insolvência, já que os requerentes são apenas sócios, não fazendo parte dos seus órgãos sociais (não são gerentes), e a sua qualidade de credores da requerida, que, aliás, eles não invocam, mas que sempre seria de afastar, porquanto se limitam a alegar que foram interpelados pelo banco, na qualidade de avalistas da requerida, de que o contrato de abertura de crédito em conta corrente tinha sido denunciado e que deveriam liquidar a quantia global de € 99 759, não alegando também que tenham pago, a legitimidade dos requerentes para instaurarem a declaração de insolvência apenas pode ser-lhes atribuída, face ao estipulado no citado art. 20º, se puderem ser considerados legalmente responsáveis pelas suas dívidas da requerida.

A decisão recorrida, após ter notificado os requerentes para, atenta a qualidade que assumiram de sócios, esclarecerem se a responsabilidade que dizem sobre eles impender sobre as dívidas da requerida se enquadravam no regime previsto no art. 198º do Código das Sociedades Comerciais, os quais se limitaram a reafirmar o alegado inicialmente, declarou a ilegitimidade dos requerentes e indeferiu liminarmente o pedido de declaração de insolvência, por ter entendido que não são todos os responsáveis pelas dívidas do insolvente que podem desencadear o processo de insolvência, mas somente quem preencha o condicionalismo definido no nº 2 do art. 6º do Código da Insolvência e da Recuperação de Empresas.

Insurgindo-se os recorrentes contra esse entendimento, pensamos que não lhes assiste razão.

Em anotação ao citado art. 20º, escrevem Luís A. Carvalho Fernandes e João Labareda, Código da Insolvência e da Recuperação de Empresas Anotado, Vol. I, pág. 131, que a atribuição de legitimidade para a instauração da acção a quem for legalmente responsável pelas dívidas do insolvente, constitui um mecanismo de tutela destas pessoas, cuja posição tende a agravar-se à medida que o devedor for subsistindo e contraindo mais dívidas e que, nesse contexto, a instauração da acção e a correspondente declaração de insolvência farão estancar a responsabilidade do requerente.

Os mesmos autores acrescentam, de seguida, que não são todos os responsáveis por dívidas do insolvente que podem desencadear o processo, mas somente quem preencha o condicionalismo definido no nº 2 do art. 6º.

Dispõe este último preceito legal que, para efeitos deste Código, são considerados responsáveis legais as pessoas que, nos termos da lei, respondam pessoal e ilimitadamente pela generalidade das dívidas do insolvente, ainda que a título subsidiário.

Portanto, é a própria lei que define a noção de responsável legal, a qual deve ser levada em conta sempre que a lei se reporte à figura em causa, com respeito a uma qualquer realidade envolvida num processo de insolvência, falecendo, deste modo, o argumento dos recorrentes de que a decisão recorrida fez uma interpretação extensiva do conceito "quem for legalmente responsável pelas suas dívidas".

Assente que a noção de responsável legal abrange apenas as pessoas que, nos termos da lei, respondam pessoal e solidariamente pela generalidade das dívidas do insolvente, e não todo e qualquer responsável por apenas parte das dívidas, os requerentes não detêm aquela qualidade.

Como defendem os referidos autores, obra citada, págs. 85/86, para a qualificação de responsável legal, é determinante a sujeição ao pagamento da generalidade das dívidas do insolvente e é essencial estar-se em presença de uma responsabilidade ilimitada, que se traduz na concertação de dois vectores fundamentais: um é a não dependência dos montantes das dívidas ou da sua natureza ou fonte; outro é o da afectação da totalidade das forças do património do responsável no pagamento.

Acrescentam depois que tanto bastará para que, por exemplo, sejam excluídos do conceito acolhido os sócios que assumam responsabilidade pelas dívidas da sociedade por quotas ao abrigo do dispositivo consignado no art. 198º do Código das Sociedades Comerciais.

E bem se compreende que assim seja.

Na verdade, depois de no n.º 1 do art. 197º, relativo à sociedade por quotas, estabelecer que nesse tipo de sociedade o capital social está dividido por quotas, sendo os sócios solidariamente responsáveis por todas as entradas convencionadas no contrato social, os n.ºs 2 e 3 estipulam, respectivamente, que os sócios apenas são obrigados a outras prestações quando a lei ou o contrato, autorizado por lei, assim o estabeleçam e que só o património social responde para com os credores pelas dívidas da sociedade.

Por sua vez, o n.º 1 do art. 198º prevê que é lícito estabelecer no contrato que um ou mais sócios, além de responderem para com a sociedade nos termos definidos no n.º 1 do artigo anterior, respondem também perante os credores sociais até determinado montante, podendo essa responsabilidade tanto ser solidária com a da sociedade como subsidiária em relação a esta e a efectivar apenas na fase de liquidação.

Ou seja, e em consonância com a própria essência do tipo de sociedade em questão (sociedade por quotas), enquanto limitativa da responsabilidade dos associados ao valor por que se obrigarem no contrato social, nos termos do art. 197º, os sócios respondem pelas entradas convencionadas, que, no caso dos requerentes, é de € 9 975,96, montante que detêm no capital social da requerida que é de € 79 807,68.

E, se é certo que o art. 198º prevê a possibilidade de os sócios, no contrato de sociedade, não necessariamente apenas no contrato originário, mas também por meio de alteração introduzida na forma legal, assumirem outras responsabilidades, sem qualquer ligação com o montante do capital social, é, contudo indispensável fixar um montante determinado, não sendo admitida uma responsabilidade directa ilimitada, quer criaria para o sócio um regime ainda mais duro do que o dos sócios de sociedades em nome colectivo – neste sentido, cfr. Raul Ventura, Sociedades por Quotas, Vol. I, pág. 60.

Aliás, no caso em apreço, os requerentes nem sequer alegaram, apesar de para tanto terem sido notificados, que assumiram qualquer tipo de responsabilidade suplementar.

Resta, portanto, a responsabilidade que pessoalmente assumiram perante o E........., pela dívida da requerida, através do contrato de abertura de crédito em conta corrente que essa conta pudesse originar, responsabilidade que tem o limite de Esc. 20.000.000$00.

O que significa, perante o que se deixou exposto, que os requerentes não preenchem o conceito de responsáveis legais que a lei exige para puderem ter legitimidade para requererem a insolvência da requerida, responsabilidade que tem de ser pessoal e ilimitada, nenhuma censura, por isso, merecendo a decisão recorrida ao indeferir liminarmente o pedido de declaração de insolvência, por ilegitimidade dos requerentes, já que a ilegitimidade é uma excepção dilatória, de conhecimento oficioso – arts. 494º, al. *e*), e 495º do Código de Processo Civil e 17º e 27º, nº 1, al. *a*) do Código da Insolvência e da Recuperação de Empresas.

III – Decisão

Pelo exposto, acordam os juizes que constituem esta Secção Cível do Tribunal da Relação do Porto, em julgar improcedente a apelação e confirmar a decisão recorrida.

*

Custas pelos apelantes.

*

Porto, 12/06/2008

António do Amaral Ferreira
Manuel José Pires Capelo
Ana Paula Fonseca Lobo

Acórdão do Tribunal da Relação do Porto, de 26-01-2009

Processo nº 8056/08-5
Relator: Maria de Deus Correia
Apelante: B........., Lda
Apelada: C........., Lda
(Processo nº .../08.5TJVNF-...º Juízo Cível de Vila Nova de Famalicão)

Acordam no Tribunal da Relação do Porto:

I – Relatório

B........., Lda requereu declaração de insolvência de C........., Lda.

Citada a requerida, veio a mesma apresentar contestação, pedindo que a acção seja julgada improcedente.

Foram os autos conclusos ao Juiz, em 9/10/2008 que, nessa data, proferiu o seguinte despacho:

"Audiência de julgamento no próximo dia 22 de Outubro, pelas 14 horas. Notifique."

Notificada desse despacho, vem a ilustre mandatária da requerente informar o tribunal, por requerimento entrado em juízo em 17 de Outubro de 2008, de que se encontraria impedida na data indicada para a realização da audiência de julgamento e "sugere, em alternativa, após contacto com a Ex.ma Colega os próximos dias 06/11, 13/11 ou 28/11, pelas 10 horas."

Relativamente a tal requerimento, foi proferido o seguinte despacho:

"Não há disponibilidade de agenda nos dias sugeridos.

Além disso, essas datas ultrapassam (...) o limite imposto por lei para a realização do julgamento.

Notifique."

Notificada desse despacho, a mandatária da requerente envia novo requerimento em 21 de Outubro de 2008, com o seguinte teor: "por se encontrar impedida na data designada para a realização da audiência de julgamento, após contacto com a secção de processos e com a Exma. Colega indica para a realização da audiência os próximos dias 4, 5 e 6/11, pelas 14 horas, para o que se compromete a apresentar as testemunhas na nova data que venha a ser indicada.

Encontrando-se o tribunal impedido nas datas indicadas, desde já se requer que seja designada uma outra data em que essa disponibilidade exista."

Sobre este requerimento o Tribunal não se pronunciou.

No dia seguinte, 22 de Outubro de 2008, data designada para a audiência, verificando-se a ausência da ilustre mandatária da requerente, foi proferida a seguinte sentença:

"Compulsados os autos, verifica-se que no dia 09-10-2008 foi designado o dia de hoje para a realização da presente audiência.

A Ex.ma Mandatária da requerente enviou para o processo um requerimento, datado de 18-10-2008, solicitando o adiamento da audiência, com o fundamento que se encontraria impedida na realização de uma outra audiência de julgamento.

Simultaneamente sugeriu datas alternativas para que fosse designada a audiência para umas dessas datas.

Essas datas são: 06, 13 ou 28 de Novembro pelas 10:00 horas.

No entanto, conforme se pode verificar pelo teor do despacho constante de fls. 82, essa pretensão foi indeferida, quer com fundamento na falta de disponibilidade de agenda para as datas sugeridas, quer porque essas datas representavam uma violação clara e ostensiva do preceituado no art. 35º, nº 1 do C.I.R.E..

Hoje verifica-se que para a presente audiência não estão presentes nem a requerente ou quem a represente, nem a sua ilustre mandatária.

Preceitua o art. 35º, nº 3 do C.I.R.E. que a não comparência do requerente por si ou através de um representante, vale como desistência do pedido.

Assim, confrontado com a supra situação e com a inerente desistência do pedido, decido homologar essa desistência pela presente sentença, declarando extinto o direito que se pretendia fazer valer."

Inconformada com esta decisão, a Requerente vem interpor o presente recurso de apelação.

A recorrente conclui, no essencial, o seguinte:

Tendo a mandatária da requerente comunicado ao tribunal a sua impossibilidade de comparecer no tribunal no dia e hora designados para a audiência de julgamento, deveria o Mmo. Juiz ter adiado a audiência nos termos do art. 651º, nº 1, alínea d) e art. 155º, nº 5 do CPC, pois só dessa forma se asseguraria a realização da justiça, quer ainda a igualdade de acesso aos tribunais.

A circunstância de a audiência de discussão e julgamento ter sido realizada na ausência da mandatária da requerente, fazendo equivaler a sua ausência à desistência do pedido, configura a prática de um acto que a lei não admite, o que corresponde à existência de uma nulidade processual (art. 201º) que se arguiu, no presente requerimento apresentado dentro do prazo de 10 dias.

E essa irregularidade influi no exame e discussão da causa, pois a requerente viuse impedida de exercer o seu direito. E a arguição é atempada (art. 205º), pois a notificação da acta da audiência de julgamento ocorreu a 31/10/2008. Esta constatação implica se deva anular o processado realizado no dia 22/10/2008 e actos subsequentes, devendo, como tal, a audiência ser repetida e, após, na sequência, proferir-se a sentença que houver lugar.

Não foram apresentadas contra-alegações.

Cumpre apreciar e decidir:

II – Os factos
A factualidade relevante para a decisão é a que consta do relatório.

III – O Direito
Face às conclusões de recurso, a questão que importa apreciar é a de saber se perante a comunicação da impossibilidade de comparência por parte da mandatária da requerente, o Tribunal deveria ter procedido ao adiamento da audiência em vez de aplicar o disposto no art. 35º, nº 3 e nº 4 do C.I.R.E., considerando a ausência da requerente como desistência do pedido e homologando a mesma.

Vejamos:

Estabelece o art. 35º, nº 1 do C.I.R.E. que "tendo havido oposição do devedor (…) é logo marcada audiência de discussão e julgamento para um dos cinco dias subsequentes, notificando-se o requerente e o devedor para comparecerem pessoalmente ou para se fazerem representar por quem tenha poderes para transigir."

No nº 2 estipula o preceito legal: "Não comparecendo o devedor nem um seu representante, têm-se por confessados os factos alegados na petição inicial, se a audiência do devedor não tiver sido dispensada nos termos do artigo 12º".

Continua o nº 3: "Não se verificando a situação prevista no número anterior, a não comparência do requerente, por si ou através de um representante, vale como desistência do pedido."

E no nº 4: "O juiz dita logo para a acta, consoante o caso (…) ou sentença homologatória da desistência do pedido."

Ora, o preceituado no art. 35º do C.I.R.E. aplica-se, sem prejuízo do disposto nos arts. 651º e 155º do Código de Processo Civil que é de aplicação subsidiária às situações não especialmente reguladas no C.I.R.E., por força do art. 17º deste mesmo diploma legal.

Assim, nos termos do art. 155º, nº 1 do C.P.C. "a fim de prevenir o risco de sobreposição de datas de diligências a que devam comparecer os mandatários judiciais, deve o juiz providenciar pela marcação do dia e hora da sua realização mediante prévio acordo com aqueles, podendo encarregar a secretaria de realizar, por forma expedita, os contactos prévios necessários."

Por sua vez, estabelece o art. 651º, nº 1, alínea c) do C.P.C.: que a audiência é adiada "se o juiz não tiver providenciado pela marcação mediante acordo prévio com os mandatários judiciais, nos termos do art. 155º, e faltar algum dos advogados."

Ora, no caso presente, a audiência foi marcada para o dia 22 de Outubro de 2008, sem que tenha sido obtido o acordo prévio dos mandatários. Assim, nestas circunstâncias, a falta de um dos mandatários constitui fundamento legal para o adiamento da audiência, ficando, portanto, excluída, a aplicação automática do disposto no art. 35º, nº 3 do C.I.R.E..

Mas ainda que tivesse sido marcada a audiência em data previamente acordada com os mandatários, que já vimos não foi, ainda assim, a audiência deveria ser adiada, conforme alínea d) do art. 651º, caso algum dos mandatários faltasse, após ter comunicado a impossibilidade de comparecer, nos termos do art. 155º, nº 5 do C.P.C..

Este preceito estabelece que "os mandatários devem comunicar prontamente ao tribunal quaisquer circunstâncias impeditivas da sua presença."

A lei prevê assim os casos em que, não obstante, ter havido acordo prévio sobre a data da audiência, tenha surgido um facto impeditivo da comparência do mandatário que seja posterior a esse acordo, v.g. uma doença.

Previu ainda o legislador (art. 651º, nº 5) o caso de ter havido acordo prévio sobre a data da audiência, mas em que o advogado falta, sem comunicar previamente a razão da sua ausência. Nesse caso a audiência realiza-se, com o condicionalismo previsto no art. 651º, nº 5 do C.P.C., incumbindo ao mandatário faltoso o ónus de provar que não compareceu por motivo justificado que o impediu também de cumprir o disposto no art. 155º, nº 5. Será o caso v.g. de um acidente de viação sofrido pelo mandatário na deslocação para o tribunal.

Da leitura das diversas situações previstas no art. 651º do C.P.C., resulta que o caso em apreço se enquadra na alínea c) daquele preceito. Dado que a data da audiência foi marcada sem o acordo prévio dos mandatários, como determina o art. 155º, nº 1 do C.P.C., a falta da ilustre mandatária da requerente determinava o adiamento da referida audiência. Não estava sequer obrigada a cumprir o disposto no art. 155º, nº 5 do C.P.C., pois essa comunicação pressupõe que a marcação da audiência tenha sido feita de acordo com os mandatários. Mas a ilustre mandatária da requerente fê-lo, dando a conhecer ao Tribunal que a sua ausência iria ter como razão o seu impedimento, ilidindo, necessariamente a presunção que a lei estabelece no art. 35º, nº 3 do C.I.R.E. Este preceito ao estabelecer um efeito tão gravoso para a não comparência do requerente ou seu representante tem de ser entendido como referindo-se à ausência *"não justificada"*, pois é o que decorre da integração do preceito no sistema processual, globalmente entendido no seu equilíbrio e coerência[1].

Em suma, perante a falta da ilustre mandatária da requerente, sendo certo que a data da audiência não foi marcada com o acordo prévio dos mandatários, e ainda, em face da comunicação da impossibilidade de comparência, por parte da mesma mandatária, o Tribunal deveria ter procedido ao adiamento da audiência.

Ao considerar a falta de comparência da mandatária da requerente como desistência do pedido, o tribunal a quo violou o disposto nos artigos 651º, nº 1, alíneas *c)* e *d)* e 155º, nºs 1 e 5 do C.P.C. e no art. 35º, nºs 3 e 4 do C.I.R.E. porque não procedeu à correcta interpretação de tais preceitos.

Assim, a circunstância de a audiência de discussão e julgamento ter sido realizada na ausência da mandatária da requerente, fazendo equivaler a sua não comparência à desistência do pedido, configura a prática de um acto que a lei não admite o que corresponde a uma nulidade processual, nos termos do art. 201º, pois que, obviamente, a irregularidade cometida influi na decisão da causa.

Procedem, pois, as conclusões da recorrente.

O recurso merece provimento.

IV – Decisão

Face ao exposto, acordam os juízes deste Tribunal da Relação do Porto, em conceder provimento ao recurso, revogando a decisão recorrida, ordenando a sua substituição por outra que designe novo dia para a audiência de julgamento, em conformidade com o disposto no art. 155º, nº 1 do C.P.C..

Custas pela Apelada.

Porto, 26 de Janeiro de 2009

Maria de Deus Simão da Cruz Silva Damasceno Correia
Maria Adelaide de Jesus Domingos
Baltazar Marques Peixoto

---

[1] *Vide* a este respeito José Lebre de Freitas, Código de Processo Civil Anotado, Volume 2º, 2ª edição, Coimbra Editora, 2008, pp. 647-652.

Acórdão do Tribunal da Relação do Porto, de 13-11-2006

Processo: 0655707
Relator: Sousa Lameira

Acordam no Tribunal da Relação do Porto:

I – Relatório
A) Nos Juízos de Execução do Porto, inconformado com o despacho de fls. 35, proferido na Execução Comum para pagamento de quantia certa que Banco B........., SA move contra C......... e outros, no qual se entendeu declarar extinta a instância por inutilidade superveniente da lide quanto ao executado C........., prosseguindo quanto aos demais, veio o Exequente Banco B........., SA interpor recurso de agravo, terminando as suas alegações com as seguintes conclusões:

O recorrente B......... intentou uma execução comum, contra C......... e outros, para pagamento de quantia certa pela falta de pagamento pontual de seis livranças subscritas por todos os executados.

No decurso da presente acção executiva, o tribunal *a quo* tomou conhecimento de que no Processo nº .../05.7TJCBR que corre termos no ...º Juízo Cível do Tribunal de Coimbra, foi declarada a Insolvência do Recorrido C.........

Em virtude de tal informação, o Tribunal a quo considerou, atento o disposto no artigo 88º do CIRE impossível a continuação da presente lide quanto ao executado C......... e, nos termos do artigo 288º do CPC determinou a extinção da instância relativamente a este executado.

Contudo, a declaração de Insolvência do C......... foi proferida com carácter limitado, nos termos do disposto no artigo 191º do CIRE.

Acontece ainda que a sentença que declarou a Insolvência de C......... ainda não transitou em julgado.

Também não requerido, dentro do prazo legal, o complemento da sentença de declaração de Insolvência de C..........

Consequentemente, e atento o disposto na alínea *a*) do nº 7 do artigo 39º do CIRE "não sendo requerido o complemento da sentença, o devedor não fica privado dos poderes de administração e disposição do seu património, nem se produzem os efeitos que normalmente correspondem à declaração de insolvência...".

Um dos efeitos processuais da declaração de insolvência é, nos termos do disposto no artigo 88º do CIRE "a suspensão de quaisquer diligências executivas ou providências requeridas pelos credores da insolvência que atinjam os bens integrantes da massa insolvente e obsta à instauração ou ao prosseguimento de qualquer acção executiva intentada pelos credores da insolvência".

Tal efeito processual, assim como todos os efeitos normais correspondentes à declaração de Insolvência não se aplica aos presentes autos tendo em conta que estamos perante uma declaração de insolvência com carácter limitado.

Foi violado, pelo Tribunal a quo, o disposto no artigo 39º, nº 7, alínea *a*) do CIRE. Conclui pedindo a procedência do recurso.

Não foram apresentadas contra alegações.
A Srª Juiz proferiu despacho de sustentação (fls. 19).

II – Factualidade Provada

Encontram-se provados os seguintes factos:

1 – A presente execução é uma Execução Comum para pagamento de quantia certa que Banco B.........., SA move contra C.......... e outros.

2 – No decurso da presente acção executiva, o tribunal a quo tomou conhecimento de que no Processo nº 939/05.7TJCBR que corre termos no 4º Juízo Cível do Tribunal de Coimbra, foi declarada a Insolvência do Recorrido C.........., a qual foi proferida com carácter limitado, nos termos do disposto no artigo 191º do CIRE.

3 – O executado C.......... foi declarado insolvente, por sentença de 08.07.2005 proferida no Processo nº .../05.7TJCBR que corre termos no 4º Juízo Cível do Tribunal de Coimbra, que, na data em que foi proferido o despacho recorrido, não havia ainda transitado em julgado.

4 – Na sentença em causa foi declarado aberto incidente de qualificação de insolvência, com carácter limitado tendo sido decidido qualificar a insolvência do requerido como fortuita.

5 – É do seguinte teor o despacho recorrido (na parte que interessa):
"Decretada a insolvência do primeiro executado, declaro, quanto a este, extinta a instância por impossibilidade superveniente da lide [artigos 88º, nº 1 do CIRE e 287º, alínea *e*) do CPC], prosseguindo os autos contra os demais executados".

III – Da Subsunção – Apreciação

Verificados que estão os pressupostos de actuação deste tribunal, corridos os vistos, cumpre decidir.

O objecto do recurso é definido pelas conclusões da alegação do recorrente, artigo 684º, nº 3 do Código de Processo Civil.

No presente recurso coloca-se apenas a seguinte questão:

1 – Sendo declarada a insolvência, com carácter limitado, nos termos do disposto no artigo 191º do CIRE e correndo um processo de execução contra o insolvente deve ou não, na instância executiva, ser declarada extinta a instância por impossibilidade superveniente da lide nos termos dos artigos 88º, nº 1 do CIRE e 287º, alínea e) do CPC?

Vejamos a questão.

Dispõe o artigo 88º do CIRE – Código da Insolvência e da Recuperação de Empresas que:

1 – A declaração de insolvência determina a suspensão de quaisquer diligências executivas ou providências requeridas pelos credores da insolvência que atinjam os bens integrantes da massa insolvente e obsta à instauração ou ao prosseguimento de qualquer acção executiva intentada pelos credores da insolvência; porém, se houver outros executados, a execução prossegue contra estes.

2 – Tratando-se de execuções que prossigam contra outros executados e não hajam de ser apensadas ao processo nos termos do nº 2 do artigo 85º, é apenas extraído, e remetido para apensação, traslado do processado relativo ao insolvente.

E, nos termos do nº 1 do artigo 191º do CIRE – Código da Insolvência e da Recuperação de Empresas, "o incidente limitado de qualificação de insolvência aplica-se nos casos previstos no nº 1 do artigo 39º..."

Estabelece o nº 1 do artigo 39º do CIRE – Código da Insolvência e da Recuperação de Empresas que "concluindo o juiz que o património do devedor não é presumivelmente suficiente para a satisfação das custas do processo e das dívidas previsíveis da massa insolvente e não estando essa satisfação por outra forma garantida, faz menção desse facto na sentença de declaração da insolvência e dá nela cumprimento apenas ao preceituado nas alíneas a) a d) e h) do artigo 36º, declarando aberto o incidente de qualificação com carácter limitado".

Acrescenta o nº 2, al. a) deste preceito que "no caso referido no número anterior qualquer interessado pode pedir, no prazo de cinco dias, que a sentença seja complementada com as restantes menções do artigo 36º".

"Não sendo requerido o complemento da sentença, o devedor não fica privado dos poderes de administração e disposição do seu património, nem se produzem quaisquer dos efeitos que normalmente correspondem à declaração de insolvência, ao abrigo das normas deste código", nº 7, al. *a*) do artigo 39º do CIRE – Código da Insolvência e da Recuperação de Empresas.

Dever-se-á ter ainda em consideração o estatuído nos artigos 671º e ss do CPC, que dispõe sobre o valor e efeitos do caso julgado.

Perante a factualidade descrita supra II e tendo em consideração os princípios jurídicos sumariamente enunciados, temos por seguro que a decisão recorrida não se pode manter.

Desde logo não tendo ainda transitado, no momento em que foi proferido o despacho recorrido, a decisão que decretou a insolvência do co-executado C......... nunca poderia ser aplicado o disposto no artigo 88º do CIRE – Código da Insolvência e da Recuperação de Empresas o qual estabelece que a declaração de insolvência determina a suspensão de quaisquer diligências executivas e obsta à instauração ou ao prosseguimento de qualquer acção executiva intentada pelos credores da insolvência.

Só após o trânsito em julgado daquela decisão é que se poderia e deveria equacionar a aplicação do disposto no artigo 88º do CIRE – Código da Insolvência e da Recuperação de Empresas.

Deste modo e sem necessidade de outras considerações impunha-se a revogação do despacho recorrido.

Mas, ainda que a decisão que decretou a insolvência do co-executado C......... já tivesse transitado em julgado, nunca poderia a decisão recorrida ter declarado extinta a instância por impossibilidade superveniente da lide nos termos dos artigos 88º, nº 1 do CIRE e 287º, alínea *e*) do CPC.

Na verdade, como resultou da factualidade provada, a insolvência do co-executado C......... foi decretada com carácter limitado, ou seja não se trata de uma insolvência com carácter e âmbito total, pleno, mas sim de uma insolvência com carácter e efeitos parciais, efeitos limitados na terminologia legal.

Importa ter em consideração que tendo a decisão que decretou a insolvência do co-executado C......... sido com carácter limitado qualquer interessado podia ter pedido que a mesma fosse complementada nos termos do artigo 36º (ou seja que a sentença tivesse carácter pleno). Todavia ninguém o fez.

Ora, não tendo sido requerido o complemento da sentença, "a declaração de insolvência não desencadeia a generalidade dos efeitos que normalmente lhe estão ligados, ao abrigo das normas do Código, mantendo-se o devedor também na administração e disposição do património que exista".[1]

---

[1] Luís A. Carvalho Fernandes e João Labareda, Código da Insolvência e da Recuperação de Empresas, Anotado, vol. I, p. 205.

Um dos efeitos que a declaração de insolvência plena desencadeia, e a limitada não, é exactamente o previsto no artigo 88º (cfr. também o art. 85º do CIRE).

A declaração de insolvência com carácter limitado não determina a suspensão de quaisquer diligências executivas e não obsta à instauração ou ao prosseguimento de qualquer acção executiva intentada pelos credores da insolvência.

Na verdade o co-executado C........., apesar de ter sido declarado insolvente não ficou privado dos poderes de administração e de disposição sobre o património que eventualmente possua, património esse que, como é óbvio, não foi apreendido para a insolvência (não se podendo sequer falar em massa insolvente) mas pode vir a ser penhorado no âmbito da execução que contra ele corre.

Acresce que o exequente perante a situação presente – declaração de insolvência com carácter limitado – não podia ir ao processo de insolvência reclamar o seu crédito uma vez que a fase em que o poderia fazer – da reclamação de créditos – nem sequer chegou a ser aberta.

Estar-se-ia perante uma manifesta denegação dos direitos de crédito do exequente que, por um lado não podia prosseguir com a execução e, por outro não podia ir reclamar o seu crédito ao processo de insolvência por não ter sido aberta a fase da reclamação de créditos.

Deste modo, podemos afirmar que tendo sido declarada a Insolvência de alguém, a qual foi proferida com carácter limitado, (na sentença foi declarado aberto incidente de qualificação de insolvência, com carácter limitado), não sendo requerido o complemento da sentença não se impõe que seja determinada a suspensão de quaisquer diligências executivas e não obsta à instauração ou ao prosseguimento de qualquer acção executiva intentada pelos credores da insolvência.[2]

A declaração de insolvência, com carácter limitado, nos termos do disposto nos artigos 191º e 39º do CIRE, na qual não foi requerido o complemento da sentença, não determina a declaração de extinção da instância por impossibilidade superveniente da lide nos termos dos artigos 88º, nº 1 do CIRE e 287º, alínea e) do CPC do processo de execução que corre contra o insolvente.

Em suma e em conclusão, impõe-se a procedência da questão arguida pelo Recorrente e, consequentemente impõe-se a procedência do presente recurso, devendo a execução prosseguir também contra o recorrido C.........

---

[2] Neste mesmo sentido o Ac. da Relação do Porto, de 19-09-2006, proferido no processo 3986/06 da 2ª secção Relator Desembargador Emídio Costa.

IV – Decisão

Por tudo o que se deixou exposto, acorda-se em conceder provimento ao recurso de agravo interposto pela Recorrente e, em consequência revoga-se o despacho recorrido, que deverá ser substituído por outro no qual se ordene o prosseguimento dos autos quanto ao executado insolvente C.........

Sem custas.

Porto, 13 de Novembro de 2006

José António Sousa Lameira
Jorge Manuel Vilaça Nunes
João Eduardo Cura Mariano Esteves

Acórdão do Tribunal da Relação do Porto, de 06-01-2009

Processo: 0824534
Relator: Maria Graça Mira

Acordam na Secção Cível (1ª Secção), do Tribunal da Relação do Porto:

*

I – B......... e mulher C........., vieram, por apenso aos autos de insolvência com o nº .../06.1TBVFR, requerer, ao abrigo do disposto no art. 146º, nº 2, al. *b*), do C.I.R.E., a verificação do crédito na quantia de 31.500?, acrescido de juros de mora.

Alegaram, para tanto e em síntese:

– que celebraram com a insolvente contrato promessa de compra e venda de fracção autónoma que identificam; que entregaram à mesma a quantia global de € 15 750 a título de sinal e princípio de pagamento; que a fracção objecto do mesmo lhes foi entregue pela insolvente em Março de 2005 e factos susceptíveis de demonstrar a posse da fracção desde essa data.

Terminam, pedindo o reconhecimento do seu crédito em montante equivalente ao dobro do sinal prestado e que o mesmo beneficia de direito de retenção.

Uma vez citados os credores, a devedora e a massa insolvente, foi deduzida oposição pelo credor D........., no sentido de ser improcedente o direito de retenção alegado pelos AA..

Estes responderam à matéria de excepção alegada na contestação e pediram a condenação do credor como litigante de má fé.

O indicado credor respondeu ao pedido de litigancia de má fé, contrariando a pretensão dos AA..

Respeitado o prazo a que alude o art. 146º, do C.I.R.E. e tendo os AA. assinado o competente termo de protesto, foi saneado o processo, tendo-se procedido à elaboração e selecção da matéria de facto assente e da base instrutória.

Os autos seguiram a sua normal tramitação, vindo a ser realizada a audiência de discussão e julgamento e, oportunamente, foi proferido e publicado o respectivo despacho que dirimiu a matéria de facto controvertida nos autos, do qual não houve reclamações.

Seguidamente, foi proferida sentença pela qual foi julgado verificado o crédito dos AA., no valor de € 31 500 (trinta e um mil e quinhentos euros), garantido com direito de retenção, acrescido de juros de mora à taxa legal, calculados desde a data da declaração de insolvência, sendo que a quantia referente a juros será considerada como crédito subordinado, nos termos do disposto no art. 48º/1/b), do C.I.R.E..

Inconformada, a D........., interpôs recurso de apelação, apresentando, oportunamente, alegações, conforme o disposto no art. 690º, do CPC, em cujas conclusões refere que:

1. Por força do nº 2, do art. 442º e da al. f), do nº 1, do art. 755º, do C.C., para que o beneficiário da transmissão da promessa goze de direito de retenção tem de haver incumprimento definitivo imputável à outra parte.

2. Para haver cumprimento definitivo, terá a parte que fixar um prazo para a realização da escritura, avisando a contraparte do dia, hora e Cartório Notarial onde a mesma terá lugar, sendo certo que, da matéria dada como provada não se alcança que os Apelados tenham por qualquer meio interpelado a promitente compradora para cumprir.

3. Sendo assim, poderá haver uma situação de mera mora, que não confere aos Apelados o direito de resolver o contrato e de invocar o direito de retenção, uma vez que não existiu incumprimento definitivo.

4. À data da tradição, a construção do imóvel ainda não se mostrava concluída.

5. A promitente vendedora foi declarada insolvente, podendo o Sr. Administrador da Insolvência, nos termos do art. 102º, nº 1, do C.I.R.E., optar pelo cumprimento dos contratos.

6. Contrariamente ao referido na decisão em crise, não se mostra provado, até porque o não poderia estar, que o dito Administrador tenha optado pelo não cumprimento do contrato, muito pelo contrário.

7. Corre o prazo para as partes se pronunciarem sobre o requerimento apresentado pelo referido Administrador dando conta que a comissão de credores não se pronunciou sobre o cumprimento ou recusa dos contratos, estando a Apelante notificada para se pronunciar sobre a modalidade da venda prometida (fls. 476 a 484 e fls. 502, dos autos).

8. Pelas razões de facto e de direito aduzidas, deveria ter sido julgado improcedente o pedido deduzido pelos Apelados no que concerne ao invocado direito de retenção.

9. Assim, a sentença recorrida violou o disposto nos arts. 410º, 442º, 755º e 808º, todos do C.C. e, ainda, o art. 102º, do C.I.R.E., pelo que deve ser revogada e substituída por outra que considere que os créditos dos Apelados não se mostram garantidos com direito de retenção.

Contra alegaram os Recorridos, defendo a manutenção da decisão objecto do recurso.

II – Corridos os vistos, cumpre decidir.

É, em princípio, pelo teor das conclusões do/a recorrente que se delimitam as questões a apreciar no âmbito do recurso (arts. 684º, nº 3, 690º, nº 3, 660º, nº 2 e 713º, nº 2, todos do CPC).

Assim, há que conhecer, tão só, uma questão e que é a de saber se ocorreu ou não, no caso em apreço, incumprimento definitivo, imputável à promitente vendedora – a insolvente, de forma a considerar-se que os AA. – promitentes compradores, gozam do direito de retenção, nos termos do disposto nos artigos 442º, nº 2 e 755º, nº 1, al. *f*), do C.C. (diploma a que pertencem os restantes normativos a citar, desde que não contenham outra designação).

Factos provados:
1. Por sentença proferida em 02.01.2007, transitada em julgado, foi declarada a insolvência de E........., S.A..
2. A insolvente E........., S.A. é proprietária do prédio urbano, denominado de "F.........", sito na Rua ...., n/s ..., ... e ..., freguesia de ...., concelho da Maia, descrito na Primeira Conservatória do Registo Predial da Maia sob o nº 00857//18072001, inscrito na matriz predial urbana sob o artigo 921.
3. A insolvente E........., S.A. é proprietária do prédio urbano, denominado de "F.........", sito na Rua ...., n/s ..., ... e ..., freguesia de ...., concelho da Maia, descrito na 1§ Conservatória do Registo Predial da Maia sob o nº 00855/18072001, inscrito na matriz predial urbana sob o artigo 923.
4. Por documento particular datado de 26 de Março de 2003, a insolvente declarou prometer vender aos autores, que declararam prometer comprar, pelo preço de € 93 772, livre de ónus e encargos, a fracção identificada pela letra "E" do prédio identificado em B), correspondente a um T2, no R/C, hab. 0.5, com entrada pelo número ... e um lugar de garagem e arrumos na cave com entrada pelo número ... do identificado prédio.
5. Em 16 de Maio de 2003 os autores pagaram à insolvente, a titulo de sinal e principio de pagamento, a quantia de € 15 000, quantia esta que foi pedida de empréstimo ao D......... como crédito de sinal e foi directamente transferida do banco mutuante para a conta bancária da insolvente.

6. Nos termos do documento referido em 4., o restante preço seria pago no acto da escritura, tendo as partes outorgantes convencionado que a mesma seria realizada até 30 dias após a obtenção da licença de utilização.

7. Por aditamento ao documento particular descrito em 4., celebrado em 26 de Julho de 2004, os autores e a insolvente acordaram que a escritura pública de compra e venda da referida fracção seria realizada até Dezembro de 2004.

8. Em 28 de Fevereiro de 2005, por novo aditamento ao documento particular descrito em 4., os autores e a insolvente acordaram, em consequência de atrasos na construção e entrega da fracção prometida vender, em trocar a fracção autónoma objecto do documento referido em 4. por uma outra já em condições de ser habitada, identificada pela "E" do prédio identificado em 3., correspondente a um T2, no R/C, hab. 0.5, com entrada pelo número ... e um lugar de garagem e arrumos na cave com entrada pelo número ... do identificado prédio.

9. A escritura de compra e venda, que as partes acordaram celebrar até 31.12.2004, não chegou a ser realizada em consequência de, numa primeira fase, a insolvente não ter a fracção terminada, posteriormente por não estar habilitada com os documentos necessários à realização da escritura, nomeadamente, a licença de habitabilidade e, por fim, porque não conseguia vender livre de ónus ou encargos, uma vez que se encontrava hipotecada e não conseguir o cancelamento de hipoteca.

10. A fracção prometida comprar foi objecto de quatro arrestos.

11. Os autores, em 26 de Março de 2003, aquando da celebração do documento particular referido em 4., entregaram à insolvente a quantia de € 750 a título de sinal e princípio de pagamento.

12. A insolvente, em Março de 2005, entregou aos autores as chaves da habitação referida em 8..

13. Nessa data a fracção estava quase concluída.

14. Em consequência, os autores criaram a convicção que a escritura pública de compra e venda seria outorgada em curto prazo.

15. Os Autores solicitaram à insolvente a ocupação da fracção.

16. Entre Maio e Junho de 2005, os autores mobilaram a fracção.

17. Entre Junho e Julho de 2005, os autores ocuparam a fracção prometida vender.

18. Desde essa data residem na mesma e ocupam garagem e arrumo.

19. Aí confeccionam refeições, dormem, recebem os seus amigos e familiares e guardam os seus haveres.

20. Os autores procedem ao pagamento do condomínio do imóvel.

21. Mudaram o contador da luz para o seu nome e pagam os respectivos consumos.

22. Mudaram o contador da água para o seu nome e pagam os respectivos consumos.

23. Mudaram o contador do gás para o seu nome e pagam os respectivos consumos.

*

Debrucemo-nos, então, sobre o suscitado.

Verifica-se que, o que está subjacente ao pedido formulado nos autos e, por isso, está em causa, é um contrato promessa de compra e venda de um imóvel, através do qual os AA., como promitentes compradores e a insolvente E.........., S.A., como promitente vendedora, se obrigaram a celebrar esse contrato prometido, ao qual, de acordo com o estipulado pelo art. 410º, do CC, são aplicáveis as disposições legais relativas ao último, exceptuando as que dizem respeito à forma e as que, por sua razão de ser, não se devem considerar extensivas ao contrato-promessa.

O incumprimento deste tipo de contrato dá-se quando se encontram verificadas as regras gerais do não cumprimento das obrigações e, de acordo com o nº 1, do art. 799º, do CC, incumbe ao devedor que não cumpre a obrigação provar que essa falta não procede de culpa sua, uma vez que, desde logo, se presume ser ele o culpado.

Como decorre da matéria fáctica dada por provada, designadamente o ponto 9., da factualidade assente, a escritura publica que foi acordado celebrar até 31.12.2004, não chegou a ser realizada, por questões imputáveis, sem dúvida, à promitente vendedora e, desde já adiantamos, por ser evidente, este quadro factual configura uma situação de mora por parte desta, de acordo com o estipulado pelo art. 804º, nº 2, do CC.

A maioria da doutrina e da Jurisprudência vem entendendo que o art. 442º, nº 2, do CC, aplica-se somente quando ocorre o incumprimento definitivo do contrato promessa e não nos casos em que ocorre simples mora (vejam-se, entre outros, "Sinal e Contrato-Promessa", 8ª ed., págs. 113 e segs., de Calvão da Silva e Acs. do STJ, de 26/11/99, CJSTJ, ano VIII, I, pág. 72, de 24/6/04, *in* www.dgsi.pt).

Por sua vez, o Professor Almeida Costa defende que, havendo sinal "a parte inocente, uma vez verificada a mora, pode prevalecer-se das consequências desta ou exercer o direito potestativo de transformá-lo, de imediato, em não cumprimento definitivo, sem observância de qualquer dos pressupostos indicados no nº 1, do art. 808º..." (*in* Contrato Promessa, 8ª ed., Almedina 2004, pág. 81).

Como já se referiu, não é esta a posição maioritariamente seguida, tanto na doutrina como na jurisprudência e o mesmo, da nossa parte, acontece.

Assim, de acordo com o art. 808º, citado, a mora só se transformará em incumprimento definitivo, quando o devedor não cumpre a obrigação, no prazo suplementar e peremptório que o credor lhe concede, através de necessária intimação admonitória.

Logo, constatada a mora, por parte do devedor – no presente caso a empresa insolvente, deveriam os AA., através de uma interpelação admonitória intimá-lo a cumprir a obrigação de proceder à marcação da prometida escritura de compra e venda num determinado prazo. O que não fizeram.

Dizer-se que a declaração de insolvência da promitente vendedora torna impossível a prestação, como o fez o Tribunal a quo, não é correcto.

Com efeito, como prevê o art. 102º, do C.I.R.E., para casos como o presente, em que nos encontramos face a um contrato bilateral que, à data da declaração de insolvência, não se mostrava cumprido, o respectivo administrador pode optar entre cumprir ou não cumprir o contrato em causa, atendendo ao interesse que daí advirá para a massa insolvente e, caso se trate de contrato-promessa com eficácia real, se já tiver ocorrido a tradição da coisa a favor do promitente-comprador, não pode recusar tal cumprimento, cfr. art. 106º, nº 1, do mesmo diploma.

Ora, o contrato em causa, nos presentes autos, não goza dessa eficácia real, pelo que não é de incluir esta situação na última das apontadas previsões. Assim, resta-nos a primeira (art. 102º).

Desta forma, os AA. deveriam ter interpelado a promitente vendedora insolvente, através do respectivo administrador da insolvência, fixando-lhe prazo para cumprir o prometido. Este, por sua vez, face ao estabelecido pelo art. 102º, acima citado, dispunha de toda a liberdade para escolher entre uma das alternativas possíveis – cumprir o acordado ou não cumprir tal promessa (o que não sucederia se se tratasse da situação regulada no art. 106º).

Só na última dessas hipóteses, não tendo a contraente faltosa cumprido no prazo fixado nessa interpelação, é que seria de considerar definitivamente não cumprida a obrigação, por culpa da última, dando lugar a que os AA. beneficiassem das sanções contidas nas apontadas previsões legais, nomeadamente do direito de retenção a que se alude na al. *f)*, do art. 755º, por referência ao art. 442º.

O que, *in casu*, não se verificou.

Logo, entendemos que tem razão a Recorrente, devendo ser revogada a sentença recorrida, em conformidade com o que, por esta, foi pedido.

*

III – Pelo exposto, acordam em julgar a apelação procedente, revogando a sentença recorrida e, em sua substituição, não se julga verificado o crédito pedido pelos AA., no valor de € 31 500 (trinta e um mil e quinhentos euros), acrescido de juros de mora, nem se declaram estes garantidos com direito de retenção.

Custas pelos Recorridos.

Porto, 6 de Janeiro, de 2009

Maria da Graça Pereira Marques Mira
António Guerra Banha
Anabela Dias da Silva

Acórdão do Tribunal da Relação de Coimbra, de 02-07-2008

Processo: 63/07.8TBMGR-M.C1
Relator: Artur Dias

Acordam na 3ª Secção do Tribunal da Relação de Coimbra:

1 – Relatório

A..., intentou no Tribunal Judicial da Marinha Grande, em 14/03/2006, acção declarativa, com processo comum e forma ordinária, distribuída ao 1º Juízo com o nº 614/06.5TBMGR, contra B... e C..., formulando pedido que em 27/08/2007 ampliou, ficando com a redacção seguinte:

I

Ser a 1ª Ré condenada a:
*1 – Reconhecer que celebrou contrato **promessa** e aditamento ao mesmo pelo qual prometeu vender à Autora, livre de ónus e encargos, apartamento tipo T2, correspondente à fracção autónoma designada pela letra B, lote 82 referente ao rés do chão centro, destinado a habitação, do prédio urbano em regime de propriedade horizontal sito na Rua das Andorinhas, nº 7, freguesia e concelho da Marinha Grande, omisso na matriz e descrito na Conservatória do Registo Predial da Marinha Grande sob o nº 12.574, com alvará de licença de construção nº 217/2001 emitido pela Câmara Municipal da Marinha grande a 21/03/2001.*
*2 – Reconhecer que nos termos do aditamento ao contrato **promessa** se comprometeu a celebrar a escritura pública de compra e venda até ao dia 29 de Agosto de 2003.*
*3 – Reconhecer que não cumpriu tal contrato **promessa**, porquanto até à presente data não celebrou a escritura pública de compra e venda, por causas só a si imputáveis.*
Consequentemente,

II

4 – Seja proferida sentença que produza os efeitos da declaração negocial da 1ª Ré faltosa, substituindo a escritura pública de compra e venda da fracção descrita no ponto 1 *do pedido, celebrada nos termos do contrato **promessa**, isto é venda da fracção livre de ónus e encargos, e a 1ª Ré condenada a reconhecê-la e a agir em conformidade e termos da Lei.*

5 – Seja a 1ª Ré condenada, a extinguir as garantias de hipoteca que recaem actualmente sobre a fracção identificada em 1., designadamente a favor do Banco Internacional de Crédito S.A., bem como toda e qualquer hipoteca que venha a recair sobre a fracção até à data do trânsito em julgado da sentença OU entregar à Autora os montantes dos débitos garantidos, ou os valores neles correspondentes à fracção, respectivos juros vencidos e vincendos até integral pagamento.

6 – Seja a 1ª Ré condenada a praticar todos os actos necessários ao levantamento das penhoras que à data da entrada da presente acção e, bem assim, do trânsito em julgado da mesma recaem ou venham a recair sobre a fracção prometida, mediante pagamento das dívidas exequendas aos exequentes que penhoraram ou venham a penhorar a fracção OU mediante a entrega à Autora do montante necessário para o pagamento das dívidas exequendas, respectivos juros vencidos e vincendos até integral pagamento.

7 – Ainda, e sempre, ser a 1ª Ré condenada a pagar à Autora indemnização pelos danos patrimoniais por esta sofridos em virtude do incumprimento por parte da 1ª Ré, que parcimoniosamente se fixam em 22.103.53 Euros.

8 – Ainda, operar-se compensação entre o valor a liquidar pela Autora no acto da escritura (5.000 Euros) e o valor que aqui se reclama a título de indemnização por danos de natureza patrimonial (22.103,53 Euros), dando-se por integralmente liquidado o preço da fracção melhor descrita em 1. sendo a Autora dispensada de proceder ao depósito do valor em falta.

III

[...]

Tendo, entretanto, sido decretada, no processo nº 63/07.8TBMGR, a **insolvência** da "B...", foi, a requerimento do Administrador da insolvência, ordenada, por despacho de 21/09/2007, a apensação da acção, que ficou a ter o nº 63/07.8TBMGR-E, àqueles autos.

A A. havia já reclamado, em 27/08/2007, no processo de insolvência, o seu crédito sobre a insolvente.

O Administrador da insolvência, por ofício de 18/09/2007, comunicou à mandatária da A. que condicionava o cumprimento do contrato **promessa** de compra e venda ao resultado da acção nº 614/06.5TBMGR.

A A., por requerimento datado de 03/10/2007, impugnou a lista de credores.

O Administrador da **insolvência** fez nova comunicação à mandatária da A., em 20/12/2007, informando que entendera optar, com base nas razões indicadas na carta enviada à A., de que juntava fotocópia, e constitui fls. 88 destes autos, pela recusa de cumprimento daquele contrato.

Em 09/01/2008 foi proferido despacho do teor seguinte:

"Em 14-3-2006 deu a A entrada à presente acção, em 14-3-2006 (n° 614/06.5 TBMGR) contra dois RR, tendo a 1ª sido declarada Insolvente por decisão de 9-1-2007, no âmbito do Proc. 63/07.8TBMGR, que corre termos neste Juízo.

A aqui A reclamou já o seu crédito, quanto à 1ª R, como se infere da lista de créditos a fls. 4 do Apenso de Reclamação apenso aos autos identificados de Insolvência.

Ora, é patente pois quanto a ela a inutilidade superveniente da lide, competindo no âmbito daquele apenso a verificação e graduação de créditos, dotada de meios instrutórios e susceptível de impugnação (cfr. arts. 128 e segs. do Código da **Insolvência** *e Recuperação de Empresas).*

Acresce que nos arts. 120 e segs. do Código da **Insolvência** *e Recuperação de Empresas prevê-se a forma de resolução e sua impugnação. Assim aquela inutilidade é causa de extinção da instância quanto à 1ª Requerida, o que ora se reconhece e declara, nos termos do art. 287/e) do Código de Processo Civil. Custas pela 1ª R, nesta parte (art. 447º do Código de Processo Civil, e visto que a R se apresentou posteriormente à citação à* **Insolvência** *no âmbito do Proc. 63/07.8TBMGR). Notifique."*

Inconformada, a A. recorreu, tendo o recurso sido admitido como agravo, com subida imediata, em separado e com efeito meramente devolutivo.

Na alegação apresentada a agravante formulou as conclusões seguintes:

[...]

Foi proferido despacho de sustentação.
Colhidos os pertinentes vistos, cumpre apreciar e decidir.

***

Tendo em consideração que:

– O objecto dos recursos é balizado pelas conclusões das alegações dos recorrentes, não podendo este Tribunal conhecer de matérias nelas não incluídas, a não ser que as mesmas sejam de conhecimento oficioso (arts. 684º, nº 3 e 690º, nº 1 do Código de Processo Civil[1]);
– Nos recursos se apreciam questões e não razões;
– Os recursos não visam criar decisões sobre matéria nova, sendo o seu âmbito delimitado pelo conteúdo do acto recorrido,

a **única questão** a decidir é a de saber se devia ou não ter sido extinta a instância quanto à R. "B...", por inutilidade superveniente da lide.

---

[1] Diploma a que pertencem as disposições legais adiante citadas sem outra menção.

***

2 – Fundamentação

2.1. De facto
Os elementos de facto e incidências processuais relevantes para a decisão do agravo são os constantes do antecedente relatório que aqui se dá por reproduzido.

***

2.2. De direito
Nos termos do art. 85º, nº 1 do CIRE[2], declarada a insolvência, todas as acções em que se apreciem questões relativas a bens compreendidos na massa insolvente, intentadas contra o devedor, ou mesmo contra terceiros, mas cujo resultado possa influenciar o valor da massa, e todas as acções de natureza exclusivamente patrimonial intentadas pelo devedor são apensadas ao processo de insolvência, desde que a apensação seja requerida pelo administrador da insolvência, com fundamento na conveniência para os fins do processo.

No caso em análise tal apensação foi feita, não constituindo objecto do recurso a correcção ou incorrecção da mesma.

O que se discute é questão diversa, qual seja, a de saber quais as consequências processuais da declaração de **insolvência** (e da apensação) sobre a acção que corria termos contra o agora insolvente (acção apensada), designadamente se ocorre quanto a ele inutilidade superveniente da lide, com a consequente extinção da instância [art. 287º, al. *e*) do Cód. Proc. Civil].

A circunstância de, apesar da falta de contestação da R., não se ter oportunamente procedido conforme o disposto no art. 484º do CPC não é relevante para a questão em apreciação, já que o tribunal não pode, face ao estatuído no art. 663º do mesmo diploma legal, ignorar a **insolvência** entretanto declarada.

Convém também referir que, face ao disposto no art. 128º do CIRE, a simples apensação da acção ao processo de **insolvência** não implica que se considere automaticamente reclamado o correspondente crédito, embora permita a presunção de que o crédito é do conhecimento do administrador da **insolvência** (cfr. art. 129º). Em todo o caso, seguindo o conselho avisado de Luís Carvalho Fernandes e João Labareda[3], "por maior prudência, os titulares dos créditos identificados nos processos apensados devem também reclamá-los".

---

[2] Código da **Insolvência** e da Recuperação de Empresas aprovado pelo Dec.-Lei nº 53/2004, de 18/03 e alterado pelo Dec.-Lei nº 200/2004, de 18/08.
[3] Código da **Insolvência** e da Recuperação de Empresas Anotado, vol. I, 2005, p. 453.

"In casu" a recorrente agiu com a prudência aconselhada e, como é facto adquirido nos autos, reclamou o seu crédito na insolvência.

Se a A. apenas pedisse na acção apensada a condenação da R. a satisfazer-lhe um crédito, a pagar-lhe uma determinada quantia em dinheiro, apresentar-se-nos-ia como facilmente aceitável, tendo em conta a reclamação do mesmo crédito na insolvência, a conclusão de que sobreviera na acção a inutilidade da lide. Ou seja, se o reconhecimento, verificação e graduação do crédito tinham de ser e estavam a ser objecto de apreciação no pertinente apenso da insolvência, redundaria em pura inutilidade continuar aberta e pendente a instância na acção em que ao insolvente era exigido o mesmo crédito[4].

Mas a recorrente formulou na acção vários pedidos, alternativos uns, subsidiários outros, sendo inquestionável que o pedido indicado em primeiro lugar, que podemos classificar de pedido principal, é o da execução específica do contrato **promessa** de compra e venda do imóvel ali identificado, onde a insolvente figura como promitente vendedora e a recorrente como promitente compradora.

Neste quadro, a inutilidade superveniente da lide já merece maior discussão, sabido como é que a apreciação da pretendida execução específica não se coaduna com a reclamação dos créditos na insolvência.

Vejamos, pois.

Como resulta dos arts. 102º e seguintes do CIRE, a declaração de **insolvência** tem efeitos sobre os negócios em curso do insolvente, estabelecendo mesmo aquela disposição legal o princípio geral da suspensão do cumprimento quanto a negócios ainda não cumpridos até que o administrador da **insolvência** declare optar pela execução ou recusar o cumprimento. E, em caso de recusa do cumprimento, a outra parte apenas tem direito a exigir, como crédito sobre a insolvência, o valor da prestação do devedor, na parte incumprida, deduzido do valor da contraprestação correspondente que ainda não tenha sido realizada e indemnização pelos prejuízos causados pelo incumprimento, esta dentro dos parâmetros previstos na al. *d*) do nº 3 do art. 102º.

---

[4] Embora aludindo a impossibilidade superveniente da lide, vejam-se os Acórdãos da Relação do Porto de 07/02/2002 (Proc. 0132123, relatado pelo Des. Pinto de Almeida, in *www.dgsi.pt/jtrp*) e da Relação de Évora de 18/12/2007 (Proc. 2473/07-2, relatado pelo Des. Pires Robalo, in *www.dgsi.pt/jtre*). Cfr. tb. Ac. Rel. de Lisboa de 18/10/2006 (Proc. 6544/2006-4, relatado pelo Des. Ramalho Pinto), em cujo texto se afirma que "...embora com as adaptações e especialidades inerentes à **insolvência** já decretada, a reclamação estrutura-se como uma verdadeira e própria acção declarativa, isto é, como uma causa na qual se apreciará a existência e o montante do mesmo direito de crédito em discussão na acção declarativa (arts. 130º e seguintes)". E prossegue-se no mesmo aresto: "Afigura-se, deste modo, que a reclamação legalmente desencadeada no âmbito da **insolvência** determina a inutilização superveniente da instância declarativa, na justa medida em que o fim visado por este processo fica «consumido» e «prejudicado» por aquele".

Contudo, relativamente à **promessa** de contrato prevê o art. 106º, nº 1 que, no caso de **insolvência** do promitente vendedor, o administrador da **insolvência** não pode recusar o cumprimento de contrato-**promessa** com eficácia real, se já tiver havido tradição da coisa a favor do promitente-comprador.

Ou seja, sendo certo que o contrato **promessa** não fora ainda cumprido, já que não fora celebrado o contrato prometido, o que fará a diferença será a atribuição ou não ao contrato em questão de eficácia real.

Se lhe tiver sido atribuída essa eficácia, o administrador da **insolvência** não pode recusar o cumprimento e, recusando-o, à parte contrária assistirá o direito de pedir a execução específica. Se não tiver sido atribuída aquela eficácia, o administrador da **insolvência** pode recusar o cumprimento e à outra parte resta apenas, nos termos do art. 102º, um crédito sobre a insolvência.

Consta dos autos que o administrador da **insolvência** comunicara à mandatária da recorrente, por ofício de 18/09/2007, anterior, portanto, à apensação, que condicionava o cumprimento do contrato **promessa** de compra e venda ao resultado da acção a ele relativa. Contudo, após a apensação, em 20/12/2007, o mesmo administrador comunicou à A., ora recorrente, com conhecimento à sua mandatária, que, *"como estamos perante um contrato ainda não cumprido e sem tradição da coisa e, além disso, nulo por falta de reconhecimento das assinaturas"*, decidira recusar o cumprimento do mesmo.

Nos termos do art. 413º, nº 1 do Cód. Civil, as partes podem, mediante declaração expressa e inscrição no registo, atribuir eficácia real à **promessa** de transmissão ou constituição de direitos reais sobre bens imóveis, ou móveis sujeitos a registo. E, nos termos do nº 2, tal **promessa** deve constar de escritura pública, excepto quando a lei não exija essa forma para o contrato prometido, caso em que é bastante documento particular com reconhecimento da assinatura da parte que se vincula ou de ambas, consoante se trate de contrato **promessa** unilateral ou bilateral.

Com a atribuição de eficácia real ao contrato **promessa** não se confunde a eventual tradição da coisa a que se refere o contrato prometido. Aquela opera a transferência jurídica do direito real (art. 408º, nº 1 do CC). Esta opera apenas a transferência material, relevando para efeito de eventual indemnização pelo incumprimento (art. 442º, nº 2 do CC). Embora normalmente a atribuição de eficácia real seja acompanhada da tradição.

Tendo em conta o teor dos articulados da A. (aqui recorrente) na acção apensada, conclui-se que (embora alegue tradição da fracção autónoma objecto do contrato prometido) ela própria não defende que ao contrato **promessa** tenha sido atribuída eficácia real.

Por isso, atento o disposto nos arts. 102º e seguintes do CIRE, era lícito ao administrador da **insolvência** optar pela execução do contrato **promessa** de compra e venda ou pela recusa do cumprimento do mesmo. Tendo optado pela recusa do cumprimento, a execução específica ficou irremediavelmente inviabilizada, reconduzindo-se o direito da promitente compradora a um mero direito de crédito, ao direito de obter da insolvente uma quantia em dinheiro, a calcular de acordo com as regras dos arts. 442º do CC e 102º do CIRE. E a reclamação, verificação e graduação desse crédito pode e deve ser feita no apenso de reclamação de créditos da **insolvência** (art. 128º do CIRE)[5].

Assim, dada a inviabilização do direito de execução específica do contrato **promessa**, à recorrente restou um direito de crédito sobre a insolvente. E, tendo reclamado tal direito junto da insolvência, local onde o mesmo pode e deve ser apreciado, a continuação da acção nº 614/06.5TBMGR (depois apenso E da insolvência) contra a insolvente carece de utilidade.

Soçobram, portanto, as conclusões da alegação da recorrente, o que conduz ao não provimento do agravo e à manutenção da decisão por ele impugnada.

***

3 – Decisão

Face ao exposto, acorda-se em negar provimento ao agravo e, consequentemente, em manter a decisão recorrida.

As custas são a cargo da agravante.

***

Coimbra,

---

[5] Atente-se no nº 3 do art. 128º do CIRE, segundo o qual a verificação tem por objecto todos os créditos sobre a insolvência, qualquer que seja a sua natureza e fundamento, e mesmo o credor que tenha o seu crédito reconhecido por decisão definitiva não está dispensado de o reclamar no processo de insolvência, se nele quiser obter pagamento.

Acórdão do Supremo Tribunal de Justiça, de 13-01-2009

Processo: 08A3763
Relator: Fonseca Ramos

Acordam no Supremo Tribunal de Justiça:

No processo Especial de Insolvência da sociedade por quotas **S...-T..., Ld**ª, requerido pelo credor **F... T... P..., Ld**ª, pendente no 1º Juízo do Tribunal de Comércio da Comarca de Lisboa,
– o **Ministério Público** interpôs recurso de agravo da sentença de fls. 358-359, datada de 13.2.2008, que homologou a deliberação da Assembleia de Credores que, com votos contra da Fazenda Nacional e do credor F... T... P..., Ldª, aprovou o Plano de Insolvência apresentado pelo senhor Administrador da Insolvência.

***

O **Tribunal da Relação de Lisboa,** por Acórdão de 17.7.2008 – fls. 115 a 129 – **negou provimento ao agravo, confirmando a decisão recorrida.**

***

Inconformado, o Ministério Público interpôs recurso para este Supremo Tribunal [invocando a oposição de Acórdãos – art. 754º, nº 2, do Código de Processo Civil – porquanto o sentenciado no Acórdão recorrido perfilha entendimento diverso do expresso no Acórdão do Tribunal da Relação do Porto de 30.6.2008. O sumário do Acórdão, publicado em *www.dgsi.pt* – Proc. 085395 – é do seguinte teor:
"I – Não pode ser homologado o plano de insolvência quanto aos créditos fiscais se existir violação de normas legais imperativas, não derrogáveis por vontade dos intervenientes, designadamente dos credores. II – Nem a Administração Tributária, por motu próprio, pode atribuir um regime de excepção a determinado contribuinte, a

não ser nos casos especialmente previstos na lei".[1-2] Em sentido contrário ao Acórdão-fundamento, decidiram na Relação do Porto, os Acórdãos de 15.12.2005, Proc. 0535648; de 13.7.2006, Proc. 0631637; de 26.5.2008, Proc. 0852239, acessíveis in www.dgsi.pt e, ainda, da Relação de Guimarães, o Acórdão de 26.10.2006, Proc. 1930-06-2 – (citados no Acórdão recorrido).] e, **alegando, formulou as seguintes conclusões:**

1ª – Mostram-se verificados os pressupostos relativos à admissibilidade do presente recurso, uma vez que: o acórdão cuja reponderação se pretende encontra-se em oposição com outro – Ac. da Relação do Porto, de 30 de Junho de 2008, proferido no âmbito do Proc. nº 0853595 –, proferido no domínio da mesma legislação, sendo certo que não se mostra fixada jurisprudência pelo Supremo Tribunal de Justiça;

2ª – As estatuições contidas nos arts. 30º, nºs 1 e 2, 36º da Lei Geral Tributária, e arts. 85º, nºs 1 e 2, 196º e 199º do Código de Procedimento e Processo Tributário, assumem natureza imperativa o que, consequentemente, determina a impossibilidade de poderem ser afastados por mera vontade das partes;

3ª – Por imperativo legal, não é possível que os créditos sob a insolvente de que seja titular a Fazenda Nacional, sejam pagos de modo diverso do estabelecido na Lei – é a esta que cabe definir as formas de pagamento, eventuais alterações, reduções ou extinções parciais das obrigações contributivas;

4ª – Relativamente aos créditos de que é titular o Estado, vigoram os princípios da indisponibilidade dos créditos fiscais, da legalidade tributária e da proibição da discricionariedade na interpretação e aplicação das regras fiscais: a incidência dos impostos e taxas, a forma e o tempo do seu pagamento, bem como os benefícios fiscais são apenas os taxativamente estabelecidos na Lei;

5ª – Face ao carácter público e colectivo dos créditos fiscais, não é, nos termos da lei, conferida à maioria formada pelo conjunto de vontades dos credores a possibilidade ou capacidade de concessão, fora do quadro legal, de benefícios, moratórias ou perdões fiscais;

6ª – As normas tributárias em apreço têm, inelutavelmente, um carácter público e imperativo, que não permite o seu afastamento, quer pelo Estado – que não pode,

---

[1] O sumário do Acórdão, publicado em www.dgsi.pt – Proc. 085395 – é do seguinte teor: "I – Não pode ser homologado o plano de insolvência quanto aos créditos fiscais se existir violação de normas legais imperativas, não derrogáveis por vontade dos intervenientes, designadamente dos credores. II – Nem a Administração Tributária, por motu próprio, pode atribuir um regime de excepção a determinado contribuinte, a não ser nos casos especialmente previstos na lei".

[2] Em sentido contrário ao Acórdão-fundamento, decidiram na Relação do Porto, os Acórdãos de 15.12.2005, Proc. 0535648; de 13.7.2006, Proc. 0631637; de 26.5.2008, Proc. 0852239, acessíveis in www.dgsi.pt e, ainda, da Relação de Guimarães, o Acórdão de 26.10.2006, Proc. 1930-06-2 – (citados no Acórdão recorrido).

a não ser nas situações taxativamente enumeradas na Lei, conceder *motu proprio*, um regime de excepção a determinado sujeito passivo tributário – quer mera vontade das partes;

7ª – Na situação cuja reponderação se pretende, a Requerida não acordou com a Administração Fiscal um qualquer plano de pagamento. Por esse motivo, as suas dívidas apenas poderiam ser pagas em prestações nos exactos termos considerados nos arts. 196º a 200º do CPPT;

8ª – O plano de insolvência apresentado a votação prevê um período de carência de seis meses e perdão de juros – o que manifestamente desrespeita os requisitos legais imperativos supra mencionados – e deveria ter determinado que, no tocante aos créditos do Estado, o mesmo não tivesse sido objecto de homologação judicial;

9ª – Essa recusa de homologação é imposta pelo art. 215º do CIRE, que ao conferir ao juiz um papel de guardião da legalidade, lhe permite a recusar de homologação do plano de insolvência, no caso de violação não negligenciável de normas procedimentais ou de normas aplicáveis ao seu conteúdo, sendo certo que se tem entendido que não são negligenciáveis todas as violações de norma imperativas que acarretem a produção de um resultado que a lei não autoriza;

10ª – Como se deixou dito, no plano de insolvência em questão, foram, no tocante ao Estado, negligenciadas normas inelutavelmente imperativas, sendo certo que, por via dessa desconsideração se produziria um resultado não permitido por lei: o plano de insolvência apresentado a votação prevê um período de carência de seis meses e perdão de juros o que, manifestamente desrespeita os requisitos legais imperativos supra mencionados e conduziria a um resultado que a Lei, manifestamente, não autoriza – o da disponibilidade dos créditos do Estado;

11ª – A estatuição contida no art. 192º do CIRE, apenas prevê a possibilidade de os credores exercerem a faculdade de afastar, no caso concreto, o desencadeamento da solução supletiva legal, mas não os autoriza a "derrogar" normas de carácter imperativo – como é o caso;

12ª – Acresce que, o plano de insolvência só pode afectar por forma diversa a esfera jurídica dos interessados, ou interferir com direitos de terceiros, na medida em que tal seja expressamente autorizado a esse título ou consentido pelos interessados – di-lo o nº 2 do art. 192º do CIRE – sendo certo que, na situação que se discute, a Fazenda Nacional não só não consentiu que se procedesse à redução e prorrogação do pagamento dos créditos fiscais, como votou expressamente contra o plano que os previa;

13ª – Com a afirmação contida no nº 1 do art. 194º do CIRE, procurou-se acolher de uma forma evidente as duas facetas em que se desdobra o princípio da igualdade, traduzida na necessidade de tratar igualmente o que é semelhante e de distinguir o que é distinto, sem prejuízo de acordo dos credores atingidos, em contrário;

14ª – A exclusão dos créditos fiscais do âmbito de aplicação do art. 196º, nº 1, do CIRE, não implica a violação do princípio da igualdade de tratamento dos credores, porque estes têm uma natureza diferente dos créditos comuns: está-se, simplesmente, a tratar desigualmente o que é desigual;

15ª – Tornar-se-ia incompreensível que o princípio da indisponibilidade dos créditos fiscais vinculasse a administração tributária e o próprio legislador e não vinculasse, da mesma forma, o administrador da insolvência e a assembleia de credores, em processo de insolvência;

16ª – O plano de insolvência apresentado pelo Sr. Administrador, aprovado em assembleia de credores, com o voto contra do Estado, e homologado por sentença não pode, no tocante aos créditos do Estado, obter a essa homologação judicial, por a mesma violar o estatuído nos arts. 103º, nº 2, da CRP, 85º, 196º e 199º do Código de Processo e Procedimento Tributário, 30º e 36º da Lei Geral Tributária e 215º do CIRE.

Nestes termos, deverá ser dado provimento ao recurso, revogando-se a douta decisão recorrida, substituindo-a por outra que negue e homologação do plano de insolvência.

Não houve contra-alegações.

***

Colhidos os vistos legais cumpre decidir, tendo em conta que **releva a seguinte factualidade:**

a) A requerida S...-T..., Ldª foi declarada insolvente por sentença de 11.10.2006.

b) No decurso do processo, o Administrador da Insolvência apresentou o Plano de Insolvência de que se encontra cópia a fls. 46 a 54, aqui dado por reproduzido, que é ainda integrado pelo documento de fls. 109;

c) Constam do balanço de 2006, conforme menção constante do dito Plano (ponto 4.2), e documentos juntos, que a Fazenda Nacional é titular de créditos de IVA, IRS, IRC e Imposto de Selo sobre a insolvente;

d) Consta do mesmo documento o seguinte **plano de insolvência** (ponto 4.6):

Com base nos "Resultados Previsionais" e nos saldos disponíveis, registados nos "Fluxos de Caixa "propõe-se:

4.6.1 Nomeação de Comissão de Credores;

4.6.2 Celebração de "Contrato de Arrendamento" por 5 anos, renováveis, referente às instalações fabris da Insolvente, cujos termos e condições carecerá de, prévio, acordo da Comissão de Credores, para assegurar um Activo, indispensável, ao normal funcionamento da Insolvente, garante da vigência e execução do Plano de Insolvência;

4.6.3 Período de carência, de 6 (seis) meses, a contar da data da Douta homologação do Plano de Insolvência;

4.6.4 Pagamento, integral, do valor do capital e juros vencidos, reportados à data de homologação do "Plano de Insolvência" após o términus do período de carência, em 6 (seis) prestações, mensais, sucessivas e iguais, a todos os credores, com créditos de valor inferior a 20.000,00 Euros, incluído os reconhecidos, ou não, por decisão judicial transitada em julgado;

4.6.5 Pagamento, integral do valor de capital e juros, vencidos, reportados à data de homologação do "Plano de Insolvência" em 48 (quarenta e oito) prestações, mensais, sucessivas e iguais, a todos os credores – com créditos de valor superior a 20.000,00 Euros – incluindo os reconhecidos, ou não, por decisão judicial, com trânsito em julgado –, as quais terão inicio, no mês seguinte ao términus do período de carência;

4.6.6 Afectação da totalidade do crédito, sobre o dente – Brialmas no valor de € 110 322,34 – ao pagamento aos credores indicados nos pontos 4.6.4 e 4.6.5, montante que deverá ser, integralmente, liquidado nos três meses, posteriores, à data da Douta homologação do Plano de Insolvência;

4.6.7 Perdão, total; do crédito referente a "Adiantamentos dos Sócios";

4.6.8 A Insolvente, a partir da data da homologação do "Plano de Insolvência" deverá retomar a liquidação, atempada e na data do respectivo vencimento, de todas as responsabilidades decorrentes da sua actividade, nomeadamente aos trabalhadores, Fisco, Segurança Social e Fornecedores;

4.6.9 Os juros vencidos, correspondentes ao período entre a data de homologação do "Plano de Insolvência" e o integral pagamento dos créditos ao Fisco, Segurança Social e Fornecedores, ficam sujeitos à cláusula de "Salvo Regresso de Melhor Fortuna".

e) Em 13.2.2008 foi proferida a seguinte sentença, certificada a fls. 8 e 9:

"1. Convocada a assembleia de credores para discutir a proposta de plano de insolvência realizado, foi na mesma aprovada a proposta de plano de insolvência submetida à deliberação da assembleia, tendo recolhido mais de 2/3 da totalidade dos votos emitidos e mais de metade dos votos emitidos correspondentes a créditos não subordinados, não se considerando as abstenções.

Foi dada publicidade à deliberação nos termos do art. 213º CIRE.

Não se encontrando verificado qualquer dos pressupostos de recusa de homologação, importa homologar o plano de insolvência, tal como foi aprovado em assembleia de credores.

2. Decisão. – Assim, pelo exposto homologo por sentença, nos termos do art. 214º do CIRE, o plano de insolvência aprovado nos presentes em assembleia de credores da sociedade S...-T..., Ldª.

Com a sentença de homologação produzem-se os efeitos previstos no art. 217º CIRE. Custas pela insolvente, com taxa de justiça reduzida a dois terços – art. 302º, nº 2, CIRE.

Aguarde-se o trânsito e após abra conclusão.

Registe e notifique."

Fundamentação:
Sendo pelo teor das conclusões das alegações do recorrente que, em regra, se delimita o objecto do recurso – afora as questões de conhecimento oficioso – importa saber – se não devia ter ser sido homologada a deliberação da assembleia de credores que aprovou, em processo de insolvência, um *plano de insolvência* no qual se prevê, em relação às dívidas fiscais, perdões parciais de juros e moratórias, por tal deliberação violar regras imperativas constantes dos artigos 85º, 196º e 199º do Código de Procedimento e de Processo Tributário (CPPT) e os artigos 30º, nº 2, e 36º, nº 3, da Lei Geral Tributária (LGT) e ainda o artigo 103º, nº 2, da Constituição da República Portuguesa.

Vejamos:

Estamos perante um processo de insolvência de uma sociedade por quotas a que se aplica o Código da Insolvência e da Recuperação de Empresas, aprovado pelo Decreto-Lei 53/2004, de 18 de Março, alterado e republicado pelo Decreto-Lei nº 200/2004, de 18 de Agosto (doravante CIRE).

A assembleia de credores aprovou um plano de insolvência em que, com a oposição do Ministério Público, em representação da Fazenda Nacional credora da requerida por dívidas de impostos, foi decidido um perdão de juros dos créditos do Fisco.

No preâmbulo do citado diploma, onde se afirma que o regime e a filosofia do Código se afasta do então vigente CPEREEF, pode ler-se – item 6:

> "Aos credores compete decidir se o pagamento se obterá por meio de liquidação integral do património do devedor, nos termos do regime disposto no Código ou nos que constem de um plano de insolvência que venham a aprovar, ou através da manutenção em actividade e reestruturação da empresa, na titularidade do devedor ou de terceiros, nos moldes também constantes de um plano.
>
> Há que advertir, todavia, que nem a não aprovação de um plano de insolvência significa necessariamente a extinção da empresa, por isso que, iniciando-se a liquidação, deve o administrador da insolvência, antes de mais, diligenciar preferencialmente pela sua alienação como um todo, nem a aprovação de um plano de insolvência implica a manutenção da empresa, pois que ele pode tão somente regular, em termos diversos dos legais, a liquidação do património do devedor.
>
> Não valerá, portanto, afirmar que no novo Código é dada primazia à liquidação do património do insolvente.
>
> **A primazia que efectivamente existe, não é demais reiterá-lo, é a da vontade dos credores, enquanto titulares do principal interesse que o direito concursal visa acautelar: <u>o pagamento dos respectivos créditos, em condições de igualdade quanto ao prejuízo decorrente de o património do devedor não ser, à partida e na generalidade dos casos, suficiente para satisfazer os seus direitos de forma integral.</u>".** (destaque e sublinhados nossos).

Decorre do art. 1º do CIRE que o processo de insolvência é um processo de execução universal visando a liquidação do devedor insolvente e a repartição do produto da liquidação pelos credores, ou a satisfação dos créditos destes pela forma prevista num plano de insolvência que assente na recuperação da empresa.

O art. 194º estatui:

"1 – O plano de insolvência obedece ao princípio da igualdade dos credores da insolvência, sem prejuízo das diferenciações justificadas por razões objectivas.

2 – O tratamento mais desfavorável relativamente a outros credores em idêntica situação depende do consentimento do credor afectado, o qual se considera tacitamente prestado no caso de voto favorável.

3 – [...]".

O normativo consagra de *forma mitigada* a igualdade dos credores da empresa em estado de insolvência. O princípio da igualdade não implica um tratamento absolutamente igual, antes impõe que situações diferentes sejam tratadas de modo diferente.

Em anotação àquele preceito pode ler-se, *in* "Código da Insolvência e da Recuperação de Empresas Anotado", de Luís Carvalho Fernandes e João Labareda, vol. II, pág. 46:

"Com efeito, o **princípio da igualdade** dos credores configura-se como uma trave basilar e estruturante na regulação do plano de insolvência. A sua afectação traduz, por isso, seja qual for a perspectiva, uma violação grave – não negligenciável – das regras aplicáveis. O tribunal deve, por isso, se não for atempadamente recolhido o assentimento do lesado, recusar a homologação do plano.

Doutro passo, se coincidir a verificação de alguma das situações contempladas no nº 1 do art. 216º, o credor lesado pode tomar a iniciativa de solicitar ao tribunal uma decisão de não homologação".

Do art. 47º, nº 4, als. *a*) e *c*) do CIRE resulta relevante a consideração de várias *"classes de créditos sobre a insolvência"* – a) **"Garantidos"** e **"privilegiados"** os créditos que beneficiem, respectivamente, de garantias reais, incluindo os privilégios creditórios especiais, e de privilégios creditórios gerais sobre bens integrantes da massa insolvente, até ao montante correspondente ao valor dos bens objecto das garantias ou dos privilégios gerais, tendo em conta as eventuais onerações prevalecentes; **"subordinados"** os créditos enumerados no artigo seguinte, excepto quando beneficiem de privilégios creditórios, gerais ou especiais, ou de hipotecas legais, que não se extingam por efeito da declaração de insolvência c) **"Comuns"** os demais créditos.".

O art. 195º versa sobre o **conteúdo do plano de insolvência** e o art. 196º sobre **providências com incidência no passivo** – aquele estabelece:

"1 – O plano de insolvência pode, nomeadamente, conter as seguintes providências com incidência no passivo do devedor:

a) O perdão ou redução do valor dos créditos sobre a insolvência, quer quanto ao capital, quer quanto aos juros, com ou sem cláusula "salvo regresso de melhor fortuna";

b) O condicionamento do reembolso de todos os créditos ou de parte deles às disponibilidades do devedor;

c) A modificação dos prazos de vencimento ou das taxas de juro dos créditos;

d) A constituição de garantias;

e) Cessão de bens aos credores.

2 – O plano de insolvência não pode afectar as garantias reais e os privilégios creditórios gerais acessórios de créditos detidos pelo Banco Central Europeu, por bancos centrais de um Estado membro da União Europeia e por participantes num sistema de pagamentos tal como definido pela alínea *a)* do artigo 2º da Directiva nº 98/26/CE, do Parlamento Europeu e do Conselho, de 19 de Maio, ou equiparável, em decorrência do funcionamento desse sistema."

O art. 197º estipula:

"Na ausência de estatuição expressa em sentido diverso constante do plano de insolvência:

a) Os direitos decorrentes de garantias reais e de privilégios creditórios não são afectados pelo plano;

b) Os créditos subordinados consideram-se objecto de perdão total;

c) O cumprimento do plano exonera o devedor e os responsáveis legais da totalidade das dívidas da insolvência remanescentes.".

Este normativo é, cremos, de crucial importância para a apreciação da questão que o recurso coloca.

Com efeito, a expressão na *ausência de estatuição expressa em sentido diverso constante do plano de insolvência*, atribui cariz supletivo ao preceito, o que implicita que pode haver regulação diversa, contendendo com os créditos previstos nas als. *a)* e *b)* o que deve ser entendido como afloração do ***princípio da igualdade*** e reconhecimento que, dentro da legalidade exigível, o plano pode regular a forma como os credores estruturam o plano de insolvência.

Só assim não será se não houver expressa adopção de um regime diferente.

Ora, no caso em apreço, a assembleia de credores aprovou, maioritariamente, com o *quorum* legalmente exigível – art. 212º do CIRE – um plano de insolvência por si moldado, pelo que não se aplica a regra supletiva do artigo 197º.

Os tratadistas citados, em anotação a tal preceito, escrevem.

"O proémio do preceito explicita inequivocamente o <u>carácter supletivo da estatuição legal</u>.

Mas, como aí também se clarifica, o afastamento é possível através de determinação constante do próprio plano.

Isto vai ao encontro da ideia segundo a qual, sendo o plano um meio alternativo de prossecução do interesse dos credores, que afasta o recurso à liquidação universal do património do devedor, ele deve conter, na plenitude, a regulação sucedânea dos interesses sob tutela, seja para evitar incertezas que sempre poderiam advir da concorrência de acordos ou estipulações estranhas ao instrumento geral, seja por razões de transparência que aconselham que tudo fique devidamente explicitado para todos os credores poderem conhecer plenamente a situação e assim apreciá-la e valorá-la de modo a melhor fundamentarem a sua opção". [...] e mais adiante, a fls. 55 – nota 6 – [...].

<u>Corolário fundamental do regime fixado no preceito é o de que os direitos decorrentes de garantias reais e de privilégios creditórios existentes podem ser atingidos, desde que a afectação conste do plano, e nos termos nele especialmente previstos.</u>

A questão não suscita particular dificuldade nos casos em que os lesados previamente aquiesçam na lesão. Mas exactamente o que se questiona é se, à vista do que está prescrito, o consentimento e necessário.

Há uma dúvida complementar que se resolve por recurso ao princípio da igualdade, tal qual resulta do art. 194º.

Respeita à necessidade de acordo do prejudicado para o caso de tratamento desfavorável cora relação a outros colocados em posição idêntica.

Admitamos uma proposta de plano que cerceie, total ou parcialmente, as garantias de todos os credores em igual situação, sem nenhuma distinção entre eles.

Pergunta-se se em tal eventualidade é ou não essencial a adesão de todos os atingidos ou se, pelo contrário, o facto de algum ou alguns se opor não obsta à aprovação, obtidas as maiorias necessárias. Ora, a verdade é que nada neste art. 197º fundamenta a imperiosidade do acordo de todos os afectados para que as garantias possam ser atingidas.

E a conclusão mais se consolida pela comparação com o citado art. 62º, nº 1, do CPEREF, que constitui o caso paralelo do Direito pregresso, do qual inequivocamente decorria que os direitos do credor beneficiário de garantia só podiam ser atingidos na medida consentida.

Acode ainda em favor desta solução o elemento adjuvante que se extrai do disposto nos artigos 202º e 203º.

Reportando-se ambos a certas providências que requerem o consentimento de quem por elas é directamente envolvido, são, todavia, totalmente omissos quanto à hipótese que aqui nos ocupa. Acresce que tal regime não deixa o prejudicado sem defesa [...].
<u>Naturalmente, a dispensa da exigência do acordo de cada um dos credores que perca garantias ou privilégios, bastando a observação da maioria comum, constitui um importante instrumento de facilitação da aprovação de planos de insolvência...</u>" – destaque e sublinhados nossos.

Em caso de violação de normas processuais ou de índole substantiva, o CIRE – seu art. 215º – confere ao juiz o poder de recusar, oficiosamente, a homologação do plano de insolvência aprovado pela assembleia de credores no *caso de violação não negligenciável de regras procedimentais ou das normas aplicáveis ao seu conteúdo, qualquer que seja a sua natureza.*

Decorrendo do art. 197º do CIRE, não ser necessária a unanimidade do voto dos credores, incluindo os afectados pela supressão ou alteração do valor dos seus créditos e inerentes garantias, sendo privilegiados, não se antevê que a homologação do plano de insolvência esteja ferida de ilegalidade.

Os tratadistas citados, na obra a que aludimos vol. II – pág. 124 – sustentam:

"... Tenha-se em conta que, nos termos do art. 197º, se admite a afectação dos direitos decorrentes de garantias reais e de privilégios creditórios se tal constar expressamente do plano, mesmo, segundo sustentámos, sem necessidade específica do assentimento do respectivo titular."

Ademais, o ora recorrente, tendo votado contra a decisão de que foi alvo o seu crédito, sempre poderia ter solicitado a não homologação do plano, ao abrigo do art. 216º, nº 1, al. *a*) daquele diploma, demonstrando que a *sua situação ao abrigo do plano é previsivelmente menos favorável do que a que interviria na ausência de qualquer plano.*

Dispunha do prazo de 10 dias, a contar da data da aprovação do plano – art. 214º do citado diploma – para invocar tal direito – mas não o exerceu.

O douto recorrente esgrime com preceitos que, aduz, serem cogentes, estabelecidos na lei geral tributária, mormente, no seu art. 30º, nº 2, que estabelece:

"*O crédito tributário é indisponível, só podendo fixar-se condições para a sua redução ou extinção com respeito pelo princípio da igualdade e da legalidade tributária*".

Invoca, ainda, o art. 36º, nº 3, daquela lei que estabelece que – "*A administração tributária não pode conceder moratórias no pagamento das obrigações tributárias, salvo nos casos expressamente previstos na lei*", bem como o art. 85º do Código de Procedimento e do Processo Tributário (CPPT) que consigna:

"*1 – Os prazos de pagamento voluntário dos tributos são regulados nas leis tributárias.*

2 – Nos casos em que as leis tributárias não estabeleçam prazo de pagamento, este será de 30 dias após a notificação para pagamento efectuada pêlos serviços competentes.
3 – A concessão da moratória ou a suspensão da execução fiscal fora dos casos previstos na lei, quando dolosas, são fundamento de responsabilidade tributária subsidiária.
4 – A responsabilidade subsidiária prevista no número anterior depende de condenação disciplinar ou criminal do responsável".

Com o devido respeito, a invocação destas normas e do seu carácter indisponível encontram o seu fundamento no princípio da legalidade da administração tributária, nas suas relações com os devedores, mas do que se trata é de saber se, atenta a especificidade do processo de insolvência e a tendencial igualdade dos credores do insolvente, devem ser invocados de modo a postergar a auto-regulação dos credores, plasmada na faculdade de aprovação maioritária do plano da insolvência, mesmo derrogando aquelas *prerrogativas* do Estado enquanto credor privilegiado.

Os citados normativos têm o seu campo de aplicação na **relação tributária**, em sentido estrito, não encontrando apoio no contexto do processo especial como é o processo de insolvência, onde o Estado deve intervir também com o fito de contribuir para uma solução, diríamos, *de olhos postos na insolvência*, se essa for a vontade dos credores, numa perspectiva ampla de auto-regulação de que a desjudicialização do regime consagrado no CIRE é uma das essenciais características.

O ponto 37 do preâmbulo diploma é elucidativo:

"É na fase da reclamação de créditos que avulta de forma particular um dos objectivos do presente diploma, que é o da simplificação dos procedimentos administrativos inerentes ao processo. O Código dispõe, a este respeito, que as reclamações de créditos são endereçadas ao administrador da insolvência e entregues no ou remetidas para o seu domicílio profissional.

Do apenso respeitante à reclamação e verificação de créditos constam assim apenas a lista de credores reconhecidos e não reconhecidos, as impugnações e as respectivas respostas.

Para além da simplificação de carácter administrativo, esta fase permite dar um passo mais na ***desjudicialização*** anteriormente comentada, ao estabelecer-se que a sentença de verificação e administrador da insolvência e a graduar os créditos em atenção ao que conste dessa lista, quando não tenham sido apresentadas quaisquer impugnações das reclamações de créditos.

Ressalva-se expressamente a necessidade de correcções que resultem da existência de erro manifesto". (destaque nosso).

A atender-se, pura e simplesmente, aos privilégios dos créditos do Estado, mesmo admitindo que o CIRE no seu art. 97º mitiga o *princípio da igualdade* dos credores da insolvência, importa ter em conta que o desiderato do novo regime de insolvência derroga preceitos que, dada a natureza especial do processo, não se compadecem com a mera invocação de privilégios creditórios para assegurar uma posição de supremacia – ela mesmo, nessas circunstâncias – *violadora* daquela tendencial igualdade de tratamento.

Basta pensar que, se assim acontecer, quer com os créditos do Estado, quer com os de outras entidades, como a Segurança Social, que, como é notório, em grande parte dos casos são credores de avultadas somas, a manterem-se os privilégios que assistem aos seus créditos, todo o esforço de recuperação da insolvente ficaria a cargo dos credores comuns ou preferenciais da insolvência, que teriam de arcar com a modificabilidade e mesmo a supressão dos seus créditos e garantias, ante o Estado que, nada cedendo, se colocava numa posição de *jus imperii* num processo em que só, excepcionalmente, poderá ter tratamento diferenciado.

Seria transformar uma excepção, ditada por razões de ordem pública, em regime-regra, com o que seria debilitado o **princípio da proporcionalidade**.

Como ensina Jorge Reis Novais, *in* "Os Princípios Estruturantes da República Portuguesa", pág. 171:

"... Por sua vez, a observância ou a violação do **princípio da proporcionalidade** dependerão da verificação da medida em que essa relação é avaliada como sendo justa, adequada, razoável, proporcionada ou, noutra perspectiva, e dependendo da intensidade e sentido atribuídos ao controlo, da medida em que ela não é excessiva, desproporcionada, desrazoável.

Nesta aproximação de definição podem intuir-se, em primeiro lugar, a relativa imprecisão e fungibilidade dos critérios de avaliação; em segundo lugar, o permanente apelo que eles fazem a uma referência axiológica que funcione como terceiro termo na relação e onde está sempre presente um sentido de justa medida, de adequação material ou de razoabilidade, por último, a importância que nesta avaliação assumem as questões competenciais, mormente o problema da margem de livre decisão ou os limites funcionais que vinculam legislador, Administração e juiz." (pág. 178) [sublinhámos].

Como se afirma no Acórdão nº 40/07, disponível em *http://www.tribunalconstitucional.pt/* citando o Acórdão nº 187/2001, publicado no Diário da República II Série, de 26 de Junho de 2001 *"O princípio da proporcionalidade, em sentido lato, pode (...) desdobrar-se analiticamente em três exigências da relação entre as medidas e os fins prosseguidos: a adequação das medidas aos fins; a necessidade ou exigibilidade das medidas e a proporcionalidade em sentido estrito, ou "justa medida".*

Ora, numa perspectiva de *adequada ponderação de interesses*, tendo em conta os fins que as leis falimentares visam, seria desproporcional que o processo de insolvência fosse colocado em pé de igualdade com uma mera execução fiscal, servindo apenas para a Fazenda Nacional actuar na mera posição de reclamante dos seus créditos, mais a mais privilegiados, sem atender à particular condição dos demais credores e da insolvência.

Assim, porque cabe na competência da assembleia de credores ao abrigo do art. 196º, nº 1, als. *a*) e *c*) do CIRE, o perdão ou redução do valor dos créditos sobre a insolvência, quer quanto ao capital, quer quanto aos juros, bem como a modificação dos prazos de vencimento ou as taxas de juro, sejam os créditos comuns, garantidos ou privilegiados, aprovado o plano que respeitou o *quorum* estabelecido no artigo 212º, e não tendo sido pedida a não homologação pela Fazenda Nacional, com fundamento no art. 216º, nº 1, al. *a*) daquele diploma, homologado o plano de insolvência este vincula todos os credores, sejam comuns, sejam privilegiados. Pelo quanto expusemos, também não existe violação do art. 103º, nº 2, da Constituição da República como sustenta o douto recorrente.

Tal normativo estatui – *"Os impostos são criados por lei, que determina a incidência, a taxa, os benefícios fiscais e as garantias dos contribuintes"*.

Em nota ao normativo constitucional pode ler-se, *in* "Constituição da República Anotada", vol. I – de Gomes Canotilho e Vital Moreira – 4ª edição revista – 2007:

"O nº 2 garante o princípio da **legalidade fiscal**, um dos elementos essenciais do Estado de direito constitucional.

Ele traduz-se desde logo na regra da reserva de lei para a criação e definição dos elementos essenciais dos impostos, não podendo eles deixar de constar de diploma legislativo. Isso implica a tipicidade legal, devendo o imposto ser desenhado na lei de forma suficientemente determinada, sem margem para desenvolvimento regulamentar nem para discricionariedade administrativa quanto aos seus elementos essenciais.".

Não existe violação do princípio da legalidade fiscal, dada a natureza peculiar do processo de insolvência, porque a lei prevê a possibilidade dos créditos do Estado serem despojados de privilégios, mesmo sem a sua aquiescência, como antes referimos.

Decisão.
Nestes termos nega-se provimento ao agravo.
Sem custas por delas estar isento o Ministério Público.

Supremo Tribunal de Justiça, 13 de Janeiro de 2009

Fonseca Ramos (Relator)
Cardoso Albuquerque
Salazar Casanova

Acórdão do Tribunal da Relação de Guimarães, de 26-10-2006

Processo: 1930/06-2
Relator: António Gonçalves

Acordam no Tribunal da Relação de Guimarães:

Por sentença proferida em 07/12/2005 (cfr. fls. 53 e segs.), já transitada em julgado, **foi declarada insolvente** a sociedade **"Serralharia, L.da"**, pessoa colectiva nº 504 118439, com sede no Lote 2, Pólo Industrial de Penso, freguesia de Penso, concelho de Melgaço e matriculada na Conservatória do Registo Comercial de Melgaço sob o nº 143/980302.

A fls. 185 e segs. veio a insolvente apresentar **plano de insolvência** nos termos do disposto nos artigos. 192º e segs. e 224º, nº 2, alínea b) do Código da Insolvência e da Recuperação de Empresas (CIRE, aprovado pelo Decreto-Lei nº 53/2004, de 18 de Março, na redacção que lhe foi dada pelo Decreto-Lei nº 200/2004, de 18 de Agosto).

Foi convocada para o dia 16/05/2006 a assembleia de credores para discussão e votação do plano de insolvência, na qual estiveram presentes credores cujos créditos constituem mais de um terço do total de créditos com direito de voto e em que não foi introduzida qualquer alteração ao plano de insolvência apresentado.

Realizada a votação, foi o plano de insolvência aprovado por mais de dois terços da totalidade dos votos emitidos e mais de metade dos votos emitidos correspondentes a créditos não subordinados.

Por nenhum credor ou sócio, associado ou membro do devedor foi requerida a não homologação do plano de insolvência.

A deliberação de aprovação do plano não teve a aquiescência dos credores "Instituto da Segurança Social, I.P." e "Fazenda Nacional".

Com o fundamento em que se não mostravam violadas quaisquer regras procedimentais ou normas aplicáveis ao conteúdo do plano de insolvência, nem havia quaisquer condições suspensivas ou actos ou medidas que deviam preceder a homologação que não estivessem verificadas ou praticados, face ao disposto no art. 214º do CIRE, foi homologado por sentença o plano de insolvência junto a fls. 186 a 278.

Inconformados com esta sentença dela recorreram o Ministério Público em representação da Fazenda Nacional e o "Instituto de Segurança Social, I.P.".

O Ministério Público alegou e concluiu do modo seguinte:

1º No que concerne aos créditos relativos ao Estado, vigora o princípio da indisponibilidade, ou seja, não é possível que à luz da Lei o Estado possa aderir a medidas que impliquem uma redução dos seus créditos, apenas lhe sendo possível aceitar moratórias no pagamento nos termos da lei, de acordo com esta e nos dentro dos seus limites.

Ou seja, há um dever do Estado de actuar dentro da legalidade e princípio da tipicidade.

2º É à Lei que cabe definir as formas de pagamento, eventuais alterações, reduções ou até mesmo extinção parcial da obrigação contributiva.

3º As normas que regulam a obrigação contributiva devem sobrepor-se às decisões tomadas por uma vontade colectiva, em sede de assembleia de credores. Não é possível que esta maioria conseguia verdadeiros benefícios, moratórias, perdões fiscais, conseguidos não nos precisos e excepcionais termos da lei, mas em resultado de uma vontade colectiva.

4º Ora tal constitui uma violação ao princípio da igualdade e da legalidade.

5º Assim, o M.mo Juiz, ao homologar o plano de insolvência nos precisos e supra referidos termos, não teve em consideração que o mesmo (e ao não fazer sequer uso da faculdade prevista no art. 195º, nº 2 e) do CIRE) não estava de acordo com as normas que regem as dívidas fiscais, em particular o Código de Procedimento e Processo Tributário.

6º Nomeadamente, e a saber, foram violados os artigos 196º e 199º do CPPT.

7º Uma vez que é na lei que se encontram as condições em que pode ocorrer uma alteração da obrigação contributiva, o presente plano de insolvência, está em desconformidade com a mesma no sentido em que a mesma teria que:

8º Prever o pagamento imediato ou regime prestacional, de 36 prestações, sendo que só em casos excepcionais poderia atingir o máximo de sessenta prestações mensais, iguais e sucessivas, nos termos do disposto art. 196º do CPPT, (o que não é o nosso caso), assim sendo ao prever um regime do pagamento das dividas fiscais no prazo de 5 anos, em duas prestações anuais, viola claramente o disposto no art. 196º, nº 1 a 5º do CPPT.

9º Sempre teria que haver necessidade de constituição de garantia idónea – garantia real ou garantia bancária –, nos termos do disposto no art. 199º do CPPT, e art. 623º do Código Civil. – Veja-se o Código de Procedimento e Processo Tributário anotado, de Jorge Lopes de Sousa, Vislis Editora.

10º Bem como substituição dos gerentes responsáveis pela não entrega dos impostos em causa, nos termos do nº 3, do art. 196º do CPPT.

11º Para além disso, o plano sempre teria que ter em atenção que não poderia haver lugar a redução de coimas e custas; e

12º Os créditos teriam que vencer Juros, nos termos do DL nº 73/99, de 16 de Março, aceitando-se as taxas praticadas para os créditos da Segurança Social, pelo que não seria possível um perdão dos Juros de mora vencidos e vincendos.

13º Para além de que, a entidade competente para apreciar o pedido de pagamento em prestações, que também é a competente para apreciar as garantias (art. 199º, nº 8 deste Código), é o órgão de execução fiscal ou o órgão periférico regional, conforme se estabelece nos nº s 1 e 2 do art. 197º do diploma em causa. Ou seja, só esta entidade é que tem competência para analisar, aceitar e autorizar as verdadeiras excepções que estão previstas na lei quanto a este aspecto (prazo de pagamento das dívidas, juros).

Ora no presente caso, verifica-se que, mesmo com a oposição da Fazenda Nacional, foi aprovado um plano, que foi alvo de uma decisão homologatória, que viola os referidos normativos legais que regem esta matéria.

14º Para além de que o plano nada alega ou refere quanto à possibilidade de ser dispensada a prestação de garantia, nos termos da lei.

15º Pelo que não é lícito à Assembleia de Credores, atenta e desde logo a oposição da Fazenda Nacional, perdoar ou neste caso modificar o crédito, impondo um prazo excessivamente longo, uma vez que tal não é possível à luz do CPPT, nem é possível determinar que tais créditos deixem de vencer juros, ou neste caso, determinem qual a taxa de juro que vigora em tal prazo.

16º Tendo sido homologado o referido plano, nos precisos termos supra descritos, entendemos que foi violado o disposto artigo 215º do CIRE.

17º Este preceito, que confere ao tribunal o papel de guardião da legalidade, cabendo-lhe em consequência, sindicar o cumprimento das normas aplicáveis como requisito da homologação do plano, quer as que concerne a aspectos de procedimento, como as que concerne ao conteúdo do plano (os respeitantes à sua parte dispositiva e, além deles, os que fixam os princípios a que ele deve obedecer imperativamente e os que definem os temas que a proposta deve apresentar).

18º Normas relativas ao conteúdo serão, por sua vez, todas as respeitantes à parte dispositiva do plano, mas além destas, ainda aquelas que fixam os princípios a que ele deve obedecer imperativamente e as que definem os temas que a proposta deve contemplar." – Código de Recuperação de Empresas anotado, Luís Carvalho Fernandes e João Labareda, Volume II, (arts. 185º a 304º), Quid Iuris, 2005.

19º No patamar do conteúdo, também deverá ser considerado uma violação não negligenciável a omissão da indicação dos preceitos legais derrogados pelo plano – (art. 195º, nº 2 e) do referido diploma legal).

20º Dir-se-á, com efeito, que são não negligenciáveis todas as violações de normas imperativas que acarretem a produção de um resultado que a lei não autoriza. – Código de Recuperação de Empresas anotado, Luís Carvalho Fernandes e João Labareda, Volume II, (arts. 185º a 304º), Quid Iuris, 2005.

21º Ora, conforme fica dito a homologação do plano, acarreta resultados não permitidos por lei, uma vez que as alterações sempre teriam que ser feitas de acordo e nos precisos termos da lei, e com a autorização do órgão de execução fiscal, competente e respectivo.

22º Para além disso no próprio artigo art. 195º, nº 1 do CIRE se lê que o plano de insolvência deve indicar claramente as alterações dele decorrente para as posições dos credores de insolvência.

23º Ora, conforme se constata, o plano em análise no presente recurso, não só não o fez, como também não lançou mão do disposto no nº 2 e) deste normativo legal.

24º Aliás e desde logo, e como fica dito no texto acabado de citar – Código de Recuperação de Empresas anotado, Luís Carvalho Fernandes e João Labareda, Volume II – *a omissão da indicação dos preceitos legais derrogados pelo plano, constitui violação não negligenciável de regras procedimentais ou de normas aplicáveis ao seu conteúdo.*

25º Ora no caso em apreço verifica-se que em momento algum foi lançado mão do disposto no art. 195º, nº 2 e) do CIRE. Pelo que não foi afastada a aplicação de nenhuma norma, devendo por isso recorrer-se à aplicação da legislação – nomeadamente o CPPT – que rege as dívidas fiscais.

26º Continuando a acompanhar o texto supra referido, lê-se que *"a aprovação de um plano de insolvência não comporta, em rigor, a derrogação de nenhum preceito legal, mas antes o afastamento da aplicação, ao caso concreto, de normas supletivas que se aplicariam, não fosse a decisão dos credores por uma alternativa..."*

Nem se coloca a questão de ter sido feita uma enumeração exaustiva, nem sequer uma remissão global e genérica para os preceitos que resultariam inaplicáveis, uma vez que pura e simplesmente inexistiu qualquer afastamento das normas aplicáveis às dívidas fiscais.

27º Importa também trazer à colação o estatuído no disposto no nº 2 art. 192º do CIRE, *"o plano só pode afectar por forma diversa a esfera jurídica dos interessados, ou interferir com direitos de terceiros, na medida em que tal seja expressamente autorizado neste titulo ou consentido pelos visados."* – sublinhado nosso

28º Conforme fica dita no Código de Recuperação de Empresas anotado, Luís Carvalho Fernandes e João Labareda, Volume II, (arts. 185º a 304º), Quid Iuris, 2005, *"cremos, todavia, ser de admitir a não homologação, seja oficiosamente, com base no art. 215º,* *ou a requerimento do lesado, fundada no art. 216º, quando, não estando demonstrado o consentimento, tenha havido indevida afectação da posição jurídica dos interessados ou dos terceiros."*

29º Uma vez que a Fazenda Nacional sempre manifestou a sua oposição ao plano, fica claro o seu não consentimento.

30º Por tudo o exposto, entendemos que fica prejudicada, que foi afectada a posição jurídica do Estado.

Mesmo sendo difícil fazer um juízo de prognose, e tendo em conta as normas supra referidas que regulam os créditos fiscais, para as quais e desde já remetemos, entendemos que com a aplicação dos mencionados normativos legais, a Fazenda Nacional teria previsivelmente uma situação mais favorável do que a contemplada no plano.

Termina pedindo que seja revogada a sentença recorrida de homologação do plano de insolvência, seguindo o processo os ulteriores termos legais.

O "Instituto de Segurança Social, I.P." alegou e concluiu do modo seguinte:

1. O M.mo Juiz do processo, na sentença de homologação do plano de insolvência, não teve em consideração que o plano de insolvência não derrogou os preceitos legais que regem a regularização das dívidas à Segurança Social, nomeadamente o Dec.-Lei nº 411/91, de 17/10.

2. Sendo certo que é neste diploma legal que estão fixadas as condições em que deve ocorrer a extinção (total ou parcial) da obrigação contributiva ou mesmo a alteração às condições de pagamento.

3. Com efeito, o artigo 195º do CIRE – sob a epigrafe conteúdo do plano – refere no seu nº 1 que o plano de insolvência deve indicar claramente as alterações dele decorrentes para as posições jurídicas dos credores da insolvência e, no seu nº 2, alínea e) concretiza que: *"deverá indicar os preceitos legais derrogados e do âmbito dessa derrogação".*

4. A este respeito, o artigo 215º do CIRE, prevê que *"o juiz do processo recuse oficiosamente a homologação do plano de insolvência aprovado pela assembleia de credores no caso de violação não negligenciável de regras procedimentais ou das normas aplicáveis ao seu conteúdo".*

5. Entendendo-se por vício não negligenciável a violação de todas as normas imperativas que acarretem a produção de um resultado que a lei não autorize (neste sentido cfr. Luís A. Carvalho Fernandes e João Labareda "Código da Insolvência e de Recuperação de Empresas anotado", Volume II, pág. 119).

6. Ora, no caso em apreço, não houve derrogação nem genérica, nem em concreto, das normas que regulam a regularização da divida à Segurança Social, e

7. Assim sendo, qualquer autorização da regularização da dívida à Segurança Social deveria ser feito de acordo com as referidas normas, e

8. Necessitaria sempre do acordo da Segurança Social,
9. Pelo que a decisão da assembleia de credores, não poderia acarretar alterações à obrigação contributiva.
10. Nem era admissível que a mesma definisse o conteúdo e os prazos de pagamento da obrigação contributiva,
11. Até porque um perdão quanto aos juros de mora vincendos ou moratória relativas às dividas da Segurança Social decididas em assembleia de credores, sem o respectivo consentimento da Segurança Social, porquanto as normas que regulam a regularização da divida à Segurança Social não foram derrogadas, constituiria um autêntico beneficio fiscal não autorizado e, portanto, ilegal.
12. Em consequência, entendemos que a sentença homologatória fez, assim, uma incorrecta interpretação e aplicação da Lei, violando o disposto nos arts. 195º e 215º do CIRE e 1º, 2º, 3º e 5º do DL nº 411/91, de 17/10.

Termina pedindo que seja revogada a sentença recorrida, seguindo o processo os ulteriores termos legais.

Contra-alegou a recorrida insolvente **"Rodrimouro-Carpintaria e Serralharia, L.da"** pedindo a manutenção do julgado.

Colhidos os vistos cumpre decidir.

Com interesse para a decisão em recurso estão assentes os factos seguintes:

1. Por sentença proferida no dia 07/12/2005 foi declarada insolvente a sociedade "Serralharia, Limitada".

2. Nessa sequência, o "Instituto da Segurança Social, I.P.", que compreende o Centro Distrital de Segurança Social de Viana do Castelo, reclamou o seu crédito no valor global de € 21 649,33 (vinte e um mil seiscentos e quarenta e nove euros e trinta e três cêntimos), sendo € 18 376,06 (dezoito mil trezentos e setenta e seis euros e seis cêntimos) de contribuições referentes aos meses de Novembro de 2003, Janeiro a Dezembro de 2004 e Maio a Outubro de 2005 e € 3 273,27 (três mil duzentos e setenta e três euros e vinte e sete cêntimos) de juros de mora vencidos calculados até Dezembro de 2005; e a Fazenda Nacional reclamou o seu crédito no montante de € 17 486,00.

3. Em 13-02-2006 realizou-se a assembleia de credores para apreciação do relatório elaborado pelo Administrador de Insolvência e que deliberou no sentido da manutenção em actividade do estabelecimento compreendido na massa insolvente.

4. Em 16/05/2006 realizou-se a assembleia de credores para discussão e aprovação do plano de insolvência proposto pelo requerente ora insolvente, no qual se prevê o pagamento da totalidade do crédito do sector do Estado, nos quais se inclui a Segurança Social, à taxa de juro anual de 5%, em duas prestações anuais (vencendo-se a primeira em 30/06/2006) e pelo prazo de 5 anos.

5. Realizada a votação do plano de insolvência nos precisos termos em que o mesmo foi apresentado pela ora insolvente, foi o mesmo aprovado por mais de dois terços da totalidade dos votos emitidos e mais de metade dos votos emitidos correspondentes a créditos não subordinados.
6. O Estado e o "Instituto da Segurança Social, I.P." votaram *"contra"* o plano assim delineado.
7. O Ex.mo Juiz homologou, por sentença, o plano de insolvência junto a fls. 186 a 278.
8. É desta decisão de que se recorre.

Passemos agora à análise das censuras feitas à sentença recorrida nas conclusões dos recursos, considerando que é por aquelas que se afere da delimitação objectiva destes (artigos 684º, nº 3 e 690º, nº 1, do C.P.C.).

A questão essencial posta nos recursos é a de saber se está ferida de ilegalidade a homologação do plano de insolvência aprovado pela assembleia de credores a qual, sem a concordância dos seus titulares, fez restringir o conteúdo e prazos de pagamento dos créditos do Estado e do "Instituto de Segurança Social, IP".

I. Os créditos da segurança social referentes a contribuições que lhe sejam devidas e juros de mora gozam de privilégio mobiliário e imobiliário geral (arts. 10º e 11º do DL nº 103/80, de 09 de Maio).

O Estado tem privilégio mobiliário geral para garantia dos créditos por impostos indirectos, e também pelos impostos directos inscritos para cobrança no ano corrente na data da penhora, ou acto equivalente, e nos dois anos anteriores (nº 1 do art. 736º do C.Civil); e os créditos por contribuição predial devida ao Estado... inscritos para cobrança no ano corrente na data da penhora, ou acto equivalente, e nos dois anos anteriores, têm privilégio sobre os bens cujos rendimentos estão sujeitos àquela contribuição (nº 1 do art. 744º do C.Civil).

Nos termos do estatuído no artigo 733º do Cód.Civil, o privilégio concede ao credor, em atenção à causa do crédito, o direito de ser pago com preferência aos demais credores, independentemente de registo desta denunciada garantia; os privilégios creditórios nascem com a constituição do crédito de que são garantias, mas o seu alcance prático só com a efectiva apreensão dos bens se concretiza.

O Estado e o "Instituto de Segurança Social e I.P." reclamaram contra a sociedade "Serralharia, L.da" os seus créditos que concretamente especificaram e que foram objecto de apreciação no que respeita à sua subsistência, validade e composição no contexto do processo de insolvência que teve lugar a requerimento desta sociedade.

Do normativo legal descrito no art. 62º do CPEREF
Dispunha o art. 62 do CPEREF:

1. As providências que envolvam a extinção ou modificação dos créditos sobre a empresa são apenas aplicáveis aos créditos comuns e aos créditos com garantia prestada por terceiro, devendo incidir proporcionalmente sobre todos eles, salvo acordo expresso dos credores afectados, e podem estender-se ainda aos créditos com garantia real sobre os bens da empresa devedora, nos termos em que o credor beneficiário de garantia real vier a acordar.
2. O Estado, os institutos públicos sem a natureza de empresas públicas e as instituições de segurança social titulares de créditos privilegiados sobre a empresa pedem claro seu acordo à adopção das providências referidas no número anterior, desde que o membro do Governo competente o autorize.

extraía o intérprete dois princípios:
– a extinção ou modificação de créditos da empresa só podia integrar a providência destinada à sua recuperação se incidisse sobre créditos comuns ou garantidos por terceiro;
– cada um dos credores da empresa, salvo se nisso consentirem, não devia ser atingido de modo diferente em relação aos demais, isto é, o crédito de cada um deles havia de sofrer de modo proporcional as limitações que a providência viesse a consagrar – *por ofensa do princípio de igualdade, que abranja os créditos comuns e os créditos que beneficiam de garantia, pessoal ou real, de terceiro, não pode ser homologada a deliberação da assembleia de credores, segundo a qual se «consideram créditos com garantia todos os créditos com garantias real ou pessoal de terceiros».* Ac. da Relação de Coimbra de 16/01/96, C.J., **1996,1,12.**

Quer isto dizer que o credor que beneficiasse de garantia real sobre os bens da empresa desta racional regra ficava a coberto se dela não abdicasse e, assim, continuava a ser um credor privilegiado no contexto dos restantes credores comuns – *compreende-se, por outro lado, que o credor beneficiário de garantia que não renunciou ao seu privilégio ficasse imune à medida, pois que só assim é assegurada, na sua plenitude, a eficácia da garantia* (**Carvalho Fernandes e João Labareda,** "Código dos Processos Especiais de Recuperação da Empresa e de Falência Anotado", pág. 190).

Os credores detentores de garantia real continuavam a manter esta sua prerrogativa no caso de a medida de reestruturação financeira contra ela atentar, isto é, o nº 1 deste artigo estabelecia *o princípio da igualdade entre os credores, excepcionando, no entanto, os detentores de garantia real* (hipoteca, por exemplo). **Hélder Martins Leitão, in Código dos Processos Especiais de Recuperação da Empresa e da Falência Anotado e Comentado, pág. 121.**

O Código dos Processos Especiais de Recuperação da Empresa e de Falência (Dec.-Lei nº 132/93, de 31/07), incidindo a sua atenção sobre a problemática da importância político-social das empresas em situação económica deficitária, consagrava um regime processual introdutório comum à recuperação e à falência da empresa, afastando do regime da falência a concordata e o acordo de credores, nele se afirmando o primado da recuperação sobre a falência da empresa. **Preâmbulo do Dec.-Lei nº 132/93, de 23/04.**

As providências de recuperação adiantadas pelo CPEREF precediam sempre a declaração de falência e tendo como objectivo unicamente a evasão a tal medida.

Outra é a configuração jurídico-sistemática do actual CIRE (aprovado pelo Dec.--Lei nº 53/2004, de 18/03 e alterado e republicado pelo Dec.-Lei nº 200/2004, de 18/09) que acomoda o plano de insolvência, regulado nos seus arts. 192º a 222º, numa fase posterior à declaração de falência, o qual evoca como uma das formas de compor a satisfação dos interesses dos credores para além da liquidação do património do devedor.

Sendo objectivo do processo de insolvência a satisfação dos direitos dos credores a qual por eles será sempre melhor conseguida, é por essa via que, seguramente, melhor se concretizará o interesse público da preservação do bom funcionamento do mercado – *"quando na massa falida insolvente esteja compreendida uma empresa que não gerou rendimentos necessários ao cumprimento das suas obrigações, a melhor satisfação dos credores pode passar tanto pelo encerramento da empresa, como pela sua manutenção em actividade; mas é sempre da estimativa dos credores – todos os credores – que deve depender, em última análise, a decisão de recuperar a empresa, e em que termos..."* **Preâmbulo do DL 53//2004.**

Neste encadeamento de ideias é que o art. 97º do CIRE, com a declaração de insolvência, estabelece a extinção dos **privilégios creditórios gerais que forem acessórios de créditos sobre a insolvência de que forem titulares o Estado, as autarquias locais e as instituições de segurança social constituídos mais de 12 meses antes da data do início do processo de insolvência – al. a)** e dos **privilégios creditórios especiais** que forem acessórios de créditos sobre a insolvência de que forem titulares o Estado, as autarquias locais e as instituições de segurança social vencidos mais de 12 meses antes da data do início do processo de insolvência.

Ora, se é assim **Justifica-se que com a declaração de insolvência deixem de ser atendidas certas garantias: em relação às alíneas *a*) e *b*) do art. 97º, a extinção da garantia justifica-se pelo facto de estes privilégios representarem créditos de grande volume, cuja preferência implicaria que mais nenhum credor recebesse – Menezes Leitão; CIRE, pág. 113**, não haveremos nós de estar a fazer uma incauta ficção interpretativa da lei, qual seja a de discorrer lógica e mentalmente sobre esta problemática na errada suposição de que o Estado e o "Instituto de Segurança Social, IP" ainda mantêm a prerrogativa de serem titulares de créditos privilegiados e arredarmo-nos, displicentemente, da razão que está por detrás do estatuído no citado art. 97º do CIRE.

Com a declaração de insolvência deixaram os recorrentes Estado e o "Instituto de Segurança Social, IP" de pertencerem ao número dos credores privilegiados e passaram a ser considerados credores comuns, como todos os restantes.

II. Clarificada esta ocorrência de índole jurídico-interpretativa, outra delicada questão se nos questiona e a requerer adequado tratamento jurídico com vista a encontrar uma justa solução.

Será permitido à assembleia de credores, mesmo com a sua denotada oposição, modificar os créditos dos recorrentes, de tal modo que venha a impor um prazo mais longo para a sua liquidação em desrespeito pelo regime legal estipulado no CPPT, ou que passe a determinar que os seus créditos deixem de vencer juros ou determinem uma taxa menos onerosa que passe a vigorar durante tal período de tempo?

Nos termos do disposto no nº 2 do artigo 195º (conteúdo do plano) do CIRE, **Dispõe o art. 195º do CIRE:**

1 – O plano de insolvência deve indicar claramente as alterações dele decorrentes para as posições jurídicas dos credores da insolvência.

2 – O plano de insolvência deve indicar a sua finalidade, descreve as medidas necessárias à sua execução, já realizadas ou ainda a executar, e contém todos os elementos relevantes para efeitos da sua aprovação pelos credores e homologação pelo juiz, nomeadamente:

a) **A descrição da situação patrimonial, financeira e reditícia do devedor;**

b) **A indicação sobre se os meios de satisfação dos credores serão obtidos através de liquidação da massa insolvente, de recuperação do titular da empresa ou da transmissão da empresa a outra entidade;**

...

e) **A indicação dos preceitos legais derrogados e do âmbito dessa derrogação.**

o plano de insolvência deve indicar a sua finalidade, descrever as medidas necessárias à sua execução, já realizadas ou ainda a executar, e conter todos os elementos relevantes para efeitos da sua aprovação pelos credores e homologação pelo juiz, nomeadamente:

a) a descrição da situação patrimonial, financeira e reditícia do devedor;

b) a indicação sobre se os meios de satisfação dos credores serão obtidos através de liquidação da massa insolvente, de recuperação do titular da empresa ou da transmissão da empresa a outra entidade;

Melhor planificando o sentido normativo acabado de transcrever, o *artigo 196º* (providências com incidência no passivo) deste mesmo diploma legal logo veio revelar que o plano de insolvência pode, nomeadamente, conter as seguintes providências com incidência no passivo do devedor (nº 1):

a) o perdão ou redução do valor dos créditos sobre a insolvência, quer quanto ao capital, quer quanto aos juros, com ou sem cláusula «salvo regresso de melhor fortuna»;
b) o condicionamento do reembolso de todos os créditos ou de parte deles às disponibilidades do devedor;
c) a modificação dos prazos de vencimento ou das taxas de juro dos créditos;
d) a constituição de garantias;
e) a cessão de bens aos credores.

Quer isto dizer que o plano a homologar, não contendo a derrogação de algum direito do Estado referente aos seus privilégios em virtude de terem sofrido a restrição preconizada pela declaração de falência (art. 97º do CIRE), igualmente não perde a sua força vinculativa se vier a consagrar o perdão ou redução do valor dos créditos sobre a insolvência, quer quanto ao capital, quer quanto aos juros.

A disciplina legal advinda do estatuído no artigo 97º do CIRE, na medida em que extingue os privilégios do Estado e outras entidades públicas, não está condicionada pelo conteúdo que sobressai do Dec.-Lei nº 411/91 ou com as normas que regem as dívidas fiscais e princípios consagrados no Código de Procedimento e Processo Tributário pelo que, *se alguma das normas do CIRE permitir a afectação do crédito da segurança social, seja em termos de redução seja de deferimento do pagamento, por deliberação dos credores homologada, ter-se-á de concluir pela vinculação do recorrente ao plano.*
Ac. Rel. Porto de 13 de Julho de 2006; *www.dgsi.pt.*

No contexto do processo de insolvência está acolhido o princípio da igualdade dos credores e, destarte, tanto o *"perdão ou redução do valor dos créditos sobre a insolvência, quer quanto ao capital, quer quanto aos juros"* como *"a modificação dos prazos de vencimento ou as taxas de juro dos créditos, sejam créditos comuns, garantidos ou privilegiados"*, podem ser aprovadas no âmbito de um plano de insolvência.

III. Detenhamo-nos agora sobre a redacção, circunstanciadamente descrita, da alínea *e)* do nº 2 do art. 195º do CIRE – *o plano de insolvência deve indicar a sua finalidade, descreve as medidas necessárias à sua execução, já realizadas ou ainda a executar, e contém todos os elementos relevantes para efeitos da sua aprovação pelos credores e homologação pelo juiz, nomeadamente,* **a indicação dos preceitos legais derrogados, e do âmbito dessa derrogação***.*

Estejamos preparados para ajuizar desde já que não quis o legislador que a expressão **"indicação dos preceitos legais derrogados"** tivesse um valor absoluto de forma a abranger todas as normas que compreendem o nosso ordenamento jurídico.

A disciplina legal emanada da alínea *e*) do nº 2 do art. 195º do CIRE há-de ser interpretada de forma a ter em consideração o disposto no seu art. 192º, nº 1 e que estabelece que *"o pagamento dos créditos sobre a insolvência, a liquidação da massa e a sua repartição pelos titulares daqueles créditos e pelo devedor, bem como a responsabilidade do devedor depois de findo o processo de insolvência, podem ser regulados num plano de insolvência em derrogação das normas do presente Código"*.

Assim, a referência que a alínea *e*) do nº 2 do art. 195º do CIRE faz às **normas derrogadas** circunscreve-se tão-só ao comando especificadamente expresso no nº 1 do art. 192º do CIRE e neste contexto se esgota a sua eficácia, dimensão e alcance.

Salientemos que a este propósito o CIRE prevê um regime demarcadamente supletivo e, por isso, também afastável por deliberação dos credores em ordem a obterem uma melhor ordenação dos seus interesses seriamente coarctados com a declaração de insolvência do seu devedor.

Nem mesmo de uma derrogação se podendo falar porquanto, *"ao lançar mão de um plano de insolvência como meio de auto-regulação de interesses, nos termos permitidos pela própria lei, os credores exercem simplesmente, a faculdade que lhe é concedida de afastar, no caso concreto, o desencadeamento da solução supletiva legal, mas não abolem nem eliminam, ainda que parcialmente, nenhuma norma do Código, mantendo-se elas plenamente vigentes e aplicáveis em todas as demais situações em que não haja intervenção dos credores, diferentemente do que sucederia se se tratasse de um verdadeiro caso de derrogação"*. **Carvalho Fernandes e João Labareda, Código de Recuperação de Empresas anotado, pág. 39.**

O termo *"derrogação"* utilizado naquela norma não se identifica com o conceito técnico-jurídico predisposto no nosso sistema jurídico para caracterizar esta concepção legal, porquanto a oportunidade que neste enquadramento é dada aos credores não lhes confere o direito de, geral e abstractamente, retirarem da sua vigência algum preceito do CIRE, mas apenas lhe é deferida a possibilidade de, em determinados casos concretamente evidenciados, poderem regular de forma diversa da lei vigente uma certa questão que, ponderadamente, não justifica tal subsunção legal.

Lembremos ainda que, *ex vi* do disposto no art. 216º, nº 1, al. *a*), do CIRE, o juiz pode recusar a homologação do plano de insolvência se isso lhe for solicitado por algum credor... contanto que o requerente demonstre em termos plausíveis que *"a sua situação ao abrigo do plano é previsivelmente menos favorável do que a que interviria na ausência de qualquer plano"*.

Não tendo usado desta prerrogativa no processo, também não poderão os recorrentes fazer valer em seu proveito a ocorrência de um prejuízo que não foi oportunamente acautelado.

Vejamos agora se o estatuído no art. 215º do CIRE – que impõe que o juiz tem de recusar oficiosamente a homologação do plano de insolvência aprovado pela assembleia de credores *no caso de violação não negligenciável de regras procedimentais ou das normas aplicáveis ao seu conteúdo*, qualquer que seja a sua natureza, e ainda quando, no prazo razoável que estabeleça, não se verifiquem as condições suspensivas do plano ou não sejam praticados os actos ou executadas as medidas que devam preceder a homologação – faz com que no caso *sub judice* não deva ser homologado o plano de insolvência transcrito a fls. 63 e segs.

Entendendo-se por **vício não negligenciável** (que a lei não define), no que respeita ao conteúdo do plano, *a violação de todas as normas imperativas que acarretem a produção de um resultado que a lei não autoriza, esse vício inexiste face ao que se deixou exposto acerca da possibilidade de derrogação de normas legais pelo plano de insolvência, consubstanciado (cfr. arts. 1º e 192º do CIRE) como um instrumento de auto-regulamentação dos interesses dos credores, alternativo à liquidação universal do património do devedor, e por aqueles definido*, **Acórdão da Relação do Porto de 15 de Dezembro de 2005; *www.dgsi.pt*.** não se motivam razões para deixar legitimar a aprovação do plano de insolvência ora em exame.

IV. Argumenta o Ministério Público que a sentença recorrida afronta os princípios da legalidade e da igualdade, constitucionalmente garantidos.

Não lhe assiste, porém, razão.

O princípio da **legalidade** previsto no nº 2 do art. 266º da C.R.P. e que se caracteriza por a administração estar vinculada à lei, isto é, só pode actuar com base na lei, não havendo qualquer espaço livre da lei onde a administração possa actuar como um poder jurídico livre, não está desatendido na decisão proferida, como procurámos demonstrar.

Também não há violação do princípio da **igualdade** na sua dimensão da proibição do arbítrio, pois que a decisão de que se recorre tem em consideração a natureza e a especificidade da situação que ajuizou, conotando-a com um critério de estrita legalidade e objectividade e não se demonstrando que o fez de forma arbitrária, discricionária ou discriminatória.

Não se mostrando violados os preceitos normativos dos artigos 195º, nº 2, alínea e), do CIRE, nem dos artigos 1º, 2º, 3º e 5º do Dec.-Lei nº 411/91, de 17/10, nem ainda as regras jurídicas que presidem aos princípios que orientam a natureza das dívidas fiscais referenciadas no Código de Procedimento e Processo Tributário, designadamente nos seus artigos 196º e 199º, a sentença recorrida terá de se manter.

Pelo exposto, julgando improcedentes os recursos, confirma-se a sentença recorrida.

Custas pelos recorrentes – Estado e "Instituto da Segurança Social, I.P.".

Guimarães, 26 de Outubro de 2006.

Acórdão do Tribunal Constitucional nº 173/2009

Processo nº 777/08
Plenário
Relator: Conselheiro Joaquim de Sousa Ribeiro

Acordam, em plenário, no Tribunal Constitucional:

I – Relatório

1. O representante do Ministério Público junto do Tribunal Constitucional requereu, nos termos do artigo 82º da Lei de Organização, Funcionamento e Processo do Tribunal Constitucional (LTC), a apreciação e a declaração, com força obrigatória geral, da inconstitucionalidade da norma constante do artigo 189º, nº 2, alínea b), do Código da Insolvência e da Recuperação de Empresas, aprovado pelo Decreto-Lei nº 53/2004, de 18 de Março, "que impõe que o juiz, na sentença que qualifique a insolvência como culposa, decrete a inabilitação do administrador da sociedade comercial declarada insolvente".

Alega-se no pedido que a norma em causa foi, no âmbito da fiscalização concreta da constitucionalidade, julgada, por três vezes, materialmente inconstitucional, por ofensa ao artigo 26º, conjugado com o artigo 18º da Constituição, no segmento em que consagra o direito à capacidade civil. Tal sucedeu no Acórdão nº 564/2007 e nas decisões sumárias nºs 615/2007 e 85/2008.

2. Notificado nos termos e para os efeitos dos artigos 54º e 55º, nº 3, da LTC, o Primeiro-Ministro, em resposta, ofereceu o merecimento dos autos.

3. Debatido o memorando apresentado pelo Presidente do Tribunal, nos termos do artigo 63º da LTC, e fixada a orientação do Tribunal, procedeu-se à distribuição do processo, cumprindo agora formular a decisão.

II – Fundamentação

4. Não se suscitam dúvidas quanto ao preenchimento dos pressupostos de que os artigos 281º, nº 3, da CRP, e 82º da LTC fazem depender a apreciação de um pedido de declaração de inconstitucionalidade, com força obrigatória geral.

Na verdade, como se aduz no pedido, a mesma norma já foi julgada inconstitucional em três casos concretos. No acórdão nº 564/2007, foi decidido «julgar inconstitucional a norma do artigo 189º, nº 2, alínea *b*), do mesmo diploma [Código da Insolvência e da Recuperação de Empresas], por ofensa ao artigo 26º, conjugado com o artigo 18º da Constituição da República, no segmento em que consagra o direito à capacidade civil». Na decisão sumária nº 615/2007, por sua vez, decidiu-se julgar inconstitucional a mesma norma "quando aplicada a administrador de sociedade comercial declarada insolvente". Na decisão sumária nº 85/2008, o julgamento de inconstitucionalidade obedeceu aos mesmos termos dos constantes no acórdão nº 564/2007.

A mais destas três decisões identificadas pelo requerente, também os acórdãos nºs 570/2008, 571/2008, 584/2008, e as decisões sumárias nºs 267/2008, 323/2008, 376/2008, 417/2008 e 425/2008 se pronunciaram pela inconstitucionalidade da norma constante da alínea *b*) do nº 2 do artigo 189º do CIRE, com fórmulas decisórias idênticas à do acórdão nº 564/2007. Os acórdãos nºs 581/2008 e 582/2008, bem como as decisões sumárias nºs 288/2008, 321/2008, 371/2008 e 421/2008 julgaram essa norma inconstitucional "na parte em que impõe que o juiz, na sentença, decrete a inabilitação do administrador da sociedade comercial declarada insolvente".

Como se vê, não há coincidência total na identificação das pessoas sujeitas à aplicação da medida de inabilitação. De facto, enquanto que, num grupo de decisões (aí incluída a primeiramente tomada), não se faz qualquer enunciação restritiva, já num outro se circunscreve o juízo de inconstitucionalidade a uma certa dimensão aplicativa da norma: a aplicação a administradores de sociedade comercial declarada insolvente.

Há, no entanto, que ter presente que, em todas as situações alvo das decisões apontadas pelo requerente, sempre os sujeitos afectados pelo decretamento da inabilitação revestiam essa qualidade. Daí que, tratando-se de fiscalização concreta, a "norma do caso" tinha forçosamente esse âmbito directo de incidência, ainda quando a decisão o não refira expressamente.

O requerente pede a declaração de inconstitucionalidade da norma constante do artigo 189º, nº 2, alínea *b*), do CIRE, "que impõe que o juiz, na sentença que qualifique a insolvência como culposa, decrete a inabilitação do administrador da sociedade comercial declarada insolvente".

Pode concluir-se, atento o exposto, que há correspondência entre o objecto do pedido e o objecto das decisões de inconstitucionalidade, em três casos concretos.

5. O artigo 189º, nº 2, do Código da Insolvência e da Recuperação de Empresas (CIRE), aprovado pelo Decreto Lei nº 53/2004, estabelece, sob a epígrafe "sentença de qualificação":

«*Na sentença que qualifique a insolvência como culposa, o juiz deve:*

a) Identificar as pessoas afectadas pela qualificação;

b) Decretar a inabilitação das pessoas afectadas por um período de 2 a 10 anos;

c) Declarar essas pessoas inibidas para o exercício do comércio durante um período de 2 a 10 anos, bem como para a ocupação de qualquer cargo de titular de órgão de sociedade comercial ou civil, associação ou fundação privada de actividade económica, empresa pública ou cooperativa;

d) Determinar a perda de quaisquer créditos sobre a insolvência ou sobre a massa insolvente detidos pelas pessoas afectadas pela qualificação e a sua condenação na restituição dos bens ou direitos já recebidos em pagamento desses créditos.»

A disposição legal prevê, portanto, para além de outras medidas, a inabilitação obrigatória das pessoas afectadas pela qualificação da falência como culposa, independentemente da verificação dos requisitos gerais da inabilitação.

Ainda que com antecedentes remotos no direito pátrio, que remontam ao Código Comercial de 1833, e se prolongaram até ao Código de Processo Civil de 1939, a solução não se encontrava prevista no Código dos Processos Especiais de Recuperação da Empresa e de Falência, aprovado pelo Decreto-Lei nº 132/93, de 23 de Abril, pelo que tem carácter inovador.

Parece poder retirar-se de uma alusão expressa no nº 40 do preâmbulo do Decreto-Lei nº 53/2004, de 18 de Março, que a fonte directa da norma em causa foi a *Ley Concursal* espanhola (Ley 22/2003), promulgada pouco antes, em 9 de Julho de 2003. Mas aí (artigo 172., 2., 2.), a condição pessoal designada como "inabilitação" afecta bem menos a capacidade do sujeito afectado, pois retira-lhe apenas legitimidade para administrar bens alheios e para representar outras pessoas – cfr. Coutinho de Abreu *Curso de direito comercial*, I, 6ª ed., Coimbra, 2006, 125, n. 100.

Na doutrina, aventa-se a hipótese de que este diverso alcance se ficou a dever a uma tradução à letra do vocábulo *"inhabilitácion"*, sem representar o seu significado próprio no direito espanhol, não coincidente com o da figura como tal designada e regulada no nosso Código Civil, que o direito dos nossos vizinhos desconhece – cfr. Luís Carvalho Fernandes, "A qualificação da insolvência e a administração da massa insolvente pelo devedor", *Themis*, 2005, 104, n. 36, e Rui Pinto Duarte, "Efeitos da declaração de insolvência quanto à pessoa do devedor", *ibidem*, 146 (Autor, este, que não hesitou em afirmar que "parece, pois, que o legislador do CIRE se equivocou quanto ao sentido da sua fonte inspiradora").

Seja como for, a consagração da medida provocou, quase de imediato, viva reacção crítica na doutrina nacional, dela merecendo epítetos como "estranha" (Coutinho de Abreu, *ob. loc. cit.*), ou "absurdas" (Rui Pinto Duarte, *ob. cit.*, 145, em referência às normas que a regulam: para além da norma *sub judicio*, o artigo 190º do CIRE).

Mas, para lá das críticas que possa suscitar no plano do direito ordinário, será que a norma da alínea *b)* do nº 2 do artigo 189º do CIRE está também ferida de inconstitucionalidade.

6. Assim o entendeu o Acórdão nº 564/2007, considerando que a disposição, ao impor a inabilitação como efeito necessário da situação de insolvência culposa, violava o artigo 18º, nº 2, e o artigo 26º da Constituição, na parte em que este último reconhece o direito à capacidade civil.

Para decidir em tal sentido, o mencionado Acórdão, depois de afastar a violação de outros parâmetros constitucionais invocados pelo requerente, expendeu a fundamentação que a seguir se transcreve:

«De facto, a inabilitação a que a insolvência pode conduzir só pode ser a correspondente ao instituto jurídico civilístico com essa designação, previsto nos artigos 152º e seguintes do Código Civil – neste sentido, Carvalho Fernandes, "A qualificação da insolvência e a administração da massa insolvente pelo devedor", *Themis*, ed. esp., 2005, 97. Trata-se, pois, de uma situação de incapacidade de agir negocialmente, traduzindo a inaptidão para, por acto exclusivo (sem carecer do consentimento de outrem), praticar "actos de disposição de bens entre vivos e todos os que, em atenção às circunstâncias de cada caso, forem especificados na sentença" (artigo 153º, nº 1, do Código Civil).

Ora, o reconhecimento constitucional da capacidade civil, como decorrência imediata da personalidade e da subjectividade jurídicas, cobre, tanto a capacidade de gozo, como a capacidade de exercício ou de agir. É certo que, contrariamente à personalidade jurídica, a capacidade, em qualquer das suas duas variantes, é algo de quantificável, um *posse* susceptível de gradações, de detenção em maior ou menor medida. Mas a sua privação ou restrição, quando afecte sujeitos que atingiram a maioridade, será sempre uma medida de carácter excepcional, só justificada, pelo menos em primeira linha, pela protecção da personalidade do incapaz. É "em homenagem aos interesses da própria pessoa profunda" (Orlando de Carvalho, *Teoria geral do direito civil*, polic., Coimbra, 1981, 83), quando inabilitada, por razões atinentes à falta de atributos pessoais, para uma autodeterminação autêntica na condução de vida e na gestão dos seus interesses, que a incapacidade, em qualquer das suas formas, pode ser decretada.

Daí que, para além do disposto no nº 4 do artigo 26º da Constituição, as restrições à capacidade civil, incluindo a capacidade de agir, só sejam legítimas quando os seus motivos forem "pertinentes e relevantes sob o ponto de vista da capacidade da pessoa", não podendo também a restrição "servir de pena ou de efeito de pena" (Gomes Canotilho/Vital Moreira, *Constituição da República Portuguesa anotada*, 4ª ed., Coimbra, 2007, 465).

Nenhuma destas duas condições está aqui preenchida. De facto, neste âmbito, a inabilitação não resulta de uma situação de incapacidade natural, de um modo de ser da pessoa que a torne inapta para a gestão autónoma dos seus bens, mas de um estado objectivo de impossibilidade de cumprimento de obrigações vencidas (artigo 3º, nº 1, do CIRE), imputável a uma actuação culposa do devedor ou dos seus administradores. Forma de conduta que, só por si, não é, evidentemente, indiciadora de qualquer característica pessoal incapacitante.

Em vez de acorrer em tutela de um "sujeito deficitário", precavendo os seus interesses, a inabilitação é, no quadro da insolvência, uma resultante forçosa de uma dada situação patrimonial, efectivada com total abstracção de características da personalidade do inabilitado, que possam ter conduzido a essa situação.

Que essa correlação inexiste, prova-o, além do mais, o facto de a inabilitação ser decretada por um prazo fixo, sem possibilidade de levantamento, previsto no regime comum, para o caso de desaparecimento das causas de incapacidade natural que, nesse regime, a fundaram.

E nem se diga que a figura é instrumentalizada para defesa dos interesses dos credores, pois a inabilitação em nada contribui para a consecução da finalidade do processo de insolvência. Este, nos termos do artigo 1º do CIRE, «é um processo de execução universal que tem como finalidade a liquidação do património de um devedor insolvente e a repartição do produto obtido pelos credores, ou a satisfação destes pela forma prevista num plano de insolvência (...).»

Para atingir essa finalidade, já existe um mecanismo adequado no processo, tendente à conservação dos bens penhorados. Trata-se da transferência para o administrador da insolvência dos poderes de administração e disposição dos bens integrantes da massa insolvente (artigo 81º, nº 1, do CIRE).

Mas esta limitação de actuação negocial não pode ser confundida com uma incapacidade, quer pela sua causa e função, quer pelos efeitos dos actos praticados pelo insolvente em contravenção daquela norma: esses actos estão feridos de ineficácia (nº 6 do artigo 81º), não de anulabilidade, como seria o caso se fosse a incapacidade a qualificação apropriada. Assim se protege, na justa medida, os interesses dos credores.

Foi por reconhecer que a situação não pode ser qualificada de incapacidade que o Acórdão nº 414/2002 deste Tribunal se pronunciou pela conformidade constitucional do, entre outros, artigo 147º do anterior Código dos Processos Especiais de Recuperação da Empresa e de Falência, a que corresponde, no actual Código, o artigo 81º, nº 1. Diz-se aí que essa norma não viola o artigo 26º da CRP porque «tão pouco afecta o seu [do falido] direito à capacidade civil, mesmo entendido o sentido constitucional deste direito de uma forma ampla (há unanimidade na doutrina, no sentido de que não se trata de uma situação de "incapacidade") [...]».

Nada acrescentando à defesa da integridade da massa insolvente, não se vê também que a inovação introduzida pelo artigo 189º, nº 2, alínea b), possa contribuir eficazmente para a defesa dos interesses gerais do tráfego, resguardando a posição de eventuais credores futuros do inabilitado. Pois, na verdade, e de acordo com o regime da inabilitação, estes não terão legitimidade para arguir a invalidade dos actos celebrados pelo inabilitado sem o consentimento do curador. Essa legitimidade, por força do disposto no artigo 125º do Código Civil, aplicável, com as devidas adaptações, por remissão dos artigos 156º e 139º do mesmo Código – v., por todos, C. Mota Pinto, *Teoria geral do direito civil*, 4ª ed. por A. Pinto Monteiro/P. Mota Pinto, Coimbra, 2005, 243 – cabe apenas ao curador, ao próprio inabilitado, uma vez readquirida a capacidade plena, e aos seus herdeiros.

A inabilitação prevista na alínea b) do nº 2 do artigo 189º do CIRE só pode, pois, ter um alcance punitivo, traduzindo-se numa verdadeira pena para o comportamento ilícito e culposo do sujeito atingido.

Sintomaticamente, a sua duração é fixada dentro de uma moldura balizada por um mínimo e um máximo, tal como as penas do foro criminal. E os critérios para a sua determinação, em concreto, não andarão longe dos que operam nesta área (designadamente, o grau de culpa e a gravidade das consequências lesivas), pois não se vê que outros possam ser utilizados.

Essa "pena" fere o sujeito sobre quem recai com uma verdadeira *capitis diminutio*, sujeitando-o à assistência de um curador (artigo 190º, nº 1). Ele perde a legitimidade para a livre gestão dos seus bens, mesmo os não apreendidos ou apreensíveis para os fins da execução, situação que se pode prolongar para além do encerramento do processo (artigo 233º, nº 1, alínea a)).

Consequência que, tendo também presente a globalidade dos efeitos da insolvência, e em particular a inibição para o exercício do comércio, não pode deixar de ser vista como inadequada e excessiva.

O que tudo leva a concluir pela desconformidade do artigo 189º, nº 2, alínea b), do CIRE, com o artigo 26º, conjugado com o artigo 18º, da Constituição da República.»

7. Estando em juízo a violação do princípio da proporcionalidade – o que é um denominador comum a todas as decisões que sustentam o pedido em apreciação neste processo –, é determinante, para a formação dos juízos ponderativos que a aplicação desse princípio subentende, a identificação da teleologia imanente à norma *sub judicio* e dos interesses que ela procura acautelar.

Não existe, nesta matéria, unanimidade de concepções, como se pode constatar pela simples análise da jurisprudência deste Tribunal. Enquanto que o Acórdão nº 564/2007 não logrou descortinar outra intenção legislativa, por detrás da imposição de decretar a inabilitação, que não fosse a de sancionar a conduta culposa dos sujeitos afectados, a decisão sumária nº 615/2007, fazendo-se eco de algumas posições doutrinárias, deixa em aberto o entendimento alternativo de que ela visa proteger esses sujeitos.

Diga-se, além do mais que já ficou expresso naquele acórdão, que os pressupostos aplicativos da inabilitação, só imposta em caso de culpa qualificada (nos termos do artigo 186º, nº 1, do CIRE, a culpa relevante circunscreve-se aqui ao dolo ou à culpa grave), criam obstáculos decisivos ao acolhimento desta segunda hipótese, fornecendo, ao invés, um bom argumento em prol da primeira.

Na verdade, se o destinatário da tutela fosse o próprio afectado pela medida, não se compreenderia a restrição do âmbito subjectivo dos destinatários aos administradores menos merecedores dessa protecção, por lhes ser imputável uma conduta gestionária altamente censurável, deixando de fora aqueles que actuaram sem culpa ou com culpa leve.

De resto, a ser esse o fundamento da inabilitação, ficaria sempre por explicar porque é que os pressupostos gerais dessa medida, tal como estabelecidos no Código Civil, se mostram aqui insuficientes ou inadequados, abrindo campo para a aplicação de uma medida restritiva da capacidade, como efeito acessório necessário de uma situação de insolvência culposa, sem dependência da comprovação, pelos meios processuais próprios, de um défice de capacidade natural.

O ponto decisivo é mesmo este. Na verdade, não pode excluir-se que a impossibilidade de o devedor cumprir as suas obrigações vencidas, justificativa da insolvência, seja o resultado de um comportamento anómalo, revelador da falta de qualidades exigíveis para uma autónoma e auto-responsável gestão dos interesses próprios. Mas, para os casos em que assim é, não se vislumbram, sob o prisma da tutela do incapaz, especiais razões determinantes de desvios ao regime comum, quanto à certificação da ocorrência (e permanência) de qualquer das causas de inabilitação em geral previstas.

Ao dispensar inteiramente os pressupostos condicionantes consagrados no artigo 152º do Código Civil, impondo ao juiz, em caso de insolvência culposa, o dever de, sem mais, decretar a inabilitação, o legislador mostra que a instituiu, em si mesma, como uma adicional causa autónoma dessa medida, por razões distintas da que subjaz ao regime das normas codicísticas.

É seguro, pois, que a medida não é determinada pela intenção de tutela do interesse do próprio inabilitado – incontroversamente o interesse visado por todas as formas de incapacidade submetidas ao regime comum, incluindo a inabilitação por habitual prodigalidade, como é entendimento unânime da doutrina privatista (cfr., por todos, além de Orlando de Carvalho, *ob. loc. cit.* no Acórdão nº 564/2007, Carlos Mota Pinto, *ob. cit.* no mesmo acórdão, 227-228, e Pedro Pais de Vasconcelos, *Teoria geral do direito civil*, Coimbra, 2005, 3ª ed., 109 e 117).

8. O Acórdão nº 564/2007 assumiu que a vinculação das incapacidades a esse fim é também um imperativo constitucional, pelo que não é constitucionalmente admissível a instrumentalização das restrições à capacidade civil para atingir outros objectivos, designadamente como sanção à conduta culposa dos administradores da sociedade comercial declarada insolvente. Este entendimento já foi sufragado na doutrina (cfr. Luís Menezes Leitão, *Direito da insolvência*, Coimbra, 2009, 275-276).

No quadro desta posição, a solução em causa contraria o princípio da proporcionalidade logo no primeiro patamar do controlo da sua observância, pois a "legitimidade constitucional dos fins prosseguidos com a restrição", bem como a "legitimidade dos meios utilizados" constituem um "pressuposto lógico" da sua idoneidade (nesse sentido, Jorge Reis Novais, *Os princípios constitucionais estruturantes da República Portuguesa*, Coimbra, 2004, 166). Ora, se admitirmos – como se decidiu no Acórdão nº 564/2007 – que só a tutela do naturalmente incapaz goza de credencial bastante como justificação constitucionalmente relevante de medidas restritivas da capacidade civil, fica, à partida, irremediavelmente comprometida a validação da utilização das incapacidades como meio de prossecução de qualquer outro fim. Independentemente da justeza intrínseca desse outro fim, é ilegítima a sua prossecução por meio da sujeição dos administradores a um regime de incapacidade como o da inabilitação.

Mas, mesmo adoptando uma posição mais complacente, acolhedora da legitimidade constitucional de uma concepção da inabilitação como um instrumento multivocacionado, idóneo a servir outros interesses, que não apenas os do próprio incapaz, a norma em questão não passa o *test* da proporcionalidade.

Na verdade, sendo nula a relevância da inabilitação no processo de insolvência e seus resultados (Luís Carvalho Fernandes, *ob. cit.*, 102) não serão os interesses dos credores da massa insolvente (tutelados por outra via), mas interesses gerais do tráfico, designadamente mercantil, os visados com a medida. Nesta óptica (em que se coloca a declaração de voto de vencido exarada no Acórdão nº 564/2007), tendo um carácter sancionatório, a medida estaria reflexamente abonada em razões de prevenção de condutas culposamente atentatórias da segurança do comércio jurídico em geral.

Simplesmente, para esse fim, continua a estar prevista a tradicional medida de inibição do exercício do comércio e para a ocupação de qualquer cargo de titular de órgão de sociedade comercial ou civil, associação ou fundação privada de actividade económica, empresa pública ou cooperativa (alínea *c*) do nº 2 do artigo 189º), como sanção adicionável, e não alternativa, à da inabilitação.

Tendo em conta o obrigatório decretamento da inibição – medida só justificável por atenção àqueles interesses gerais – e o universo dos afectados, coincidente com os sujeitos à inabilitação, pode concluir-se que a sanção mais gravosa da inabilitação *não é indispensável* para a salvaguarda desses interesses. Sendo assim, resulta violado o critério da *necessidade* ou *exigibilidade*, postulado pelo princípio da proporcionalidade.

Noutra óptica, para quem possa entender que a eficácia preventiva resulta melhor satisfeita com a inabilitação, será sempre de decidir que a cumulação e aplicação simultânea das duas restrições atenta contra a *proibição do excesso*.

É de concluir, pois, que, seja qual for a perspectiva elegida, quanto à finalidade do regime em apreciação, e quanto à teleologia do instituto da inabilitação, a norma do artigo 189º, nº 2, alínea *b*), do CIRE viola o princípio da proporcionalidade.

III – Decisão

Pelos fundamentos expostos, o Tribunal Constitucional acorda em declarar, com força obrigatória geral, a inconstitucionalidade do artigo 189º, nº 2, alínea *b*), do Código da Insolvência e da Recuperação de Empresas, aprovado pelo Decreto Lei nº 53/2004, de 18 de Março, por violação dos artigos 26º e 18º, nº 2, da Constituição da República Portuguesa, na medida em que impõe que o juiz, na sentença que qualifique a insolvência como culposa, decrete a inabilitação do administrador da sociedade comercial declarada insolvente.

Lisboa, 2 de Abril de 2009

Joaquim de Sousa Ribeiro (com declaração de voto)
Maria Lúcia Amaral
José Borges Soeiro
Vítor Gomes
Maria João Antunes
Carlos Fernandes Cadilha
Ana Maria Guerra Martins
Carlos Pamplona de Oliveira
Mário José de Araújo Torres
Gil Galvão
João Cura Mariano (com declaração de voto que anexo)
Benjamim Rodrigues (vencido de acordo com a declaração anexa)
Rui Manuel Moura Ramos

DECLARAÇÃO DE VOTO

Em observância do princípio do pedido, e tendo em conta o objecto do requerimento apresentado pelo Ministério Público, a decisão de inconstitucionalidade recaiu apenas sobre uma dimensão da norma constante do artigo 189º, nº 2: a que impõe que o juiz, na sentença que qualifique a insolvência como culposa, decrete a inabilitação do administrador da sociedade comercial declarada insolvente.

Mas entendo que o pedido poderia ter ido mais longe, facultando uma decisão de âmbito subjectivo não circunscrito a esses sujeitos, antes coincidente com o universo dos afectados com a medida (os identificados no nº 2 do artigo 186º do CIRE), para o que, aliás, já dispunha de decisões em processos de fiscalização concreta em número bastante.

Partindo, como parto, da convicção firme de que uma medida restritiva da capacidade civil, mesmo da capacidade de agir negocial, está, também por imperativo constitucional, vinculada ao fim de tutela do próprio incapaz, e de que não é essa a teleologia da norma em questão, não descortino qualquer razão para circunscrever o alcance da decisão àquela categoria de inabilitados.

Lisboa, 2 de Abril de 2009

Joaquim de Sousa Ribeiro

DECLARAÇÃO DE VOTO

Não acompanho a fundamentação do presente acórdão por entender que sendo a declaração de inconstitucionalidade limitada à aplicação da medida de inabilitação prevista no artigo 189º, nº 2, *b*), do C.I.R.E., aos administradores de sociedade comercial declarada insolvente, o juízo radical de que a aplicação de tal medida a qualquer insolvente não é constitucionalmente admissível, além de me suscitar sérias reservas, é certamente excessivo.

Conforme se encontra melhor explicado na decisão sumária nº 615/07 deste Tribunal, de 27 de Novembro de 2007 (acessível no *site http://www.tribunalconstitucional.pt/*), aplicando-se a medida de inabilitação, nos termos do artigo 189º, nº 2, *b*), do C.I.R.E., a um administrador duma sociedade comercial declarada insolvente, ao qual também é aplicável a medida de inibição para o exercício do comércio e para a ocupação de qualquer cargo de titular de órgão de sociedade comercial ou civil, associação ou fundação privada de actividade económica, empresa pública ou cooperativa, nos termos da alínea *c*), do nº 2, do mesmo artigo 189º, independentemente da perspectiva que tivermos da motivação da utilização daquela figura civilista (medida de protecção ou sanção ao inabilitado), a sua previsão legal surge sempre manifestamente desproporcionada.

Na verdade, a conduta causadora da insolvência não ocorreu na gestão do património pessoal do administrador da sociedade comercial, mas sim no exercício da sua actividade profissional, pelo que nem o seu interesse, nem o dos seus credores pessoais, nem sequer o do tráfego jurídico-económico, reclamam tal medida, a qual se revela, assim, desnecessária e desadequada ao facto que a desencadeia.

Não existindo qualquer manifestação por parte do administrador da sociedade declarada insolvente que este não se encontra apto a gerir convenientemente o seu património, a aplicação da medida de inabilitação, limitadora da sua capacidade jurídica, não é proporcionada, pelo que não é admitida, nos termos do artigo 18º, da C.R.P., mostrando-se, pois, violado o direito constitucional à capacidade civil, consagrado no artigo 26º, nº 1, da C.R.P..

Este raciocínio era o bastante para se ter atingido a decisão que subscrevi.

João Cura Mariano

DECLARAÇÃO DE VOTO

Votei vencido pelo essencial das razões constantes da declaração de vencido, aposta ao Acórdão nº 564/07. Em rectas contas, o acórdão acaba por abonar-se num entendimento segundo o qual o instituto da inabilitação é um instrumento jurídico que está ao serviço da protecção dos interesses da pessoa inabilitada, procedendo a uma espécie de "constitucionalização" da figura da inabilitação.

Ora, no quadro do direito fundamental à capacidade civil, consagrado no artigo 26º, nº 1, da Constituição, a inabilitação não é mais do que uma restrição a esse direito cuja constitucionalidade tem de obedecer às regras constantes no artigo 18º, nºs 2 e 3, da Constituição, podendo o instituto ser acolhido para dar satisfação a outros interesses que não apenas da pessoa inabilitada, como os interesses gerais do comércio e da segurança jurídica, como se adensou na referida declaração de voto.

Por outro lado, ao contrário da linha metodológica adoptada, afigura-se-me que o teste do cumprimento das exigências condensadas no princípio da proporcionalidade deve ser estabelecido, apenas, num diálogo entre aqueles interesses, com relevância constitucional, exteriores ao sujeito inabilitado e o seu direito fundamental à capacidade civil plena e não no *interior* do próprio instituto.

E dentro desta linha, continuamos a não descortinar razões, como já expusemos na mencionada declaração de vencido, para censurar a opção normativa feita pelo legislador ordinário, sendo que, como se disse no Acórdão nº 187/01, disponível em www.tribunalconstitucional.pt:

"[...] não pode deixar de reconhecer-se ao legislador – diversamente da administração – [...] uma "prerrogativa de avaliação", como que um "crédito de confiança", na apreciação, por vezes difícil e complexa, das relações empíricas entre o estado que é criado através de uma determinada medida e aquele que dela resulta e que considera correspondente, em maior ou menor medida, à consecução dos objectivos visados com a medida [...]. Tal prerrogativa da competência do legislador na definição dos objectivos e nessa avaliação [...] afigura-se importante sobretudo em casos duvidosos, ou em que a relação medida-objectivo é social ou economicamente complexa, e a objectividade dos juízos que se podem fazer (ou suas hipotéticas alternativas) difícil de estabelecer.

[...] em casos destes, em princípio, o Tribunal não deve substituir uma sua avaliação da relação, social e economicamente complexa, entre o teor e os efeitos das medidas, à que é efectuada pelo legislador, e que as controvérsias geradoras de dúvida sobre tal relação não devem, salvo erro manifesto de apreciação – como é, designadamente (mas não só), o caso de as medidas não serem sequer-compatíveis com a finalidade prosseguida –, ser resolvidas contra a posição do legislador".

Benjamim Rodrigues

Acórdão do Tribunal da Relação do Porto, de 24-09-2007

Processo: 0753853
Relator: Sousa Lameira

Acordam no Tribunal da Relação do Porto:

I – Relatório

A) No Tribunal Judicial da Comarca de Famalicão, a Exma. Srª Administradora da massa insolvente de B........., Ldª apresentou o parecer a que se refere o art. 188º, nº 2 do C.I.R.E., entendendo que a presente insolvência deveria ser qualificada como culposa, identificando o sócio gerente da requerida, C........., como pessoa que devia ser afectada pela referida qualificação da insolvência.

O processo foi com vista ao Ministério Público, o qual concordou com o parecer emitido pela Srª Administradora.

Cumpridas as formalidades previstas no art. 188º, nº 5 do C.I.R.E., veio a requerida deduzir oposição, pugnando para que a insolvência fosse qualificada como fortuita.

Não houve resposta à oposição.

B) Foi proferida decisão – fls. 55 a 57 – que considerou a insolvência de B........., Ldª como culposa.

Desta decisão foi interposto agravo o qual mereceu provimento por Acórdão desta Relação (fls. 104 a 110).

Proferiu-se despacho de saneamento/condensação do processo (fls. 121 e 122) o qual mereceu a reclamação de fls. 131 sobre a qual recaiu o despacho de fls. 133.

Realizou-se a audiência de discussão e julgamento, a qual decorreu com observância do legal formalismo, tendo a matéria constante da base instrutória merecido as respostas que constam do despacho de fls. 167, o qual não foi objecto de qualquer reclamação.

De seguida foi proferida sentença que decidiu "qualificar a insolvência de "B........., Ldª", como culposa."

E mais decidiu "que essa qualificação afecta o sócio gerente da devedora, C......... e, em consequência, decreto a sua inibição por um período de 2 anos, considerando--o inibido para o exercício do comércio, assim como para a ocupação de qualquer cargo de titular de órgão de sociedade comercial ou civil, associação ou fundação privada de actividade económica, empresa pública ou cooperativa, durante igual período.

Determino a perda de quaisquer créditos sobre a insolvência ou sobre a massa insolvente detidos pelo mencionado inabilitado, condenando-o na restituição dos bens ou direitos já recebidos em pagamento desses créditos".

C) Apelou a insolvente B........., Ldª, formulando as seguintes conclusões[1]:

1 – O tribunal "a quo" não fez uma correcta apreciação da qualificação da insolvência em causa e, caiu na tentação de decidir baseado nas presunções existentes obliterando a matéria fáctica dada como provada;

2 – Os factos dados como provados e que aqui se dão por integralmente reproduzidos são suficientes para afastar a presunção que impende sobre a requerida;

3 – A Exma. Senhora Administradora da Insolvência, no seu relatório de fls..., pronuncia-se no sentido da qualificação da insolvência de "B........., Ldª" como culposa justificando, fundamentalmente, o seu parecer com o facto de, face às presunções existentes, não poder tomar outra decisão que não aquela;

4 – O Digníssimo Magistrado do Ministério Público subscreveu "tout cour" o parecer da Senhora Administradora da Insolvência; 5 – Ninguém alegou factos que pudessem levar à qualificação da insolvência como culposa;

6 – A não apresentação à falência quando existem dívidas vencidas há mais de seis meses e o não depósito das contas na Conservatória são elementos indicia-

---

[1] A Agravante apesar de ter formulado 17 conclusões não coloca 17 questões concretas, como se verá. É que as conclusões que formula (as 17) não são verdadeiras conclusões mas antes alegações ou motivação do recurso. Segundo o Prof. A. dos Reis "a palavra conclusões é expressiva. No contexto da alegação o recorrente procura demonstrar esta tese: que o despacho ou sentença deve ser revogado, no todo ou em parte. É claro que a demonstração desta tese implica a produção de razões ou fundamentos. Pois bem, essas razões ou fundamentos são primeiro expostos, explicados e desenvolvidos no curso da alegação; hão-de ser, depois enunciados e resumidos, sob a forma de conclusões, no final da minuta. É claro que, para serem legítimas e razoáveis, as conclusões devem emergir logicamente do arrazoado feito na alegação. As conclusões são as proposições sintéticas que emanam naturalmente do que se expôs e considerou ao longo da alegação", Processo Civil Anotado, vol. V, p. 359.

dores de um eventual comportamento culposo por parte do gerente, mas não são, por si só, elementos conformadores da existência desse comportamento culposo;

7 – Salvo melhor opinião, as presunções existentes são meramente indiciadoras da existência de actos que eventualmente poderão ter contribuído para a situação de insolvência;

8 – A existência de culpa grave terá que ser aferida por actos concretos que permitam estabelecer um nexo de causalidade entre os actos praticados e a situação de insolvência da sociedade, que não existem nos autos;

9 – Salvo o devido respeito e melhor entendimento, a matéria de facto dada como provada afasta de per si a culpa grave do visado, porquanto, como facilmente se depreende da matéria aí vertida a situação da B........., Ldª ficou a dever-se a situações exógenas à gestão, a factores estruturais e conjunturais do mercado têxtil nacional e internacional;

10 – Da matéria de facto resulta até à saciedade que a situação de incumprimento definitivo em que a insolvente foi colocada resultou, não de qualquer acto culposo do seu gerente, mas do facto de a empresa estar a trabalhar exclusivamente para um cliente que deslocalizou a sua produção para outro país cancelando, sem que nada o fizesse prever, de um momento para o outro, todas as encomendas;

11 – Não se nos afigura facto mais objectivo, para a existência de uma situação de insolvência, do que a perda do cliente para quem a empresa trabalha exclusivamente (*vide* nºs 1 e 2 dos factos provados), e de forma tão abrupta e inesperada que «...não foi possível conseguir a angariação de encomendas que permitissem honrar os compromissos assumidos.» (*vide* nº 11 dos factos provados);

12 – Agravado pelo facto de já estarem em preparação as encomendas para 2005 e para as quais já havia encomendas de matéria-prima (*vide* nºs 3 e 4 dos factos provados);

13 – Como corolário da desgraça Portugal atravessava uma das piores crises da indústria têxtil, com a deslocalização para a China, Marrocos e países de Leste de grande parte das produções (facto público e notório);

14 – Não existe qualquer nexo de causalidade entre os factos que colocaram a insolvente na situação de insolvência e os actos praticados pelos seus dirigentes, nomeadamente o seu gerente, que não teve qualquer intervenção nas decisões que conduziram à insolvência;

15 – O Tribunal "a quo" ao ter declarado a insolvência como culposa violou o estatuído no nº 1 do art. 186º do C.I.R.E., uma vez que face à matéria de facto dada como provada não se pode tirar outra conclusão que não seja que as causas que levaram a B........., Ldª à situação de insolvência não foram criadas ou agravadas em consequência da actuação, dolosa ou com culpa grave, do seu gerente,

mas antes se deveram a factores exógenos à sua vontade, pelo que a insolvência deve ser declarada fortuita.

16 – Á cautela e por mero dever de patrocínio, recorre-se também do despacho de fls... que indeferiu a reclamação à base instrutória no sentido de ver aditada a matéria constante dos arts. 5º, 6º, 8º a 14º e 36º a 38º do requerimento de oposição da requerida, por o Meritíssimo Juiz "a quo" ter entendido como irrelevante para a decisão da causa;

17 – A matéria vertida sob arts. 5º, 6º, 8º a 14º e 36º a 38º da oposição da recorrente seria importante para reforçar a matéria já dada como provada e para perceber e contextualizar, ainda melhor, as condições que levaram a recorrente a uma situação de insolvência e, portanto relevante para a boa decisão da causa, pelo que o despacho de fls... que indeferiu tal reclamação violou, entre o mais, o disposto no nº 1 do art. 511º do C.P.C..

Conclui pedindo a procedência do presente recurso, revogando-se a sentença recorrida substituindo-a por outra que declare a falência fortuita ou, se assim não se entender, o que não se concede, ordene o prosseguimento dos autos para prova da matéria vertida sob arts. 5º, 6º, 8º a 14º e 36º a 38º da oposição da requerida.

B) Nas contra alegações o MP defendeu a manutenção do decidido.
O Sr. Juiz proferiu despacho de sustentação.

II – Factualidade Provada

Encontram-se provados os seguintes factos:

1 – A insolvente não depositou na competente Conservatória do Registo Comercial as contas relativas ao ano de 2004, alínea A da Matéria Assente.

2 – A insolvente tem dívidas vencidas há mais de 6 meses e, não obstante ter conhecimento de tal facto, não requereu a sua declaração de insolvência, alínea B da Matéria Assente.

3 – A insolvente desde meados de 2003 que vinha trabalhando exclusivamente para o "D.........", resposta dada ao quesito 1º.

2 – De um momento para o outro e sem que nada o fizesse prever, em Setembro de 2004, após as férias de Verão, a "D........." comunicou à requerida que as encomendas em carteira estavam canceladas, resposta dada ao quesito 2º.

3 – E que as encomendas para 2005 também não seriam colocadas na insolvente, devido à deslocalização de produções, resposta dada ao quesito 3º.

4 – Sendo certo que a insolvente, nessa altura, já tinha as encomendas para 2005 em preparação, tendo inclusivamente encomendado matérias-primas para a satisfação de tais encomendas, resposta dada ao quesito 4º.

5 – As encomendas em carteira para 2004 e em preparação para 2005 assegurariam a capacidade máxima de produção da insolvente para os próximos oito meses, resposta dada ao quesito 5º.

6 – Com o cancelamento das referidas encomendas, a insolvente limitou-se a trabalhar a "feitio" para a "D.........." nas designadas "encomendas de reposição", resposta dada ao quesito 6º.

7 – Que, embora mais pequenas, asseguravam a laboração, enquanto os responsáveis da insolvente tentavam conseguir novas encomendas e renegociar as encomendas canceladas pela "D..........", resposta dada ao quesito 7º.

8 – A maior parte das matérias-primas que a insolvente havia encomendado eram fornecidas por uma empresa do "D..........", resposta dada ao quesito 8º.

9 – E, como mais tarde veio a descobrir, a colocação das denominadas "encomendas de reposição" teve como único objectivo garantir o pagamento dessas matérias-primas através do encontro de contas feito a final, em Dezembro de 2004, resposta dada ao quesito 9º.

10 – Sendo que a requerida, em vez de receber o pagamento do trabalho a "feitio", ainda ficou devedora de mercadorias, resposta dada ao quesito 10º.

11 – Nessa altura, a insolvente ainda tentou assegurar encomendas de outros agentes, mas não foi possível conseguir a angariação de encomendas que permitissem honrar os compromissos assumidos, resposta dada ao quesito 11º.

12 – A insolvente entregou as instalações onde laborava ao senhorio no ano de 2004, resposta dada ao quesito 14º.

III – Da Subsunção – Apreciação

Verificados que estão os pressupostos de actuação deste tribunal, corridos os vistos, cumpre decidir.

O objecto do recurso é definido pelas conclusões da alegação do recorrente, artigo 684º, nº 3 do Código de Processo Civil.

A) As questões a decidir no presente recurso são as seguintes:

1ª – Os factos dados como provados são bastantes para qualificar a insolvência como culposa ou são suficientes para afastar a presunção que impende sobre a requerida?

2ª – Impõe-se ampliar a matéria de facto?

B) Antes de avançarmos na análise do recurso propriamente dito importa apreciar e decidir a questão prévia suscitada pelo Ministério Público.

Entende o Magistrado do Ministério Público que para a Recorrente não existem quaisquer efeitos emergentes da qualificação da insolvência como fortuita ou culposa, e que nestes autos de qualificação de insolvência não fica vencida, pelo que não poderia recorrer.

Entendemos que não lhe assiste qualquer razão.

Basta lembrar que a Recorrente deduziu oposição, validamente, tendo sido notificada para esse efeito nos termos do artigo 188º, nº 5 do CIRE.

E a essa oposição podia (eventualmente devia) ter sido deduzida resposta, a qual podia ser apresentada por quem neste incidente assume uma posição divergente da Recorrente, ou seja o Administrador da Insolvência, o M.P. (ou ainda qualquer interessado).

O nº 5 do referido artigo 188º ao mandar notificar o devedor (a recorrente) claramente entende que este pode ser afectado pela qualificação da insolvência como culposa e, portanto, tem igualmente interesse e legitimidade para recorrer da decisão que qualificou a insolvência como culposa.

Sem necessidade de maiores considerações, face à clareza da situação, improcede a questão prévia suscitada.

C) Vejamos a primeira questão: Os factos dados como provados são bastantes para qualificar a insolvência como culposa ou são suficientes para afastar a presunção que impende sobre a requerida?

Nos termos do artigo 185º do C.I.R.E., "a insolvência é qualificada como culposa ou fortuita".

Dispõe o artigo 186º, nº 1 do C.I.R.E. que "a insolvência é culposa quando a situação tiver sido criada ou agravada em consequência da actuação, dolosa ou com culpa grave, do devedor, ou dos seus administradores, de direito ou de facto, nos três anos anteriores ao início do processo de insolvência".

O nº 2 do mencionado artigo 186º prevê várias situações, alíneas *a*) a *i*), as quais verificadas, se considera sempre culposa a insolvência do devedor que não seja uma pessoa singular.

Acrescenta o nº 3 do mesmo artigo 186º que se presume a existência de culpa grave quando os administradores, de direito ou de facto, do devedor que não seja uma pessoa singular, tenham incumprido:

a) O dever de requerer a declaração de insolvência;

b) A obrigação de elaborar as contas anuais, no prazo legal, de submetê-las à devida fiscalização ou de as depositar na conservatória do registo comercial.

Tendo presentes estes princípios jurídicos, sumariamente enunciados, importa relembrar a matéria de facto essencial ao conhecimento do mérito.

A insolvente não depositou na competente Conservatória do Registo Comercial as contas relativas ao ano de 2004, sendo que tem dívidas vencidas há mais de 6 meses e, não obstante ter conhecimento de tal facto, não requereu a sua declaração de insolvência.

A insolvente desde meados de 2003 que vinha trabalhando exclusivamente para o "D.........", e de um momento para o outro e sem que nada o fizesse prever, em

Setembro de 2004, após as férias de Verão, a "D........." comunicou à requerida que as encomendas em carteira estavam canceladas e que as encomendas para 2005 também não seriam colocadas na insolvente, devido à deslocalização de produções.

A insolvente, nessa altura, já tinha as encomendas para 2005 em preparação, tendo inclusivamente encomendado matérias-primas para a satisfação de tais encomendas.

As encomendas em carteira para 2004 e em preparação para 2005 assegurariam a capacidade máxima de produção da insolvente para os próximos oito meses.

Com o cancelamento das referidas encomendas, a insolvente limitou-se a trabalhar a "feitio" para a "D........." nas designadas "encomendas de reposição que, embora mais pequenas, asseguravam a laboração, enquanto os responsáveis da insolvente tentavam conseguir novas encomendas e renegociar as encomendas canceladas pela "D.........".

A insolvente ainda tentou assegurar encomendas de outros agentes, mas não foi possível conseguir a angariação de encomendas que permitissem honrar os compromissos assumidos.

Perante aqueles princípios jurídicos e face a esta factualidade será que podemos considerar a insolvência dolosa tal como o fez a decisão recorrida ou será que deverá ser qualificada como fortuita, como pretende a Recorrente.

Dúvidas não existem em como não se verifica nenhuma das circunstâncias previstas no número 2 do artigo 186º do CIRE, pois nesta hipótese e dado que a insolvente não é uma pessoa singular a insolvência teria que ser considerada "sempre culposa".[2]

Afastada se encontra a subsunção da hipótese em apreço ao disposto naquele normativo (nº 2 do artigo 186º do CIRE).

Da factualidade provada resulta que "a insolvente não depositou na competente Conservatória do Registo Comercial as contas relativas ao ano de 2004, sendo que tem dívidas vencidas há mais de 6 meses e, não obstante ter conhecimento de tal facto, não requereu a sua declaração de insolvência".

Esta factualidade enquadra-se claramente no âmbito do nº 3 do artigo 186º em análise.

A insolvente, através dos seus administradores, não apresentou as contas anuais no prazo legal (al. b) do nº 3) e não requereu a sua insolvência (al. a) do mesmo nº 3).

---

[2] "Da letra da lei ("considera-se sempre") resulta claramente que no preceito em anotação se estabelece uma presunção *iuris et de iure*, em vista do que dispõe o nº 2 do artigo 350º do CC", Luís A. Carvalho Fernandes e João Labareda, Código da Insolvência e da Recuperação de Empresas Anotado, vol. II, p. 14. Ver ainda Ac. da R.P. de 30/10/2006, in *www.dgsi.pt*

Estamos perante factos que evidenciam e dos quais a lei retira a presunção de culpa grave (de devedores que não sejam pessoas singulares).

Estamos perante presunções iuris tantum, ou seja, presunções que podem ser ilididas mediante prova em contrário.[3]

O administrador da insolvente, seu sócio gerente não cumpriu com as suas obrigações, as quais emergem directamente da lei e que verificadas fazem presumir que actuou com culpa grave.

Todavia a lei permite-lhe afastar essa presunção, pois como vimos essa presunção é ilidível.

Perante a matéria fáctica provada (enunciada supra) entendemos que foi ilidída aquela presunção.

Perante os factos provados (e apesar daquela presunção) entendemos que a insolvência da Recorrente não deve ser qualificada como culposa pois a mesma não foi criada ou agravada pela actuação dolosa ou com culpa grave do devedor ou dos seus administradores.

A Recorrente provou, em nossa opinião, que não há um nexo de causalidade (directo ou indirecto) entre a situação de insolvência e a conduta dos administradores da Recorrente ou desta.

Não foi pelo facto de "a insolvente não depositou na competente Conservatória do Registo Comercial as contas relativas ao ano de 2004, sendo que tem dívidas vencidas há mais de 6 meses e, não obstante ter conhecimento de tal facto, não requereu a sua declaração de insolvência" que a Recorrente se encontra insolvente.

A insolvente encontra-se insolvente por razões externas e independentes da sua vontade, por razões – de mercado – que ela não podia controlar.

Recordando a factualidade provada, basta lembrar que a insolvente que vinha trabalhando exclusivamente para o "D.........", desde 2003 se viu em Setembro de 2004 e de um momento para o outro e sem que nada o fizesse prever, com as encomendas canceladas pela "D.........", devido à deslocalização de produções.

A insolvente ainda tentou assegurar encomendas de outros agentes, mas não foi possível conseguir a angariação de encomendas que permitissem honrar os compromissos assumidos.

---

[3] Neste sentido Luís A. Carvalho Fernandes e João Labareda, Código da Insolvência e da Recuperação de Empresas Anotado, vol. II, p. 15, no qual podemos ler "No sentido de estarmos aqui perante uma presunção iuris tantum pronuncia-se também Luís M. T. Menezes Leitão (Código da Insolvência, ed. cit., p. 175). Sobre a qualificação das presunções deste artigo, vd. Ainda Catarina Serra, O Novo Regime, ed. cit., p. 68".

Perante tais factos e ponderando a restante matéria fáctica provada entendemos que não se encontra preenchida a noção geral de insolvência culposa dada pelo nº 1 do artigo 186º, tendo sido afastada a presunção de culpa grave prevista no nº 3 do mesmo preceito.

Deste modo impõe-se a substituição do despacho recorrido por outro que considere e qualifique a insolvência da Recorrente B........., Ldª, como fortuita.

Em suma, entendemos que se impõe a procedência desta questão e consequentemente do presente recurso (ficando prejudicada a apreciação da segunda questão arguida pela Recorrente).

IV – Decisão

Por tudo o que se deixou exposto, acorda-se em conceder provimento ao recurso de agravo interposto pela Recorrente B........., Lda e, em consequência revoga-se a decisão recorrida que deverá ser substituída por outra que considere e qualifique a insolvência da Recorrente B........., Ldª, como fortuita.

Custas pela massa falida.

Porto, 24 de Setembro de 2007

José António Sousa Lameira
António Eleutério Brandão Valente de Almeida
José Rafael dos Santos Arranja

Acórdão do Tribunal da Relação de Guimarães, de 16-10-2008

Processo: 1780/08-2
Relator: Conceição Bucho
Tribunal Judicial de Monção.

Acordam na Secção Cível do Tribunal da Relação de Guimarães:

I – 1) O Exmº Administrador da Insolvência veio requerer a abertura do apenso respeitante ao incidente de qualificação da insolvência e remeter o parecer referido no nº 2 do art. 188º do CIRE, propondo que a mesma seja considerada culposa.
A fls. 9 dos autos, o MP acompanhou o parecer do Exmº Administrador.
2) Foi cumprido o disposto no art. 188º, nº 5 do CIRE.
O insolvente deduziu oposição a fls. 12 ss.
3) Notificado da oposição apresentada, o Exmº Administrador manteve o seu parecer inicial (fls. 18 segs.).
4) O Tribunal a quo entendendo que dispunha já de todos os elementos necessários à prolação de decisão, proferiu a mesma nos termos do art. 510º, nº 1, al. *b)* do CPC *ex vi* arts. 188º, nº 7 e 136º, nº 3 do CIRE, nos seguintes termos:

Decide-se assim qualificar a insolvência como culposa, decretando-se:
1) a inabilitação de A..., residente na Rua ..., Monção, por um período de dois anos (art. 189º, nº 2, als. a) e b) do CIRE).
2) declara-se essa pessoa inibida para o exercício do comércio durante dois anos, não podendo a mesma, nesse período, ocupar qualquer cargo de titular de órgão de sociedade comercial ou civil, associação ou fundação privada de actividade económica, empresa pública ou cooperativa.
3) determina-se a perda de quaisquer créditos sobre a insolvência ou sobre a massa insolvente detidos pela pessoa identificada em 1) e condena-se a mesma a restituir os bens ou direitos já recebidos em pagamento desses créditos.

Inconformado o recorrente interpôs recurso, cujas alegações de fls. 71 a 84, termina com conclusões onde suscita as seguintes questões:

Incorrecta apreciação da matéria de facto, que erradamente deu como provados os pontos sob os nºs 1º, 3º, 4º, 7º e 9º.

Deve assim, ser alterada a matéria de facto.

Alterada que seja a matéria de facto, tem que se concluir que nunca a insolvência poderia ser considerada culposa.

Também não está comprovado nos autos que o insolvente utilizou em proveito próprio valores que lhe não pertenciam, uma vez que não estão comprovadas dívidas de IVA e IRC, para além de a mesma se encontrar impugnada, pelo que não se verifica a situação prevista na alínea *d*) do nº 2 do artigo 186º do CIRE.

Também não está provado que o requerente não entregou a respectiva declaração de rendimentos e por isso, não se verifica a situação prevista no nº 2, alínea *h*) do artigo 186º do CIRE.

Acresce que as demais dívidas em questão não são dívidas próprias, mas dívidas baseadas na responsabilidade subsidiária, sendo que a dívida à fazenda nacional provém de reversão efectuada pela Fazenda Nacional contra o responsável subsidiária, e a dívida ao Banco Santander Totta provém de um aval dado pelo ora recorrente.

Nos termos do artigo 186º do CIRE a insolvência é considerada culposa quando a situação tiver sido criada ou agravada em consequência da actuação dolosa ou culpa grave do devedor ou dos seus administradores, de direito ou de facto, nos últimos três anos, anteriores ao início do processo de insolvência.

Não foram apresentadas contra-alegações.
Colhidos os vistos, cumpre decidir.

II – Nos termos do artigo 684º, nº 3 e 690º do Código de Processo Civil, o objecto do recurso acha-se delimitado pelas conclusões do recorrente, sem prejuízo do disposto na última parte do nº 2 do artigo 660º do mesmo código.

Em 1ª instância foram dados como provados os seguintes factos:

1) O Exmº Administrador teve muita dificuldade em obter, por parte do insolvente, os vários elementos que foi solicitando, nomeadamente para proceder à elaboração atempada do Relatório e fazer o Auto de Arrolamento de Bens.

2) Apesar da reunião tida no escritório do Administrador de Insolvência no dia 04/06/2007, apenas em 03/09/2007 e 08/10/2007, já depois da 1ª data designada para a realização da Assembleia de Credores, é que o insolvente fez chegar ao Administrador os elementos solicitados.

3) A falta de resposta por parte do insolvente obrigou o Administrador a procurar obter os elementos solicitados junto do Serviço de Finanças de Monção e da Conservatória do Registo Comercial de Caminha.

4) A insolvência decorreu do elevado valor das dívidas à Fazenda Nacional (€ 199 656,00).
5) As restantes dívidas totalizam o valor de € 38 120,88.
6) O rendimento líquido do insolvente foi, no ano de 2006, de € 23 650,00.
7) Na dívida à Fazenda Nacional consta um débito de IVA no valor de € 18 053,76, importância essa que o insolvente recebeu dos seus clientes e que não entregou.
8) Relativamente a esse valor em dívida, o insolvente apresentou reclamação junto do Serviço de Finanças de Monção.
9) Grande parte da dívida à Fazenda Nacional resulta do facto de o insolvente não ter entregue a respectiva declaração de rendimentos relativa ao ano de 2002.

**

Factos dados como provados sob os nºs 1º, 3º, 4º, 7º e 9º, da sentença recorrida.

O apelante pretende ver modificada a matéria de facto quanto aos pontos supra referidos, e nomeadamente quanto ao ponto nº 1, alega que sempre colaborou com o Sr. Administrador da Insolvência, bem como refere que parte dos documentos necessários já constavam dos autos. Alega ainda que devem ser alterados os pontos sob os nºs 4º e 7º porque os valores em dívida à Fazenda Nacional, encontram-se parcialmente impugnados. Quanto ao facto sob o nº 9, o mesmo deve ser dado como não provado, uma vez que está pendente uma reclamação junto da Repartição de Finanças de Monção.

Conforme resulta da sentença recorrida, os factos que resultaram provados, basearam-se em documentos que constam dos autos a fls. 4 a 8, e 20 a 27, dos autos, bem como na informação do Sr. Administrador.

Os elementos que constam dos autos corroboram o que consta do elenco dos factos provados, e não é o facto de existir reclamação em relação às dívidas do insolvente que conduziria a uma resposta de não provado aos factos sob os nºs 4, 7 e 9.

É que também está dado como assente que o insolvente apresentou reclamação junto dos Serviços das Finanças de Monção.

Também dos autos não resulta que o insolvente tenha entregue a declaração de rendimentos relativa ao ano de 2002.

É certo que o insolvente juntou a declaração de IRS relativa ao ano de 2002, que consta de fls. 113 a 127, mas não consta a certificação da DGCI, pelo que não pode este Tribunal, sem mais, alterar o facto que consta sob o nº 9.

O que se pode referir quanto ao mesmo, é que está formulado de modo conclusivo, não descriminando de onde provêem as dívidas à Fazenda Nacional, e os anos a que respeitam.

O apelante alega também que parte das dívidas decorrem da reversão efectuada pela Fazenda Nacional contra o responsável subsidiário, mas nada nos autos nos permite afirmar esse facto.

Deste modo, é de manter a matéria de facto que consta dos autos.

Vejamos agora se os factos dados como provados são suficientes para se concluir que a insolvência do devedor foi culposa.

Dispõe o artigo 185º do CIRE que a insolvência é qualificada como culposa ou fortuita, sendo que essa qualificação não é vinculativa para efeitos de decisões de causas penais, nem das acções a que se reporta o nº 2 do artigo 82º do mesmo diploma.

A insolvência é culposa quando a situação tiver sido criada ou agravada em consequência da actuação dolosa ou com culpa grave, do devedor, ou dos seus administradores, de direito ou de facto, nos três anos anteriores ao início do processo de insolvência – artigo 186º, nº 1 do CIRE.

No nº 2 do citado artigo elencam-se diversas situações concretas em que a insolvência há-de ser sempre considerada como culposa, sendo que de todas elas as que interessam, no caso, são as previstas nas alíneas d) e h).

Da norma do artigo 186º, nº 1 resulta que para a insolvência ser qualificada como culposa, é necessário que interceda em termos de causalidade – criando-a ou agravando-a – a actuação do devedor, culposa ou dolosa.

Tem assim que ficar demonstrado que a actuação com culpa grave presumida criou ou agravou a situação de insolvência.

Não basta objectivamente ter-se verificado a previsão daquelas alíneas.

A sentença conclui que o insolvente utilizou em proveito próprio valores que lhe não pertenciam, concluindo desse modo porque existe um débito de IVA no valor de € 18 053,76.

Ora, para além de o montante estar impugnado, tal facto não é suficiente para se concluir que o insolvente tenha utilizado esses valores em proveito próprio, tanto mais que fica por saber se o mesmo recebeu o IVA enquanto gerente de uma pessoa colectiva ou enquanto pessoa singular.

Depois, porque esta alínea se reporta aos casos em que o devedor não seja uma pessoa singular, os seus administradores de direito ou de facto tenham disposto dos bens do devedor em proveito próprio pessoal ou de terceiros.

Ora, o devedor, é uma pessoa singular, e embora nos termos do nº 4 o disposto nos nºs 2 e 3 seja aplicável, com as necessárias adaptações, à actuação da pessoa singular, no caso a diversidade das situações opõe-se a tal aplicação.

E o mesmo se diga no que respeita à alínea h).

O que está em causa na alínea *h*) é o incumprimento por parte dos administradores da obrigação de manter a contabilidade organizada, manter uma contabilidade fictícia, ou uma dupla contabilidade, caso que pode, a nosso ver, ser aplicado quando o devedor é uma pessoa singular.

No entanto, nada nos autos nos permite tirar essa conclusão.

Mesmo que com culpa grave o insolvente não tenha entregue a declaração de IRS de 2002, não estão preenchidos os requisitos a que alude o citado artigo 186º.

E, resultando dos autos que a insolvência foi declarada em 2007 e o processo se iniciou em Fevereiro desse mesmo ano, desconhecendo-se a que data se reportam as dívidas, fica-se sem saber se as mesmas se verificaram nos três anos anteriores ao início do processo.

Como já se referiu, a qualificação da insolvência como culposa exige uma relação de causalidade entre a conduta do devedor e o estado declarado de insolvência, uma vez que o devedor pode ter actuado dolosamente mas em nada ter contribuído para a "criação" ou "agravamento" da insolvência. Fora dos casos previstos no nº 2, deve ser provada a culpa e o nexo de causalidade.

No caso, não se apurou que a situação de insolvência tenha sido criada ou agravada pela omissão ou conduta do devedor, nos 3 anos anteriores ao início do processo.

E se é certo que consta dos autos que o administrador teve dificuldade em obter elementos, também é certo que o insolvente acabou por fazer chegar todos os elementos necessários – facto sob o nº 2.

Também não é pelo facto de estar provado que a insolvência decorreu do elevado valor das dívidas à Fazenda Nacional, que se pode concluir pela insolvência culposa do devedor.

Em suma, os autos são omissos no que se refere à existência de factualismo indicador do indispensável nexo de causalidade entre a conduta do devedor e a sua insolvência.

**

III – Pelo exposto, acordam os Juízes desta Secção em julgar a apelação procedente e, em consequência, revogam a sentença recorrida, qualificando-se como fortuita a insolvência do devedor A...

Custas pela massa insolvente.

Guimarães, 16/10/08

Acórdão do Tribunal da Relação de Lisboa, de 22-01-2008

Processo: 10141/2007-7
Relator: Graça Amaral

Acordam na 7ª Secção Cível do Tribunal da Relação de Lisboa:

I – Relatório

1. O Administrador da Insolvência nomeado nos autos de insolvência da sociedade C, Lda., nos termos do disposto no nº 2 do art. 188º do C.I.R.E., apresentou parecer propondo a qualificação da insolvência como culposa.

2. O Ministério Público, corroborando o parecer do Sr. Administrador, pronunciou-se pela qualificação da insolvência como culposa.

3. Após citação e notificação previstas no nº 5 do art. 188º do CIRE, não foi junta qualquer resposta por parte dos visados.

4. O tribunal considerando ser desnecessária a realização de diligências probatórias, proferiu decisão que qualificou a insolvência da sociedade C como culposa, considerando abrangido por tal declaração o sócio gerente C com inabilitação para a prática de quaisquer actos de disposição entre vivos e de quaisquer actos de administração de património, por um período de cinco anos.

5. C interpôs recurso da decisão, concluindo:

    I. A Douta decisão recorrida é nula porque não faz o exame crítico das provas que lhe cabia conhecer. Considera provado que o gerente C exerceu esta actividade até 2003 (nº 5 dos factos provados), mas não cuida de saber até que mês: é que tendo o pedido de falência dado entrada em 11 de Abril de 2006, bastaria que o gerente tivesse abandonado essa função em Janeiro, ou Fevereiro, para que não estivesse preenchido o pressuposto do art. 186º, nº 1 do CIRE ("nos três anos anteriores ao início do processo de insolvência").

II. A douta sentença recorrida interpreta assim erradamente o art. 186º, nº 1 do CIRE, e não obedece aos requisitos do art. 659º, nº 3 do CPC, sendo nula por falta de fundamentação.

III. A sentença é também nula porque os seus fundamentos estão em oposição com a decisão (art. 668º, nº 1, alínea c)) do CPC; considera provado que: "10. A ora insolvente não dispõe de quaisquer bens, nem móveis, nem imóveis"; "12. ...contabilidade... foi dissipada à época da falência de "L, Ldª" ..."; "13. São desconhecidos quer o destino do património (viaturas) quer as causas da insolvência".

IV. Ora, quando se consigna como "facto provado" que são desconhecidos quer o destino do património (quando nem se deu como provado que "existia património"), ... "quer as causas da insolvência", não se vê como possa decidir-se que "o gerente C fez desaparecer todo o património da insolvente". Afinal, só se pode fazer desaparecer o que existe...

V. O mesmo sucede quando se diz que o gerente "não dispõe de contabilidade organizada" (quando nos factos provados se diz que ela foi dissipada); só se pode dissipar o que existe, e aliás não resulta das declarações do contabilista, citado nos factos dados como "provados" que a culpa do desaparecimento tenha sido do gerente.

VI. Ora, uma coisa é o Tribunal decidir com base numa presunção de culpa (de constitucionalidade duvidosa) para tomar uma decisão que põe em causa direitos fundamentais de um cidadão (designadamente, o direito de propriedade); outra coisa é tentar fundamentar uma decisão com factos que acabam por ilidir essa presunção. O que leva a que a fundamentação acabe por entrar em oposição com a decisão, o que torna esta nula, nos termos do art. 668º, nº 1 do CPC.

VII. Pelo exposto, deve o presente recurso ser julgado procedente e anulada a Douta decisão recorrida, assim se fazendo justiça.

6. Em contra-alegações o Ministério Público pugnou pela manutenção da sentença.

II – Enquadramento fáctico

O tribunal *a quo* deu como provado o seguinte factualismo:

1. A Insolvente, "C, Ldª", é uma sociedade comercial por quotas com sede em Rio Maior, matriculada na Conservatória do Registo Comercial de Rio Maior sob o nº ..., correspondente à anterior matrícula nº ..., constituída em ...;

2. O capital social é de € 50 000,00 correspondente a duas quotas, respectivamente de € 25 000,00 e de € 24 900,00, pertencentes ao sócio C, e outra, de € 100,00, pertencente à sócia E;

3. O gerente da sociedade é o sócio C;

4. O objecto social consistiu nos transportes rodoviários de mercadorias;
5. Exerceu esta actividade até 2003;
6. O local da respectiva sede mais não era que as instalações da sociedade "L., Ldª", sendo desta sócio único L, cônjuge da referida sócia da insolvente E;
7. A ora insolvente e "L, Ldª", usufruíam das mesmas instalações;
8. Esta última sociedade foi também declarada falida por sentença proferida pelo 1º Juízo deste Tribunal no dia 13.06.2004, correndo ainda aí os competentes autos sob o nº ...;
9. O prédio em causa foi alienado a favor de um cidadão holandês ainda antes da declaração da falência;
10. A ora insolvente não dispõe de quaisquer bens, nem móveis, nem imóveis;
11. Do registo fiscal consta a identidade do contabilista da insolvente: o Sr. H, residente na Rua ...;
12. Abordado pelo ora Administrador a respeito do paradeiro da contabilidade, retorquiu que esta foi dissipada à época da falência de "L, Ldª", já que toda a documentação encontrava-se depositada nas referidas instalações alienadas;
13. São desconhecidos quer o destino do património (viaturas) quer as causas da insolvência;
14. O contabilista confirmou que a cessação da actividade ocorreu em 2003.

III – Enquadramento jurídico

Delimitado pelas conclusões das alegações e na ausência de aspectos de conhecimento oficioso que cumpra apreciar, o objecto do recurso circunscreve-se à questão de *saber se os elementos dos autos permitem qualificar como culposa, a insolvência de C, Lda, atingindo a pessoa do Apelante, C, sócio gerente daquela.*

A sentença recorrida, dispensando a produção de quaisquer outras provas e perante o circunstancialismo que deu como apurado (o acima consignado Entende o Apelante que o tribunal *a quo* não fez um exame crítico das provas e, nessa medida, não apresentou os fundamentos de facto e de direito que sustentem a decisão.

O dever de fundamentar as decisões impõe-se ao juiz por imperativo constitucional (art. 208º, nº 1, da CRP) e legal (art. 158º, do CPC), e a sua necessidade prende-se com a própria garantia do direito ao recurso, tendo ainda a ver com a legitimação da decisão judicial em si mesma.

A lei fere de nulidade a sentença que não especifique os fundamentos de facto e de direito que justificam a decisão – art. 668º, nº 1, al. *b*), do CPC. Tendo em linha de conta o teor da sentença recorrida e das razões de facto e de direito nela exaradas em termos de justificar a decisão proferida, considerando ainda que apenas a ausência total de motivação de facto e/ou de direito poderá enquadrar tal tipo de nulidade somos de entender que no caso sob apreciação mostra-se cumprido o dever de fundamentação, pelo que não se verifica a nulidade prevista no art. 668º, nº 1, al. *b*), do CPC, concluiu que o gerente da insolvente, o aqui Apelante, *"fez desaparecer todo o património da insolvente; não dispõe de contabilidade organizada; incumpriu o dever de requerer a declaração de insolvência; não elaborou as contas anuais nem as depositou na Conservatória do Registo Comercial".*

Invocando o facto de tais omissões caírem no âmbito da previsão do art. 186º, nº 3, do CIRE, e levando em linha de conta a circunstância do referido C não ter ilidido a presunção que sobre si impendia (no sentido de afastar a qualificação de culpa grave), não obstante ter tido oportunidade para tal (designadamente através da dedução de oposição ao parecer formulado pelo Administrador da Insolvência), entendeu a decisão sob censura que a insolvência deveria ser qualificada como culposa.

Evidencia-se dos argumentos subjacentes à sentença que a mesma assenta num pressuposto:

– a qualificação da insolvência como culposa basta-se com a não ilação da presunção de culpa decorrente da verificação objectiva de qualquer dos comportamentos previstos nas alíneas constantes do nº 3 do art. 186º do CIRE Imputa ainda o Apelante à sentença a nulidade prevista na alínea *c*) do nº 1 do art. 668º do CPC, segundo a qual é nula a decisão quando *"os fundamentos estejam em oposição com a decisão"*. A nulidade da sentença por oposição entre os fundamentos e a respectiva decisão ocorre no processo lógico estabelecido entre as premissas de facto e de direito de onde se extrai a decisão, ou seja, quando os fundamentos invocados na decisão conduzam logicamente a resultado oposto ao que nela ficou expresso.

Conforme decorre da respectiva fundamentação, a sentença recorrida decidiu no sentido da qualificação culposa da insolvência por ter enveredado por um determinando entendimento no que se refere à interpretação do art. 186º, designadamente dos seus nºs 1 e 3, do CIRE. Nessa medida, independentemente da questão da bondade da decisão, há que concluir que a sentença se mostra consentânea com o entendimento nela perfilhado, pelo que não foi cometida a nulidade arguida, sendo que a discordância do Apelante relativamente à mesma terá de ser enquadrada sob a perspectiva do erro de julgamento ao considerar inadequado o enquadramento jurídico levado a cabo.

Não partilhamos de tal entendimento.

Dispõe o nº 1 do art. 186º do CIRE, que *A insolvência é culposa quando a situação tiver sido criada ou agravada em consequência da actuação, dolosa ou com culpa grave, do devedor, ou dos seus administradores, de direito ou de facto, nos três anos anteriores ao início do processo de insolvência.*

Do teor do nº 1 da norma em referência resulta, inequivocamente, que para que a insolvência seja qualificada como culposa mostra-se necessário que a actuação (ou omissão) tida como dolosa ou com culpa grave do devedor concorra, em termos de causalidade, na criação ou no agravamento da situação de insolvência É este o sentido que melhor se adequa ao texto legal, pois que na fixação do alcance da lei o intérprete deverá presumir que o legislador soube exprimir o seu pensamento em termos adequados (cfr. art. 9º, nº 3, do Código Civil).

No nº 2 do referido preceito (alíneas – de *a*) a *i*))

a) Destruído, danificado, inutilizado, ocultado, ou feito desaparecer, no todo ou em parte considerável, o património do devedor;

b) Criado ou agravado artificialmente passivos ou prejuízos, ou reduzido lucros, causando, nomeadamente, a celebração pelo devedor de negócios ruinosos em seu proveito ou no de pessoas com eles especialmente relacionadas;

c) Comprado mercadorias a crédito, revendendo-as ou entregando-as em pagamento por preço sensivelmente inferior ao corrente, antes de satisfeita a obrigação;

d) Disposto dos bens do devedor em proveito pessoal ou de terceiros;

e) Exercido, a coberto da personalidade colectiva da empresa, se for o caso, uma actividade em proveito pessoal ou de terceiros e em prejuízo da empresa;

f) Feito do crédito ou dos bens do devedor uso contrário ao interesse deste, em proveito pessoal ou de terceiros, designadamente para favorecer outra empresa na qual tenham interesse directo ou indirecto;

g) Prosseguido, no seu interesse pessoal ou de terceiro, uma exploração deficitária, não obstante saberem ou deverem saber que esta conduziria com grande probabilidade a uma situação de insolvência;

h) Incumprido em termos substanciais a obrigação de manter contabilidade organizada, mantendo uma contabilidade fictícia ou uma dupla contabilidade ou praticado irregularidade com prejuízo relevante para a compreensão da situação patrimonial e financeira do devedor;

i) Incumprido, de forma reiterada, os seus deveres de apresentação e de colaboração até à data da elaboração do parecer referido no nº 2 do artigo 188º enumeram-se os comportamentos dos administradores (de direito ou de facto) que caracterizam *sempre culposa a insolvência do devedor que não seja uma pessoa singular*. (sublinhado nosso)

Porém, o nº 3 do mesmo artigo, prescreve que se presume *a existência de culpa grave quando os administradores, de direito ou de facto, do devedor que não seja uma pessoa singular, tenham incumprido:*

a) O dever de requerer a declaração de insolvência;

b) A obrigação de elaborar as contas anuais, no prazo legal, de submetê-las à devida fiscalização ou de as depositar na conservatória do registo comercial.

Em face dos termos da lei não restam dúvidas de que a previsão de cada um destes números se reporta a situações distintas.

Na verdade, enquanto que o nº 2 enumera os casos em que a insolvência se considera sempre culposa, isto é, conduzindo, necessariamente, à qualificação da insolvência como culposa (presunção não ilidível), o nº 3 coteja tão só as hipóteses em que se presume a existência de culpa grave. Nestes casos e ao invés do nº 2, a verificação dos factos apenas faz presumir, de forma ilidível, a existência de culpa grave.

Por conseguinte, quanto a estes comportamentos que estabelecem uma presunção *juris tantum* de culpa grave por parte do administrador (por não ter sido ilidida), há que fazer articular o preceito com o que resulta do nº 1, isto é, impõe-se ainda exigir, para qualificar de culposa a insolvência, a prova de que a situação de insolvência tenha sido criada ou agravada pela referida conduta culposa do(s) administrador(es). Neste sentido, acórdão da Relação do Porto de 13/09/2007, processo nº 0731516, acessível na base documental do ITIJ.

Esta diferenciação nas situações contempladas em cada um dos números ínsitos na norma permite concluir, ao invés do defendido na sentença e em contra alegações pelo Ministério Público, que o legislador não quis consagrar, neste último caso (no nº 3), uma concepção complementar a acrescer à noção geral de insolvência culposa definida no nº 1 em termos de dispensar a demonstração do nexo causal entre o comportamento verificado e o agravamento ou o surgimento da situação de insolvência do devedor. Seguindo a tese defendida pela sentença, o citado nº 3 determinaria uma inversão do ónus da prova na medida em que passaria a impender sobre o devedor o ónus de provar a não contribuição para a insolvência ou para o agravamento da mesma não obstante a verificação do(s) comportamento(s) contemplado(s) na norma. Verifica-se porém que tal entendimento não assume cabimento na letra da lei pelo que não pode merecer o nosso assentimento – cfr. art. 9º, nº 2, do C. Civil.

Reportando-nos ao caso sob apreciação, a sentença considerou apurado (em termos de presunção de facto. Os arts. 349º e 351º, ambos do C. Civil, prevêem a prova por presunção judicial – ilações que o julgador retira de um facto conhecido para firmar um facto desconhecido – admitida nos casos em que é admitida a prova testemunhal. Estão em causa juízos que também integram os poderes do tribunal da Relação e que assentam no simples raciocínio do julgador e se inspiram nos princípios da lógica, experiência, intuição e probabilidade, apoiando-se em factos provados, constituindo o seu desenvolvimento lógico. O tribunal *a quo* ao concluir que o Apelante *fez desaparecer todo o património da insolvente; não dispõe de contabilidade organizada; incumpriu o dever de requerer a declaração de insolvência* foi para além do que se encontrava estritamente assente, sendo que igualmente, a nosso ver, extravasou os limites que, nesse âmbito, a lei lhe confere em termos de poder de ilação atentas as circunstâncias e os elementos disponíveis nos autos que o gerente da insolvente, C, fez desaparecer todo o património daquela, não dispõe de contabilidade organizada e incumpriu o dever de requerer a declaração de insolvência, não tendo elaborado as contas anuais, nem as depositou na Conservatória do Registo Comercial.

Ainda que fosse de considerar, na sua totalidade, tal circunstancialismo nos termos em que é inferido pelo tribunal *a quo* A sentença limita-se a remeter para a posição e informação prestadas pelo Administrador de Insolvência. Cabe realçar que o factualismo apurado, no que diz respeito à cessação da actividade da sociedade e à "dissipação" da contabilidade da mesma refere-se apenas à circunstância de tais factos terem sido transmitidos pelo contabilista da insolvente ao Administrador (cfr. pontos 12 e 14 da matéria de facto considerada provada), toda a actuação imputada ao Apelante não se mostra suficiente para poder ser subsumível a qualquer das situações previstas do n.º 2 do referido artigo 186º, nomeadamente no que se refere ao desaparecimento do património da empresa. Apenas pode ser integrado nas situações previstas no n.º 3 do art. 186º do CIRE, tal como, aliás, o tribunal *a quo* o considerou.

A verificação objectiva destes factos faz presumir a culpa (grave) do gerente, sempre que não seja alegada ou demonstrada qualquer circunstância que a afaste nas omissões consideradas.

Todavia, na sequência do já referido, a existência de culpa do administrador decorrente da respectiva conduta, não basta para, por si só e sem mais, qualificar a insolvência como culposa. A lei é precisa nos termos que emprega: no n.º 2 refere-se expressamente a qualificação da insolvência – *sempre culposa a insolvência do devedor*; no n.º 3 utiliza apenas a expressão *culpa grave*.

Por conseguinte, não obstante demonstrada a culpa do gerente da insolvente, mostra-se ilegítimo concluir, sem mais, que a insolvência é culposa, pois que os autos são absolutamente omissos no que se refere à existência de factualismo indicador do indispensável nexo de causalidade entre a conduta omissiva do Apelante e a situação de insolvência da sociedade em causa. Nenhum facto vem provado, não se encontrado sequer alegada qualquer circunstância que permita afirmar que as omissões imputadas ao Apelante tiveram alguma influência na situação da sociedade devedora, ou seja, não é possível concluir que a situação de insolvência foi criada ou agravada por essas omissões.

Face ao exposto, por não terem sido demonstrados os requisitos da insolvência culposa, não pode deixar de se concluir que a mesma deve ter-se como fortuita.

Procedem, por isso, as conclusões do recurso.

IV – Decisão

Nestes termos, acordam os Juízes deste Tribunal da Relação de Lisboa em julgar procedente a apelação, revogando a sentença recorrida e, em consequência, qualifica-se como fortuita a insolvência da sociedade C, Ldª.

Custas pela massa da insolvência.

Lisboa, 22 de Janeiro de 2008

Graça Amaral
Orlando Nascimento
Ana Maria Resende

ÍNDICE-SUMÁRIO

PREFÁCIO	5
NOTA PRÉVIA	11
CAPÍTULO I – INTRODUÇÃO	13
CAPÍTULO II – O PROCESSO ESPECIAL DE REVITALIZAÇÃO	23
CAPÍTULO III – PROCESSO DE INSOLVÊNCIA	27
CAPÍTULO IV – A SENTENÇA DECLARATÓRIA DE INSOLVÊNCIA	49
CAPÍTULO V – EFEITOS DA DECLARAÇÃO DE INSOLVÊNCIA	67
CAPÍTULO VI – O INCIDENTE DA VERIFICAÇÃO DE CRÉDITOS	73
CAPÍTULO VII – RESOLUÇÃO DE ACTOS EM BENEFÍCIO DA MASSA	79
CAPÍTULO VIII – APENSO DA LIQUIDAÇÃO	83
CAPÍTULO IX – O PLANO DE INSOLVÊNCIA	89
CAPÍTULO X – INCIDENTE DE QUALIFICAÇÃO DA INSOLVÊNCIA	95
CAPÍTULO XI – RESPONSABILIDADE PENAL DERIVADA DA INSOLVÊNCIA	101
LEGISLAÇÃO COMPLEMENTAR	103
Lei nº 32/2004, de 22 de Julho	103
Decreto-Lei nº 54/2004, de 18 de Março	117
Portaria nº 51/2005, de 20 de Janeiro	121
Decreto-Lei nº 316/98, de 20 de Outubro	125
Decreto-Lei nº 201/2004, de 18 de Agosto	131
Decreto-Lei nº 219/99, de 15 de Junho	135
Decreto-Lei nº 139/2001, de 24 de Abril	139
Portaria nº 473/2007, de 18 de Abril	149
Portaria nº 1039/2004, de 13 de Agosto	153

JURISPRUDÊNCIA CITADA 157
Acórdão do Tribunal da Relação do Porto, de 26-10-2006 157
Acórdão do Tribunal da Relação do Porto, de 12-06-2008 173
Acórdão do Tribunal da Relação do Porto, de 26-01-2009 181
Acórdão do Tribunal da Relação do Porto, de 13-11-2006 187
Acórdão do Tribunal da Relação do Porto, de 06-01-2009 193
Acórdão do Tribunal da Relação de Coimbra, de 01-07-2008 199
Acórdão do Supremo Tribunal de Justiça, de 13-01-2009 207
Acórdão do Tribunal da Relação de Guimarães, de 26-10-2006 221
Acórdão do Tribunal Constitucional nº 173/2009 235
Acórdão do Tribunal da Relação do Porto, de 24-09-2007 247
Acórdão do Tribunal da Relação de Guimarães, de 16-10-2008 257
Acórdão do Tribunal da Relação de Lisboa, de 22-01-2008 263